金融化困境：
二十一世纪金融全球化的主要矛盾研究

The Dilemma of Financialization:
A Study on the Main Contradictions
of Financial Globalization in the 21st Century

申唯正　著

復旦大學出版社

国家社科基金后期资助项目出版说明

　　后期资助项目是国家社科基金设立的一类重要项目,旨在鼓励广大社科研究者潜心治学,支持基础研究多出优秀成果。它是经过严格评审,从接近完成的科研成果中遴选立项的。为扩大后期资助项目的影响,更好地推动学术发展,促进成果转化,全国哲学社会科学工作办公室按照"统一设计、统一标识、统一版式、形成系列"的总体要求,组织出版国家社科基金后期资助项目成果。

全国哲学社会科学工作办公室

序

申唯正博士作为一名在资本市场摸爬滚打多年的创业者，2014年通过严格的博士生入学考试，考入上海财经大学经济哲学专业学习，可谓"百战归来再读书"。在校期间，他不仅能按照学校的教学计划系统地学完了相关专业课程，而且还积极参加人文学院读书会、主持"第二场"博士生沙龙等各项活动；发表多篇学术论文，并获得了国家奖学金和上海财经大学首届"学术之星"称号。最后，他以优秀成绩通过了博士学位论文答辩。毕业后，他立志投身高等教育事业，潜心学术研究，在任职的高校申请并完成了国家社科基金后期资助项目"21世纪金融全球化的主要矛盾研究"的课题结项，实属难能可贵！

记得2016年，我在《中国社会科学》第一期上发表了《金融化世界与精神世界的二律背反》的论文，引起了在读博士生唯正的兴趣。文中指出，在刚进入21世纪的十几年中，全球资本的金融化导致直接性融资占比趋高，但2008年爆发的金融危机，深刻地显现了马克思《资本论》中所揭示的资本具有内在否定性的哲学真谛。著名的金融学家罗伯特·席勒指出："在经历这种危机之后许多人不禁要问，金融到底能在社会良性发展中扮演怎样的角色？不论作为一门学科、一门职业，还是一种创新的经济来源，金融如何帮助人们达成平等社会的终极目标？金融如何能为保障自由、促进繁荣、促成平等以及取得经济保障贡献一份力量？我们如何才能使得金融民主化，从而使得金融能更好地为所有人服务？"[①]毋庸置疑，在现代性的规制下，金融化生存世界本质上是一个高度经济理性、高度世俗化、高度价值通约的社会，它使经济得到了快速增长、人性得到了解放、自由得到了发展，但它也是一个充满了二律背反的生存世界：人的精神本质与人的对象化世界的异化更趋深重，金融的"富人更富"的秉性与金融的民主化、人性化的矛盾对立不可调和。因此，21世纪人类生存的主要问题在于，如何借助金融化，超越金融化，进一步实现人的

---

① 〔美〕罗伯特·希勒：《金融与好的社会》，束宇译，北京：中信出版社，2012年，第2页。

自由与解放。

这位从事期货事业二十余年的青年才俊,似乎在学术研究领域获得了生活意义的觉解:关注金融化世界,关注21世纪人类生存境遇,从金融实业走向金融思辨。在他看来,金融哲学意味着对货币哲学、资本哲学、财富哲学等政治经济学批判的"最后清算"。它是21世纪"俗性人类"追求自由意志的定在,也是人类对未来生存资源的当下结算。因此,现代金融充满着八卦,从金融"阴谋论",到金融"创世说",这些都应回到金融本质的形而上学原点上接受拷问。"最后清算"也意味着新的"起点"开启。在21世纪金融化的生存世界,资本的流转速度与数量被倍数级式地扩张。金融化的虚拟世界又通过金融证券的超越时空界限的大规模高速运转,把整个人类世界都卷入了金融化范式的旋涡之中。因此,金融既是威力无穷的"天使",又是无恶不作的"恶魔"。如何导控其为"好的社会"服务,是摆在世界各国政府面前的重要难题。

对中国来说,金融是推进中国经济运行和发展的重要工具,必须通过金融系统的杠杆效应支持科技创新,扶贫济困,支持国家基础设施建设,协调整个经济系统健康运行,使社会的每一份资金都处于积极的运转状态,从而使国民经济迅速发展。同时,必须具有忧患意识,加强金融监管,防范金融风险。因此,对金融化世界的哲学反思,不仅是理论发展的时代诉求,也是完善中国式现代化经济金融制度的必然要求。

在我看来,申唯正博士撰写的这部书稿有着以下四个特点:

第一,该书正是以正确认识21世纪金融化世界的主要特征为立足点,从皮凯蒂的《21世纪资本论》中对效率与公平的忧思出发,从金融化背景下的政府职能与资本金融的博弈着手,运用马克思唯物主义历史观、经济哲学思想方法论,深度挖掘人类进入金融化世界的演化过程,既能看到金融化背景下"流动性悖论"的退化趋势,更能看到金融创新回归金融本质的进化特征。尤其是全书详尽分析了21世纪金融全球化所内生的四对主要矛盾:资本收益率高企与贫富差距加剧引起的效率与公平的矛盾,"大而不倒"的有限责任制与国家公共性的无限责任化带来的私向化与社会化的矛盾,资本金融收益的国际化与主权债务危机的区域化触发的稳定性与不稳定性的矛盾,金融叙事中心化与整体主义精神边缘化激发的中心化与边缘化的矛盾。聚焦这四对矛盾的研究可以说基本上包括了金融全球化主要矛盾的几个主要方面,与美国的资本制度在全球的称霸地位所带来的全球经济马太效应密切相关。比如,美国资本市场与其他国家资本市场比重的严重分化,全球科技行业市值与其他行业市值的严重分化,全球金融业与其他实体产业的资本收益分配严重分化等等,都是一致的和同源的。

第二,我们必须深入研究,世界在何种意义上已被深度"金融化"了。正如马克思所言:"分析经济形式,既不能用显微镜,也不能用化学试剂。二者都必须用抽象力来代替。"①我们已经看到:生产社会财富的企业被金融化了,成为股票市场上的市值竞争者,而市值的上下波动恰恰是千千万万股民针对相关企业未来预期收益的情绪波动;养老金和医疗保险金被金融化了,成为投入金融系统中的各种证券资产,用证券在未来可能获得的增值机会决定着人们未来的养老保障和医疗健康;政治也被金融化了,尤其是被金融合约化的世界,严重地存在着高度经济理性导致高度政治非理性的风险,国家主权往往受到具有创新光环的金融机构或衍生品的攻击,主权极易被资本金融所控制,可以用最小的代价、最短的时间完成用军事手段都难以实现的国家战略目标;人的精神世界的活动也被金融化了,支配着社会舆论的新闻媒体被金融资本收购,主导着舆论世界千千万万自媒体的流量导向,用无偿占有的数字劳动转化为股票市场上"独角兽"科技平台的市值。这些生活世界的金融化内生于金融秉性的价值追求:一是追求利益的秉性,使越来越多的人对货币、资本和财富的"权利可转让性"过于痴迷,自身也异化为工具化的质料;二是追求"证券化""高杠杆率"的价值偏好,使得日益倍增的全球投行或金融机构倾力推进衍生品的创新,客观导致生存世界从物质资源到知识产权、从公民财产到国家主权、从生活方式到价值观念,都程度不同地被锁定在金融契约以及高杠杆率金融衍生品的巨大泡沫中。

第三,度量财富的公平与正义,超越金融化世界与精神世界的二律背反,只有在"每个人的全面发展"的社会制度条件下才有可能。今天,财富的不同存在形式正设计着我们走向未来的生活方式,新的财富体系要求我们拥有更为崭新的、科学的、合乎人性的财富理念,在整个全球化经济进程中,运用工具化、智能化的手段,去体验并且创造获取财富的源泉。我们既要充分利用金融资本主义文明的宝贵财富,也不要对西方资本制度过于迷信,误认为:资本+工具理性+因特网=完美的、理想的、永恒的经济制度和政治制度,市场的秩序被资本加以理性化、制度化,资本把世界座架了,一切都那么合理、合法、圆满。然而,2008年国际金融危机爆发就带来了又一种维多利亚时代的感觉破灭。从现代性的观点看,华尔街的德性显现,是一种即将得到修复的理性的瞬间堕落呢,还是深埋在现代性把神性化的人转向俗性化的人的人性缺陷、制度缺陷引发的结果呢?历史与现实已作出回答:资本主义社会生活

---

① 〔德〕马克思:《资本论》第1卷,北京:人民出版社,2004年,第8页。

完全服从于异化劳动和资本扩张过程的绝对命令。当代中国马克思主义政治经济学最主要的内容是社会主义的劳动与资本、资本与公平公正、资本与精神等问题，需要重点解决中国现代化过程中"财富涌流"与社会公平公正原则之间的矛盾问题。对社会主义中国来说，有没有自己的红色资本实力，是关系到国计民生的根本问题，关系到社会主义政权能否巩固、社会主义政权能否强大、社会主义政权能否在国际上具有很强的话语权等问题。

第四，21世纪全球资本金融体系的发展已深陷四大"二律背反"：(1)公平与效率的矛盾冲突；(2)技术向度与人本向度的矛盾冲突；(3)私向化与社会化的矛盾冲突；(4)金融理性与政治理性的矛盾冲突。金融化的世界和数字化的实存具有着如此深刻的"二律背反"：人类技术进步(形式化的人类)与人类的生存异化(人类的形式化)同在。所谓"形式化的人类"是指，人类有着追求文明不断完善的禀赋，笃信工具理性对人类生存格律具有进化意义改变的理念。所谓"人类的形式化"，主要指人类对工具理性的心理依赖及崇拜。主要表现在：在现代性的规制下，金融资本和数字资本逻辑对人类生存逻辑的宰制，更加快捷、更加精准、更加隐蔽、更加肆无忌惮。

对金融化世界的哲学反思，正如本书提出的观点："21世纪金融化困境所面对的流动性悖论和四大矛盾的救赎之路，并不在于完全舍弃全球金融化，而在于辩明冲突内涵并寻求融合之路。用所谓'逆全球化'的高关税壁垒闭关锁国，用行政手段干预关闭金融市场的功能，抑或让'大而不倒'绑架各国政府的长远规划，都失之偏颇。唯有经过形而上的反思，用'爱智'之辩证，挖掘人类精神潜能，辨明金融创新之'空灵'源动力，揭示抽象理性之局限，在实践上用制度创新来导向并规范金融投机才是正途。……通过重构国际金融秩序，引导逐利群体的金融创新力耦合到服务于'好的社会'的目标中。在重构国际金融秩序的历史机遇与众多挑战面前，运用中国智慧、整体性思想、市场化的创新手段，引导资本金融的洪流复归到金融本质的实现上来。"

2008年国际金融危机后，中国道路、中国模式愈来愈成为世界学术领域关注的新视点，这说明历史的偏斜运动尽管有着人类追求自由意志的价值偏好，但它仍然离不开历史的必然性与历史偶然性的辩证运动规律的支配。中国现代化道路的顶层设计，为人类走出极端形式化迷宫提供了新的方案。在金融创新和数字化战略实施过程中，中国将会为世界作出更新更大的贡献。

总之，作者通过金融哲学的深刻反思，至少为我们提出了两个更为深刻的问题：(1)大力促进社会主义资本发展在何种意义上是积极的、有效的、正能量的？让资本在社会主义阳光下最大化运行，重要的要解决哪些深层次的制度问题和改革实践问题？社会主义与市场经济的内生关系如何理解？社会主义与资本的内生关系如何认知？资本发展独特的制度优势、精神资源优势是什么？(2)资本如何从经济理性上升到政治理性，即把追求经济最大化效应扩延为追求社会发展的最优化效应，把经济人的财富论提升为人民的财富论。

应当说，这是十分重要的世纪之问，也是摆在中国人面前的制度创新、理论创新重大问题，更是中国为世界作出最重要贡献的历史期待。

中国金融需要哲学思辨，中国金融更需要一大批青年才俊的理性智慧！

张 雄[①]
上海财经大学同新楼
2023年5月28日

[①] 张雄，中国马克思主义哲学史学会经济哲学研究分会会长、上海财经大学资深教授。

目 录

引言 ··· 1

导论 ··· 1
 第一节 问题的提出 ·································· 2
  一、流动性悖论 ·· 2
  二、金融全球化语境下的世俗社会与国家意志 ············· 3
  三、全球治理：国际新金融体系的重建何以可能？ ········· 5
 第二节 国内外相关研究综述 ······························ 8
  一、关于金融化的研究 ································· 8
  二、关于经济理性与经济非理性的思想 ·················· 12
  三、关于政府与市场关系的争论 ························ 14
 第三节 逻辑框架与研究方法 ······························ 15
  一、逻辑框架 ··· 15
  二、研究方法 ··· 18

第一章 金融观念、金融化、金融本质 ······················· 20
 第一节 金融观念 ·· 20
  一、金融观念的历史变迁 ······························ 21
  二、当代金融观念的五大特征 ·························· 21
 第二节 金融化 ·· 23
  一、金融化世界的到来 ································ 23
  二、金融创新与金融内化 ······························ 23
  三、金融资本与资本金融的辩证关系 ···················· 24
 第三节 金融本质 ·· 25
  一、金融本质范畴的学术争议 ·························· 26
  二、金融本质的四个重要特征 ·························· 27
  三、"金融之美"与服务大众 ···························· 29

第二章 效率与公平的矛盾：资本收益率高企与贫富差距加剧 …… 31
 第一节 工具理性的资本逻辑与价值理性的经济正义 …… 31
  一、从"休谟问题"到马克思经济伦理思想的演变 …… 32
  二、经济效益最大化与社会整体利益最弱化的三大背离 …… 35
  三、追求经济的"政治与哲学的实现" …… 39
 第二节 "皮凯蒂曲线"与利润率下降规律 …… 41
  一、"皮凯蒂曲线"对库兹涅茨曲线及"涓滴效应"的证伪 …… 42
  二、皮凯蒂 r＞g 规律与资本收益率高企的内在原因 …… 44
  三、资本收益率高企与利润率下降规律之辨析 …… 50
 第三节 美国"皮凯蒂曲线"的政治维度解读 …… 55
  一、美国金融衍生品的创立和完善 …… 56
  二、里根政府推行全面私有化等一系列政策 …… 57
  三、"苏东解体"导致公有制制衡不再 …… 59
  四、全球化背景下的产业转移与中国经济的迅速崛起 …… 61
 小结 …… 63

第三章 私向化与社会化的矛盾："大而不倒"的有限责任制与国家公共性的无限责任化 …… 65
 第一节 人类的私向化与社会化 …… 66
  一、欲望与需要上的两个维度 …… 66
  二、利益与行动上的两种方式 …… 67
  三、欲望与利益的规训和调和 …… 68
 第二节 资本金融的生成与崛起 …… 69
  一、经济理性的起源——来自经济问题的解决方案 …… 69
  二、从经济理性的彰显到金融理性 …… 71
  三、资本金融市场的崛起 …… 73
 第三节 资本金融市场的失灵与危机 …… 76
  一、非理性：金融市场链接的"当下"与"未来" …… 76
  二、信息不对称：交往双方的委托代理问题 …… 79
  三、外部性：收益的私向化与风险的社会化 …… 81
 第四节 政府公共职能的难题与隐患 …… 83
  一、关于市场经济中政府职能的争论 …… 84

　　　　二、当代政府职能公共性的三大难题 …………………… 86
　　　　三、政府公共性职能的四大隐患 ……………………… 88
　　第五节　金融化语境下的未来政府职能思考 ………………… 91
　　　　一、金融秩序稳定是全球性公共品 …………………… 91
　　　　二、金融自由与法制：如何抑制全球性的"大而
　　　　　　不倒"？ ……………………………………………… 94
　　小结 …………………………………………………………… 96

第四章　稳定性与不稳定性的矛盾：资本金融收益的国际化与主权
　　　　债务危机的区域化 ……………………………………… 97
　　第一节　金融脱域性与主权政治的地区性 …………………… 98
　　　　一、金融脱域性与资本逻辑空间化的悖论 …………… 99
　　　　二、经济自由主义与政治保守主义之争 ……………… 101
　　　　三、浮动汇率制度与金融政策的主权禀赋 …………… 102
　　第二节　流动性金融权力与区域性政治权力的博弈 ………… 104
　　　　一、流动性资本金融何以成为全球政治经济的
　　　　　　主宰？ ……………………………………………… 105
　　　　二、地区性主权国家的政治逻辑 ……………………… 107
　　　　三、是主权国家驾驭资本金融还是资本金融座架
　　　　　　主权国家？ ………………………………………… 108
　　第三节　金融的通约性与政治的变异性 ……………………… 110
　　　　一、金融的通约性 ……………………………………… 110
　　　　二、政治内涵的变异性 ………………………………… 112
　　　　三、资本项目的高流动性与经常项目的民族主权
　　　　　　性 …………………………………………………… 117
　　第四节　欧债危机的启示 ……………………………………… 120
　　　　一、欧元生成的历史过程及其优势 …………………… 121
　　　　二、货币统一而财政政策分立的根本矛盾 …………… 122
　　　　三、欧盟财政一体化抑或欧元的解体？ ……………… 123
　　小结 …………………………………………………………… 125

第五章　中心化与边缘化的矛盾：金融叙事中心化与整体主义精神
　　　　边缘化 …………………………………………………… 126
　　第一节　从货币起源到完全信用货币时代 …………………… 126
　　　　一、实物货币阶段 ……………………………………… 127
　　　　二、商业货币阶段 ……………………………………… 128
　　　　三、完全信用货币阶段 ………………………………… 128

第二节　金融叙事中心化的五种"强引力"幻象……………… 130
　　一、货币幻象……………………………………………… 130
　　二、债务幻象……………………………………………… 132
　　三、杠杆幻象……………………………………………… 135
　　四、市值幻象……………………………………………… 137
　　五、对冲幻象……………………………………………… 138
第三节　财富幻象背后金融叙事属性的三大"核心组织"…… 140
　　一、信用货币的缔造者——美国联邦储备银行………… 140
　　二、市场信心的掌控者——三大国际信用评级
　　　　机构……………………………………………………… 141
　　三、金融叙事化的"编导者"——五大投行……………… 142
　　四、金融叙事属性的弊端与超越路径…………………… 143
第四节　金融化的生成与人类整体主义精神的三次决裂…… 145
　　一、货币化与传统信仰、品德、秩序的决裂…………… 146
　　二、工业资本化与大自然的决裂………………………… 148
　　三、金融化与人类整体主义精神的决裂………………… 149
小结………………………………………………………………… 151

第六章　中国实践：探索金融化与金融本质的合一……………… 153
第一节　探索实现金融本质之中国道路的世界意义………… 154
　　一、金融功能的有效性是中国特色社会主义生产力
　　　　发展之保障……………………………………………… 154
　　二、实现金融本质需要好的社会制度为保障…………… 155
　　三、回归金融本质的诉求与中国道路之机遇…………… 158
第二节　金融自由化与金融功能实现的辩证关系…………… 159
　　一、金融功能与投机者的关系…………………………… 159
　　二、金融理性极致化对金融本质的四大背离…………… 160
　　三、金融自由与金融监管之动态平衡…………………… 162
第三节　建构资本金融市场"反脆弱性"机制的可能性……… 163
　　一、金融市场的脆弱性与"反脆弱性"的经济哲学
　　　　基因……………………………………………………… 164
　　二、金融市场的整体性风险与金融衍生品市场风险
　　　　的关系…………………………………………………… 165
　　三、"反脆弱性"：探寻防范金融市场风险的
　　　　"良方"…………………………………………………… 168
　　四、资本逻辑下建构金融市场"反脆弱性"的
　　　　可能途径………………………………………………… 170

第四节　中国共产党人的"忧患意识"与国家金融安全观 …… 172
一、融合马克思主义与优秀传统文化的中国意志 … 172
二、保持大定力防范风险挑战的底线思维 ……… 174
三、应战百年未有之大变局的国家安全观 ……… 176
四、承继中国共产党人的自我革命精神 ………… 178
五、构建新时代中国特色社会主义创新发展理念 … 179

小结 …… 182

第七章　中国式现代化新道路与金融新秩序 …… 184
第一节　中国特色社会主义政治经济学的历史生成与新境界 …… 184
一、中国特色社会主义政治经济学的历史生成 … 185
二、中国特色社会主义政治经济学的三重新境界 … 187

第二节　中国特色社会主义资本市场的生成与新时代金融秩序 …… 194
一、中国资本市场的四个发展阶段 ……… 194
二、数据呈现中国资本市场30年变化 …… 197
三、聚焦中国资本市场的主要问题 ……… 203
四、建构新时代金融新秩序的四个向度 … 206

第三节　全球金融治理中国方案 …… 210
一、金融的重要性："金融是国家重要的核心竞争力" …… 211
二、金融本质的哲学要义 …… 214
三、自信、开放、创新的金融观念 …… 218
四、防范重大金融风险的忧患意识 …… 220
五、从"零和"到"和合"的全球金融治理中国方案 … 222

小结 …… 225

参考文献 …… 227
一、马列著作及中央文献 …… 227
二、国内专著 …… 227
三、外文译著 …… 228
四、外文文献 …… 229

引　言

步入21世纪,世界范围内爆发了诸多政治经济大事件:2008年的全球金融危机、2010年的"欧债危机"、2011年的"占领华尔街"运动、2016年的"英国脱欧"事件,尤其是2017年以来的"美国优先"等逆全球化运动及影响全球经济发展的中美贸易摩擦事件。这一系列事件使得重新审视和研究21世纪全球金融化所激发的主要矛盾及其出路成为这个时代的重大课题。

审视当代金融全球化的主要矛盾,必须回溯20世纪70年代布雷顿森林体系解体以来全球经济金融体系的发展史。伴随着浮动汇率制度与全球信用货币体系的逐步演变和快速发展,21世纪的金融化世界已经到来。这是人类社会经济发展史具有里程碑式的重大变化,是在商品化、工业化、货币化和资本化的基础上演化而来的一个经济发展大趋势,不以人的意志为转移。主权国家已经难以完全独立控制宏观政策,难以完全自主调节本国利率、汇率、货币供应量等经济指标,难以用单纯的自身效率提高达到利益最大化。这样的金融化浪潮既具有正能量的社会发展驱动力,又同时带来了过度虚拟化的衍生性风险,深刻地改变着整个人类的生存世界和精神世界。一方面,这让我们置身于全球金融化所产生的"流动性悖论",即各国政府陷入了"用更大的流动性救助因流动性过剩而带来的金融危机";另一方面,这更让我们深陷21世纪全球金融化的四大矛盾:国际金融资本收益率高企与贫富差距两极化加剧之效率与公平的矛盾、有限责任制金融机构的"大而不倒"与各国政府公共性的无限责任化所反映的私向化与社会化矛盾、资本金融收益的国际化与主权债务危机的区域化所关涉的稳定性与不稳定性矛盾、金融叙事中心化与整体主义精神边缘化所呈现的中心化与边缘化矛盾。

首先,本书重点解读了金融化时代主要矛盾所关涉的三个核心范畴:金融观念、金融化和金融本质。金融观念是现代市场经济的核心理念,是一种能够突破当下刚性约束,拓展经济空间,通约过去、当下和未来的一种信用化理念,具有垄断性、精算性、杠杆性、套利性和高流动性等五大技术特征;金融化是在商业化、工业化、资本化的基础上,人类社会发展的一个全新阶段,它是人类经济体系内在规律决定的必然结果,这样的金融化浪潮不仅改变着整个经济世界,也深刻影响着人的精神世界;我们从金融本质范畴的学术争议入手,深入分析了金融本质的历史化内涵,概括出金融本质的四个重要特征:金融为实体服务、金融是发现价格和或有权转让的媒介、金融是对冲和消化不确定性风险的工具、金融是实现普遍利益体系的手段。其次,皮凯蒂的《21世纪资本论》充满了对金融化世界的忧思,揭示了国际金融资本收益率高企与贫富差距两极化之效率与公平的矛盾。他用历史大数据证伪了"库兹涅茨曲线",从技术向度追问了贫富差距扩大所带来的经济正义问题,认为自由放任的金融资本主义只能不断加剧财富不平等现象。这正是金融资本的逐利逻辑对金融本质的背离,也是新自由主义经济学所倡导的金融自由极致化对经济正义的背离。通过对"皮凯蒂曲线"的政治维度解读、对资本收益率高企与利润率下降规律之间关系的辨析,我们明确认识到对金融自由化发展模式的简单模仿没有出路,必须谋求中国特色社会主义经济的"政治与哲学的实现",让资本金融的工具理性在社会主义价值理性阳光下最大化运行。再次,在无疆界的金融化浪潮中,政府和市场的关系发生了巨大的变化。正是发源于人类本性之中的私向化与社会化的矛盾,导致有限责任制度下金融资本的"大而不倒"座架了政府职能的公共性发挥。在"市场够不够自由"与"政府干预够不够好"的争论中,政府职能的失位造就了目前"市场失灵"与"政府失灵"的可能性:一边是资本收益率的几何级增长,一边是全球贫富差距的急剧扩大;一边是国际储备信用货币源源不断的提供,一边是各发达国家财政赤字的居高不下;一边是全球资本金融的流动性过剩,一边是世界经济的通货紧缩。这样的金融自由化与政府干预的交替过程必将面临无法超越的极限,金融市场将继续面临全球范围的市场失灵问题,而当代政府既要面对委托代理问题、隐形担保问题和无限膨胀的财政赤字这三大主要难题,也要面临公共性职能的四大隐患,即美元陷阱、政治过度、公共品对资产价格的过度依赖和预期财富无限增长。对金融化语境下的未来政府职能进行思考,必须看到金融秩序稳定已经成为了全球性公共品,必须寻求更多的国际合作治理机制,而对全球性的"大而不倒"难题也必须谋求全球性的监管机制。复次,关涉全球经济的稳定性与不稳定性的矛盾,必然是资本金融的张力与区域性主权政治之间的博弈。流动性作为资本金融的主要特征,可以说是资本金融的生命力,而政治的地域性保守主义特点,也正是流动性金融资本的主要约束条件,因此,金融脱域性必然面临资本逻辑空间化的悖论,浮动汇率制度必然受制于金融政策的主权禀赋,而金融的通约性也必然要应对政治变异的不确定性。最后,21世纪金融化时代,财富的金融叙事中心化与人类整体主义精神边缘化的矛盾也尤其明显。一方面,人类财富观已经从物质存在走向"化蝶幻象"的财富观,即金融叙事中心化带来的五种"强引力"财富幻象:货币幻象、债务幻象、杠杆幻象、市值幻象、对冲幻象;另一方面,支配人类命运共同体的整体主义精神所具有的历史禀赋趋于边缘化:个人全面发展被单向度的物质追求边缘化、社会责任感的整体性倾向被边缘化、利他主义的美德追求被边缘化、构建人类命运共同体的理念被边缘化。这是一种从经济理性到金融理性的人性最大化欲求,它背离了人类整体主义精神的诉求,迷失于一种无限增长的幻象中。

21世纪金融化困境所面对的流动性悖论和四大矛盾的救赎之路,并不在于完全舍弃全球金融化,而在于辩明冲突内涵并寻求融合之路。用所谓"逆全球化"的高关税壁垒闭关锁国,用行政手段干预关闭金融市场的功能,抑或让"大而不倒"绑架各国政府的长远规划,都有失于偏颇。唯有经过形而上的反思,用"爱智"之辩证,挖掘人类精神潜能,辨明金融创新之"空灵"源动力,揭示抽象理性之局限,在实践上用制度创新来导向并规范金融投机才是正途。这既要利用适度投机驱动经济发展的活力,又要防止投机过度而泡沫化;既要充分发挥金融创新的自由精神,又要用监管创新和制度规范实现约束张力。通过重构国际金融秩序,引导逐利群体的金融创新力耦合到服务于"好的社会"的目标中。在重构国际金融秩序的历史机遇与众多挑战面前,运用中国智慧、整体性思想、市场化的创新手段,引导资本金融的洪流复归到金融本质的实现上来。金融发源于大众又服务于大众,进而推动经济社会的繁荣发展,用更为广泛的金融参与,打破目前金融霸权的绝对垄断地位,实现金融的共享,实现社会财富分配的公平化。

数百年来,无数次资本主义经济危机、金融危机的实践证明,简单的国际金融体系内部改造已经无法解决其根本性矛盾,无法从根本上解决世界贫富分化、资本金融市场的"失灵"、政府职能的失位、金融唯利化对金融本质的背离等问题。指向光明未来的道路蕴含在东方智慧对西方自由资本主义的扬弃之中:实现金融本质的中国对策,既要充分把握金融化时代给予的三大主要机运,即互联网金融、亚投行、一带一路;又要敢于"应战"并解决四大难题,即隐形担保、监管模式、影子银行和跨国金融。从而寻求从传统金融范式的"零和"博弈到中国"和合"共赢的融合之路,探究从整体性出发的"人类命运共同体"方案如何落实,建构出从金融理性到金融本质的具备人民财富论的国际政治金融新秩序。

本书从正确认识21世纪金融化世界已经到来为立足点,从皮凯蒂《21世纪资本论》中对效率与公平的忧思起步,从金融化背景下的政府职能与资本金融的博弈着手,运用马克思唯物主义历史观,经济哲学思想方法论,深度挖掘人类进入金融化世界的演化过程,既能看到金融化背景下"流动性悖论"的退化特征,更能看到金融创新回归金融本质的进化特征,详尽分析当代经济全球化面对的四大矛盾,结合中国特色社会主义经济金融实践,探寻化解这些矛盾的"和合"之道,探索21世纪金融化世界的超越式发展道路,实现金融本质之中国金融方案,探求并实现共商共建共享的人类命运共同体。

导　论

> 这里有蔷薇，就在这里跳舞吧！
>
> ——黑格尔

"凡是合乎理性的东西都是现实的，凡是现实的东西都是合乎理性的。"①这句名言就是哲学对现实与理性的辩证关系判断。格奥尔格·威廉·弗里德里希·黑格尔（Georg Wilhelm Friedrich Hegel）说每个人都是他那个时代的产儿，而哲学的任务就是理解存在的理性，把握现实社会的时代思想。处于21世纪金融化时代的我们，如何理解金融资产日益膨胀的现实，如何把握激情澎湃的时代脉搏，如何唤醒人类精神的自觉，正是如何理解和应对"存在于作为自我意识的精神的理性和作为现存的现实世界的理性之间的东西"②的关键；处在物欲横流、符号幻化的金融化世界里的我们，需要寻求海量信息中丢失的知识，需要寻求丰富知识中丢失的智慧，需要寻求智慧中丢失的人类灵感，正是"在现在的十字架中去认识作为蔷薇的理性，并对现在感到乐观，这种理性的观察会使我们跟现实调和"③。处在市民社会的个体自由与人类命运共同体的现实矛盾中的我们，如何实现个人自由与整体理性的和谐，如何实现"自由意志的定在"与服务社会大众的统一，如何实现金融化与经济正义的"度的守中"，也正是人们怎么样才能"一方面居住在实体性的东西里面，一方面又保留主观自由"的哲学追问。胡果·格劳秀斯（Hugo Grotius）认为："人生来就是一个理性的社会化动物。"④对金融化世界的理性反思正是人类的精神自觉。我们人类作为理性的社会化生灵之存在，既需要"密纳发的猫头鹰要等黄昏到来才起飞"的哲学批判精神，更需要"高

---

① 〔德〕黑格尔：《法哲学原理》，范扬等译，北京：商务印书馆，2009年，"序言"第11页。
② 同上书，"序言"第12、13页。
③ 同上书，"序言"第13页。
④ 转引自〔美〕列奥·施特劳斯、约瑟夫·科罗波西：《政治哲学史》（第三版），李洪润等译，北京：法律出版社，2009年，第385页。

卢雄鸡"有预判性的清晨鸣叫,用"治未病""防患于未然"的思想提高对未来不确定性的整体把控能力。

第一节 问题的提出

自20世纪70年代布雷顿森林体系(Bretton Woods System)解体以来,伴随着浮动汇率制度下的全球信用货币体系逐步形成,世界金融秩序成为主权货币对市场信心的争夺战。美元的"特里芬难题"(Triffin Dilemma)用信用货币的方法得到解决,但是"戴高乐问题"(Problem of de Gaulle)所提出的国际货币间的不对称问题,其所涉及的美元特权问题,不仅没有削弱,反而更加盛行。尽管今天的美国已经持续了近30年基本上没有经常项目盈余,也不再是世界第一大债权国而成为世界上最大的债务国,但只要市场缺乏流动性,美国政府就可以发行美元来缓解,而且还不至于损害美元的铸币税地位,也就是说美元仍是世界上最强信用的货币。于是,以美元等国际信用货币计价的全球金融资产规模空前膨胀,远远超过了全球各国的GDP总额,也超过了全球的进出口贸易总量——"全球国内生产总值总量是73万亿美元,贸易总额是37万亿美元,而未结清的金融资产高达300万亿美元。换言之,世界经济迅速进入了一种金融资本主义时代"[1]。这正是十年前保罗·沃克尔(Paul Walker)所描述的实体经济规模与虚拟经济规模的比例关系,现在两者之间的差距在经历了近十年全球各国央行的多次量化宽松后更加巨大。

一、流动性悖论

2000年前后,无限宽松的金融自由化政策推行带来了2008年全球金融危机。随后,各国央行相继推行量化宽松,释放更大的流动性救助因流动性过剩带来的金融危机,美国政府对"大而不倒"的国际金融机构实施救助行为,各国政府也都采取了规模宏大的经济刺激政策。2020年新冠疫情的暴发更加剧了发达国家类似的释放流动性操作。"用流动性救助流动性""用金融挽救金融"的金融自由化范式已经走向不可持续的自循环悖论。在"市场够不够自由"与"政府干预够不够好"的争论中,造就了目前"市场失灵"与"政府失灵"的可能性:一边是资本收益率的几何级增长,一边是全球贫富差距的

---

[1] 〔美〕保罗·沃克尔、〔日〕行天丰雄:《时运变迁:世界货币、美国地位与人民币的未来》(定制版),于杰译,北京:中信出版社,2016年,第354页。

急剧扩大;一边是国际储备央行信用货币的源源不断提供,一边是各发达国家财政赤字的居高不下;一边是全球信用货币的流动性过剩,一边是全球经济的通货紧缩。这样的金融自由化与政府干预的相互强化过程必将遇到无法逾越的天花板,正如大卫·哈维(David Harvey)所说:"我们目前有多接近这种极限难以确定,但近四十年的新自由主义私有化政策已完成大量任务,许多地区也没有多少资源可供圈占和私有化。"① 而且各国央行实际上也已经成了最大的负面资产持有者,再无能力继续扩表。尽管金融化范式"犹如穿上了灰姑娘的魔鞋",可以用金融手段通兑一切价值的存在,在市场规则的运算中用数字化的简约方式表达对绝大部分价值的经济利益最大化,但也导致了产业投资被杠杆化了的金融投资所蔑视,导致了价值创造的源泉被货币数量化的收益增加所替代,导致了人类追求永无休止的货币化增长模式,不仅患上了用符号通兑一切交换价值的"扩张强迫症",而且也带来了效率与公平的矛盾、金融市场与政府职能的矛盾、流动性资本金融与区域性主权国家的矛盾、金融自由与整体主义精神的矛盾。本书从如何正确认识金融化世界出发,对经济理性到金融理性的演化进行深度挖掘,面对如何处理金融自由与政府干预的关系难题,深入研究主要矛盾的内在逻辑,从当代经济全球化的主要矛盾入手,运用马克思主义唯物史观、马克思主义科学方法论,结合中国特色社会主义实践,探寻可能化解或者能够解决这些矛盾的中国方案,从金融理性到金融本质实现具有世界范围现实意义的中国道路。

二、金融全球化语境下的世俗社会与国家意志

黑格尔关于市民社会与国家关系的哲学论断,为我们开启了人类经济理性与政治理性的辩证关系学说。黑格尔关于市民社会的描述是:"每个人都以自身为目的,其他一切在他看来都是虚无。但是如果不同别人发生关系,他就不能达到他的全部目的,因此其他人便成为特殊的人达到目的的手段。"② 对象性存在的人与人之间的相互依存关系,正是经济理性得以发展的基础,"但是仅仅有其他人的合作还不够,还需要有一个公共的权威或者政府来平衡和协调这个社会所有成员的利益。这个权威限制或者说规定了所有成员的行为和追求,从而在它们之间实现了和平和秩序。"③ 这就是国家的政治理性之责任。关涉追求个人利益最大化的金融理性与追求整体性正义的

---

① 〔美〕大卫·哈维:《资本社会的17个矛盾》(定制版),许瑞宋译,北京:中信出版社,2016年,第217页。
② 〔德〕黑格尔:《法哲学原理》,范扬等译,第197页。
③ 邱立波编译:《黑格尔与普世秩序》,北京:华夏出版社,2009年,第143页。

政治理性关系的问题恰恰是：人们怎样才能在一个命运共同体中，既获得充分发展的个人自由，又获得所有参与者实现自由的公平与正义？借用黑格尔的语境就是：人们怎么样才可以一方面能够居住在实体性的存在里面，一方面又能够同时保持住他们的主观自由。因此，黑格尔把市民社会看作是"一种外在的国家"，还不是一种成熟的靠自觉意识组织起来的国家，而只是一种经济制度组成的社会体系，而组建这样一种社会经济体系的目的，是为了追求市民们自身的社会福利："他把政府看作是某种外在于他的东西，而不是看作某种表达他的意志或者意识的东西。他在遵守法律和跟别人合作的时候，不是出于一种义务的意识，也不是为了自我实现，而是为了确保自身利益的满足。"①这段话显露了黑格尔关于市民社会与国家关系的思想，预设了国家的政治理性恰恰是整体社会的意志表达："即客观意志是在它概念中的自在的理性东西，不论它是否被单个人所认识，或为其偏好所希求。"②也就是说，无论这个意志有没有被个体认识到，代表了整体社会的政治理性的客观精神都自在自为地存在着并起着重要的作用。黑格尔把市民社会描绘为各种社会力量的交锋，最后被国家的普遍性超越。卡尔·马克思（Karl Heinrich Marx）认为，将市民社会与国家割裂是错误的："任何关于个体的有意义的句子无疑都必须同时关涉他的环境，个体的原子模式在哲学上是靠不住的。"③马克思揭示出，黑格尔的理论前提预设了自私自利的经济领域个人和普遍利益的公共领域个人，这样黑格尔就将"唯物论"领域的市民社会与"唯精神论"的国家整体对立起来，也就是将物质生活条件置于政治结构之外，而事实上，物质生活条件贯穿于政治生活的每个角落和缝隙之中。这就产生了黑格尔对官僚阶级是普遍性利益之代表的结论。"马克思主张官僚阶级仅仅利用共同福利之名进一步攫取它自身的利益。……官僚阶级表面上为社会的普遍福利做贡献的理想主义，只不过是一张掩盖它自身粗俗的物质主义目的的面具。"④由此可以看出，经济领域的经济理性的最大化结果，产生了市民社会的阶级差别，从而变成了政治领域中政治理性的外在表现方式，即"政治成了财产关系的一种理性化"。在 21 世纪金融化背景下，资本逻辑的逐利性与政治秉性的目的和手段不同：(MCM')M 是为了利润的目的把实业投资 C 作为赢得 M'的手段；而国家政府的出发点是把 M 作为实现不断满足人民群众

---

① 邱立波编译：《黑格尔与普世秩序》，第 144 页。
② 〔德〕黑格尔：《法哲学原理》，范扬等译，第 255 页。
③ 〔以色列〕阿维纳瑞：《马克思的社会与政治思想》，张东辉译，北京：知识产权出版社，2016 年，第 19 页。
④ 〔以色列〕阿维纳瑞：《马克思的社会与政治思想》，张东辉译，第 25 页。

的物质文化需求的实体产业 C 的目的。

三、全球治理:国际新金融体系的重建何以可能?

"苏东解体"宣告了苏联社会主义制度模式的失败,也让一些西方政治理论家欢呼"世界新秩序"的形成,认为"这个世界将是一个专门为民主、自由和实行自由市场经济的资本主义准备的世界"①。然而,现实世界的 2008 年全球金融危机爆发和连续不断的地缘政治冲突都证明了,这不过是"另外一个专门为多国公司或者跨国公司的资本主义、为地缘政治的寡头统治所准备的世界"②。金融化的世界已经实现了全球市民社会的主观精神的普遍性,如何实现全球治理的政治经济新秩序,将是实现人类整体性客观精神的关键步骤。但是国际金融秩序的重建何以可能?从马克思关于市民社会和地区性国家的辩证关系论断我们可以看出,全球治理必须回归经济基础本身的治理结构上去,在金融化时代,必须聚焦于国际金融体系的重构。但国际金融体系的重构必须融入中国道路的主体性建构思想。相对于西方"强必霸"的掠夺思想,中国儒家思想的中庸之道,却认为和谐相处是人类最高境界,人与人之间"和为贵""和而不同",个人内心追求一种"矜而不争",逐步达到欲望和精神的相对平衡。尽管西方的"负罪感文化"要比中国的"和谐文化"更具有进取精神,但是其看似金融理性的效益最大化带来的是人类政治非理性的冲突与战争。所以人类的未来必须在地区性国家之间推行"和谐文化",就像列奥·施特劳斯(Leo Strauss)借亚里士多德(Aristotle)的观点所指出的:"友谊的政治意义基本上在于它能减弱人们对个人私利的兴趣,从而有助于自发地与他人分享外在的好处。'朋友之物是共有的',这是希腊的格言。友谊因而可以极大地强化利益的一致性,而利益的一致性是每一人类社会的基础。"③

布雷顿森林体系解体之后逐步形成的牙买加体系(Jamaica System),以国际合法化的浮动汇率制、黄金的非货币化、特别提款权(SDR)为主要特征。但这样的体系不仅存在美元的特权,也避免不了国际金融危机的频繁爆发。金融全球化是 21 世纪资本发展的主要特征,如果说"资本乃是推动'全球化'进程的真正的主体和灵魂"④,那么,21 世纪金融化呈现的特征是经济理性的极致化,这样的金融范式实现了对政治、经济、社会、文化等全方位价值原则

---

① 邱立波编译:《黑格尔与普世秩序》,第 16 页。
② 同上。
③ 〔美〕列奥·施特劳斯、约瑟夫·克罗波西主编:《政治哲学史》(第三版),李洪润等译,第 118 页。
④ 俞吾金:《资本诠释学:马克思考察、批判现代社会的独特路径》,《哲学研究》2007 年第 1 期。

的侵蚀和通约。金融化的到来是从金融功能的异化开始的,融资功能的异化经历了从对冲性融资到投机性融资再到庞氏融资的演化路径,金融投机与金融功能的实现、金融自由与金融监管的平衡,存在监管创新与制度约束的张力。金融机构从信誉至上的服务社会到信誉透支的叙事性金融演绎,用2008年的金融危机证实了"大而不倒"金融机构秉承的极致金融理性所带来的最大社会危害性。"现代理性如果要想真正有所成就,必须要摆脱不切实际的独断专行,必须要跟现实之间有某种妥协,必须要以合适的方式改变自己,但最终也是为了在客观世界中建立自己。"①"用金融挽救金融""用流动性挽救流动性"的金融自由化范式已陷入不可持续的困境中,国际金融秩序的重构是时代诉求,呼唤着具有和合文化基因的中国智慧出场。机运与挑战同在,必将促使中国坚定不移地全面发展金融市场,推进金融监管创新,建构从金融理性到金融本质超越式回归的、具备人民财富论的国际金融新秩序。

尽管金融化的浪潮席卷了整个全球,但是正像历史学家阿诺德·约瑟夫·汤因比(Arnold Joseph Toynbee)所指出的那样:"人类文明世界仍会在政治上不断被瓜分为彼此独立的地区,因此,在人类的政治要求和经济利益之间仍存在着不可解决的冲突。"②20世纪下半叶所产生的变通式的跨地区性经济组织,用经济共同体形式促使民主制度下的政府来逐步改变政治主权的不统一模式,欧盟便是最佳的实例。但是目前欧盟因为统一的货币政策与各国分权的财政政策不能协调使用,极有可能导致其随后的解体。尽管社会主义的实践道路经历了很多波折,但是科学的社会主义道路并不是为了实现某种先验的"平等、正义"的普遍性,其使命是为了克服资本主义的根本矛盾,它通过对资本主义制度下的经济金融市场发展困境的不断扬弃与历史实践的不断生成,实现社会主义的本质道路。这正是中国道路需要的金融化扬弃发展过程:要正确认识金融市场在国民经济中的重要地位,发挥市场配置资源的决定性作用;要建构金融资本市场"反脆弱性"机制;要充分把握时代给予中国道路的三大机遇;要勇于"应战"目前面临的四大难题;最终探索出一条国际范式的金融理性与和合精神的融合之路。寻求超越之路必须回溯经济理性到金融理性极致化的发展路径,辨明其思想源头,揭示其导向的偏离,还原金融本质的原意。这需要在思想上用"智"引导"爱"的"空灵"创造,用"爱""智"融合还原"爱智"一体的本意;在实践上用制度创新来导向、规范金融

---

① 邱立波编译:《黑格尔与普世秩序》,第12页。
② 〔英〕阿诺德·约瑟夫·汤因比:《人类与大地母亲:一部叙事体世界历史》(下),徐波等译,上海:上海人民出版社,2012年,第625页。

投机,既要用适度投机驱动经济发展的活力,又要防止投机过度的泡沫化。在新的历史时期,中国道路迎来建构国际金融新秩序的机遇与挑战,它要求我们:要明确中国必须坚定不移地发展金融市场,必须树立中国的全球经济金融中心地位,不能受一些保守思想影响,武断地用行政干预手段关闭金融市场的功能,还要正确认识金融市场在世界经济格局及国民经济中的重要性,不能全盘否定金融及金融衍生品。比如,有人提出:"金融衍生品交易,是与人类生产活动毫无关系的一种金融赌博。"①另外,在批判金融衍生品的过度交易危害时,首先要弄明白金融衍生品交易额的杠杆效应放大倍数特性,保证金交易及T+0的交易特点必然导致它的总成交额相比保证金的原有金额存在巨大的倍数效应。例如有人在谈到美国衍生品的危害性时,拿出摩根大通的例子:"2000年底,这家银行公司拥有的资产为7 150亿美元,发放的贷款为2 120亿美元,拥有的股本为420亿美元,而它持有的金融衍生品金额即达24.5万亿美元。这就是说,它持有的金融衍生品金额等于他的全部资产的34倍,等于他发放的贷款的116倍,等于它全部股本的580倍。这是什么意思啊?这意味着一旦它持有的金融衍生品亏损1/580,就等于把它拥有的全部股本一扫而光!"②其实这些投行所持有的投资产品金额并不能简单等同于单向投资金额,很多同品种的对冲衍生品交易(即一个买方对冲一个卖方而总金额是双向计算的)是相对没什么绝对风险的。总之,既不能过分夸大金融衍生品的危害,又不能不警觉和防范金融衍生品过度投机带来的次生危害,更不能完全照搬西方金融自由化的监管思路,让"大而不倒"制约政治理性的长远规划。很难想象一个世界贸易中心建设在没有生产和消费市场的地方,也很难想象金融中心建立在没有大量国际贸易往来的国家,中国道路正是从建立全球经济金融中心的过程中,探索实现从金融理性到金融本质的超越之路的。

  金融市场的资本力量就是全球成千上万投资者自由意志的展现。所有成员必须做的事情便是出于本能或者依照习惯了的方式而行动,这是一种"第二天性",这种天性乃是通过金融化所表达出来的欲求的内化。所以,金融市场的管理,不能依赖天才的银行家或者经济学家来发挥他们魔法般的能力,而应该通过设计和打造合理的制度,由具备专业素养的人员来执行。政治理性必须要有老子的"微明"之志:"将欲歙之,必故张之;将欲弱之,必故强之;将欲废之,必故兴之;将欲取之,必故与之。"③如果说"真正的个性在于用

---

① 张海涛:《论美国"赌博资本主义"》,北京:中国社会科学出版社,2011年,第100页。
② 同上书,第99页。
③ 老子《道德经》原文使用黄友敬先生《老子传真》一书,香港:儒商出版社,2003年第二版,第303页。

自己独到的方式实现某种确定的社会功能或社会角色"①,那么,真正的金融自由就是用金融创新使金融功能更好地实现,或者使金融本质得以实现。托马斯·皮凯蒂(Thomas Piketty)的《21世纪资本论》之所以能够在中国各界引起热议,主要是其用大数据揭示了21世纪金融化世界的最核心矛盾:市场经济越发达就越容易导致贫富差距两极分化。如果按照资本逻辑或者资本主义市场规则,是不可能解决两极分化问题的,说到底这仍是一个政治问题,必须回归政治理性的解决之道。皮凯蒂提出了"社会国家"的观念。但是如果不寻求和谐共享的东方思想融入,不寻求地区性国家战略的地缘政治纷争的有效解决路径,不寻求人类整体主义精神的命运共同体建构,这个"社会国家"仍然是乌托邦。

任何国际金融体系的建立,必须解决三大问题:提供充足的国际流动性、调整国际间的收支平衡、维持对国际储备货币的信心。目前畸形发展的全球货币金融秩序,巨额财政赤字的美元和美元的垄断地位不相称,贫富差距拉大的全球经济正义的不可实现,带来的是政治非理性的地缘政治冲突,需要具有"合作共赢"精神的中国智慧对全球政治经济秩序的参与和重构。21世纪金融全球化时代的机遇与挑战同在,中国式现代化新道路理所当然地肩负着扬弃金融理性极致化回归金融本质的任务。中国只有大力发展金融市场,推进为大众服务的金融创新,落实金融监管创新,才能在解决金融市场矛盾的历史实践中实现金融职能的扬弃式回归,从而建构从金融理性到金融本质并具备人民财富论的国际金融新秩序。

第二节　国内外相关研究综述

一、关于金融化的研究

自从1910年鲁道夫·希法亭(Rudolf Hilferding)出版《金融资本》以来,关于金融资本及金融化的理论研究可谓成果斐然,可以分为三个主要历史阶段。

(一) 金融化概念的萌芽:金融资本概念的提出

1. 鲁道夫·希法亭著述的《金融资本》被称为《资本论》的经典续篇,书中详尽分析了金融资本的形成过程,把它表达为由银行支配而为工业家运用的资

---

① 邱立波编译:《黑格尔与普世秩序》,第30页。

本,强调了信用与股份公司是其产生杠杆效应的关键。希法亭将资本绝对集中化的寡头垄断与金融资本的兴盛联系起来,他指出,金融资本就是来源于实业的产业资本与来源于储户的银行资本的结合体,是各个处于垄断的实体企业深度依赖商业银行进行产业投资和融资的复合体,金融资本深度参与实体经济活动的全过程,以保障其根本权益的落实,进而形成独资的跨国垄断金融机构进行大量对外投资,从而再进一步通过谋求主权国的政治军事主权,将其纳入国际化的金融帝国统治。希法亭认为:"产业利润合并了商业利润,自身又被资本化为创业利润,即达到了作为金融资本的最高资本形式的三位一体的赃物。因为产业资本是圣父,他生下商业资本和银行资本作为圣子,而货币资本则是圣灵,他们是三位,但在金融资本中却是一体。"① 由此可以看出,金融资本的运作是一种"三位一体"的运动,是资本的最高运动形式。对于金融资本的生成,希法亭的相关分析非常深刻,从而影响了随后百余年关于相关问题的研究者,包括弗拉基米尔·伊里奇·列宁(Vladimir Ilyich Ulyanov Lenin)、约翰·梅纳德·凯恩斯(John Maynard Keynes)、约瑟夫·熊彼特(Joseph Alois Schumpeter)、海曼·明斯基(Hyman P. Minsky)等政治家和经济学家。

2. 列宁的《帝国主义是资本主义的最高阶段》一文采纳了希法亭的分析,认为"金融资本是一种在一切经济关系和一切国际关系中的巨大力量,可以说是起决定作用的力量,它甚至能够支配而且实际上已经支配了一些政治上完全独立的国家"②。列宁对帝国主义的寄生性特征进行了详细的分析,并着重研究了寡头垄断的形成过程。列宁通过论证认为,帝国主义是一种国家掠夺政策,"帝国主义和金融资本的统治,是资本主义的最高阶段……金融资本对其他一切形式的资本的优势,表明食利者和金融寡头占有统治地位,表明少数拥有金融'实力'的国家地区比其余一切国家都突出"③,由此,帝国主义(金融资本)就能够通过金融"实力"的优势剥夺和侵占别国利益。列宁深刻揭示了金融资本在帝国主义阶段所具有的绝对垄断优势,揭示了金融资本如何借助寡头垄断逐步获得了对全球政治权力的支配,从而在20世纪初就提出了马克思主义的帝国主义理论。

(二)金融化的生成:自布雷顿森林体系到2008年金融危机前的研究成果

1. 保罗·斯威齐(Paul Marlor Sweezy)的众多研究成果。其中重要的观

---

① 〔德〕鲁道夫·希法亭:《金融资本》,福民等译,北京:商务印书馆,1994年,第247页。
② 《列宁选集》第2卷,北京:人民出版社,1972年,第802页。
③ 同上书,第780页。

点有:斯威齐认为,"1974～1975年经济衰退以来,当代资本主义的发展历程呈现了三个重要趋势:(1)全球经济增速总体减缓;(2)跨国垄断(或寡头垄断)公司在全球扩展;(3)资本积累过程的金融化现象"①。从经济停滞到跨国垄断再到金融化,这三大趋势相互交融发展。全球范围的垄断性为跨国公司赚取了较为丰厚的利润,但是在这样的市场背景下,新增的资本投资需求也同时下降。斯威齐进一步观察到,资本逻辑的逐利性造成了实体产业投资减速与金融化崛起同时发生,一降一升的交替过程让金融化的雏形在第二次世界大战结束后的20多年中逐渐形成,到20世纪70年代日臻成熟并发展至今。

2. 美国学者约翰·贝拉米·福斯特(John Bellamy Foster)提出的金融化。福斯特在其论文《资本主义的金融化》②中提出:金融化可被视为超越特定金融泡沫范畴的持续进程,垄断金融资本是在性质上有别于金融资本的经济现象。并特别指出:"IMF、世界银行和WTO不足以组成'独立的超国家政权',它们是在美国主导的布雷顿森林体系下相继诞生的国际组织,其主要职责是作为'二战'后国际资本的利益代言人管理全球经济。这些国际组织至今仍被占主导地位的资本主义国家及其经济利益集团玩弄于股掌之间,其规则的执行标准严重不对称:它们极少被用于不利于美国资本运行的场合,却被广泛用于进一步剥夺全球最贫困的人口。"③福斯特的这段论述充分揭示了国际经济组织的地缘政治属性和组织规则制定的不平等。

3. 伊藤·诚(Makoto Itoh)与考斯达斯·拉帕维查斯(Costas Lapavitsas)关于金融化的研究。宇野学派的代表性人物伊藤·诚与拉帕维查斯的《货币金融政治经济学》④一书考察了货币的历史与逻辑起源、资本主义信用体系的形成、资本主义危机过程乃至中央银行的功能与作用等方面,发展了马克思的货币信用价值理论,认为货币、金融所带来的不稳定源自资本主义私有制的内在缺陷,财政与货币政策尽管有时候能够在一定程度上缓解经济金融的不稳定性,但不存在对冲完美的所谓政策组合。因此,他们的结论是:在现有的资本主义信用体系下,无法从根本上解决现代货币金融的不稳定性。这就为构建中国特色社会主义金融体系的发展方向提供了理论基础。

---

① 〔美〕保罗·斯威齐:《资本主义发展论:马克思主义政治经济学原理》,陈观烈等译,北京:商务印书馆,1997年。
② 〔美〕约翰·贝拉米·福斯特:《资本主义的金融化》,王年咏等译,《国外理论动态》2007年第7期。
③ 同上。
④ 〔日〕伊藤·诚、考斯达斯·拉帕维查斯:《货币金融政治经济学》,孙刚等译,北京:经济科学出版社,2001年。

4. 戈拉德·A. 爱泼斯坦(Gerald A. Epstein)的金融化观点。其著述的《金融化与世界经济》认为:新自由主义、经济全球化、金融化的兴起是最近数十年来全球经济金融社会发展变化的三大特征,其中金融化是核心特征,新自由主义和全球化都是金融资本在全球范围进行垄断式发展的外在表现形式①。金融化深度影响了全球经济运行并具有很大的负面性,它导致国民收入分配倾向于金融部门及食利者阶层,致使劳动者收入和福利相对减少,造成了金融市场更大的泡沫,多次引发了新兴经济体的金融危机,致使新兴经济体的核心经济组织逐渐被跨国金融资本控制,面临国际资本撤离后陷入经济萧条的困境。

5. 中国两位时任大校军衔的乔良、王湘穗所著《超限战》②一书关于金融的主要观点。该书中所描述的"超越一切界限和限度战争"之金融战争手段篇章,从现实层面描述了超级大国的金融霸权策略与超越主权政治的国际对冲基金之资本势力对主权国家经济金融的摧毁,为主权国家的经济战略部署带来了重要启示,为金融化赋予了意识形态的政治属性。

(三) 2008 年金融危机之后反思阶段的研究成果

1. 关于金融功能与好的社会。罗伯特·希勒(Robert J. Shiller)是行为金融学的领军人物,其主要作品有:《非理性繁荣》《金融与好的社会》《金融新秩序》《动物精神》。他将金融的本质与服务于美好的社会进行勾连,辩证地分析了金融在当代社会中的重要作用——既要看到金融有"恶"的一面,更要看到"金融之美"。

2. 关于金融的忧患意识。曾在美国国防部、中情局及国际性的对冲基金做高级顾问的詹姆斯·里卡兹(James Rickards)的《谁将主导世界货币:即将到来的新的一轮全球危机》一书③详细描述了美国国防部主导的国家金融安全所预设的金融战争一旦爆发会出现的场景,表明了美国对未来美元霸权地位的忧患意识和预警防范措施,充分证明金融在当代国家战略中的核心地位;另外,美国金融学者廖子光(Henry C. K. Liu)所著《金融福祸:毁掉世界经济的金融安排》一书④,其核心观点聚焦于批判新货币主义经济金融政策及其相应的金融经济制度,如全球化的央行制度(美联储、欧盟央行、日本

---

① 〔美〕戈拉德·A. 爱泼斯坦:《金融化与世界经济》,温爱莲译,《国外理论动态》2007 年第 7 期。
② 乔良、王湘穗:《超限战》,武汉:湖北辞书出版社,2010 年。
③ 〔美〕詹姆斯·里卡兹:《谁将主导世界货币:即将到来的新的一轮全球危机》,常世光译,北京:中信出版社,2012 年。
④ 廖子光:《金融福祸:毁掉世界经济的金融安排》,稽飞、林小芳译,北京:中央编译出版社,2014 年。

3. 关于全球金融资本主义的解析与救赎之道。向松祚所著《新资本论：全球金融资本主义的兴起、危机与救赎》①全面分析了全球金融资本主义的起源和发展史,特别指出:20世纪全球经济体系从产业资本主义向金融资本主义转变的最显著特征是产业空心化,即金融业脱离实体经济的迅速膨胀,并提出了全球金融资本主义未来的救赎之策以及中国的金融战略。

4. 关于金融化世界与精神世界之关系的研究。张雄教授在《中国社会科学》上撰文②讨论了金融化世界的到来及其对精神世界的巨大影响力,提出金融化世界是人类智力发展的标志,具备积极向上的推动促进作用,但其副作用是社会发展付出的代价太大,过度虚拟化和衍生品的无节制性必然给人类社会带来风险,社会各方面的利益冲突必然引起结构性的社会矛盾。由此不仅带来了社会政治秩序的不稳定,更是为人类精神世界带来了创巨痛深:金融内化导致人类追求彻底自由的主观精神与精神的客体化一起沉沦。并特别提出,21世纪金融全球化已深陷四大矛盾之中:其一是公平与效率的矛盾冲突;其二是技术向度与人本向度的矛盾冲突;其三是私向化与社会化的矛盾冲突;其四是金融理性与政治理性的矛盾冲突。

二、关于经济理性与经济非理性的思想

(一)经济理性的思想

经济理性是跟人性相关的概念,整个西方经济学是建基于几个重要的理论假设之上的,"理性人假设"是其中最重要的一条。列奥·施特劳斯在《政治哲学史》一书中评述了西方哲学家们对人性的思考,其中托马斯·霍布斯(Thomas Hobbes)试图摒弃传统的抑制人性欲望的主张建基于资本主义精神萌芽时期对真实人性的思考,源于人们已经对用道德教化或者宗教戒律来约束人类欲望逐步失去信心时对约束欲望的新方法的寻求,而这样合乎逻辑的探索是从对人性的发掘开始的。阿尔伯特·赫希曼(Albert Otto Hirschma)的《欲望与利益》一书,再现了在文艺复兴之后资本主义革命胜利之前的17世纪欧洲政治思想关于世俗化的大争论:巴鲁赫·德·斯宾诺莎(Baruch de Spinoza)与大卫·休谟(David Hume)虽然在哲学理念上存在分歧,但是在关于欲望和理性的关系上基本上是一致的,休谟在《人性论》中曾

---

① 向松祚:《新资本论:全球金融资本主义的兴起、危机与救赎》,北京:中信出版社,2015年。
② 张雄:《金融化世界与精神世界的二律背反》,《中国社会科学》2016年第1期。

谈到对待贪婪的制约办法就是"自己制衡自己":"因此,没有哪种欲望能够控制利己之心,只有通过那种欲望本身改变它的方向才能做到。"①这就是对贪婪欲望的引导性思想,"它把有限的自然本能的欲望变为一种对抽象财富占有的欲望"②,从而实现了欲望到利益的"自身的制衡"。亚当·斯密(Adam Smith)提出了抽象的经济人概念,经济理性是经济人的主要特征,将人的本性视为自利欲望与互利需求的天然结合,存在一种"人人皆商人"社会,以"物物交换"为导向,通过自利的本能发挥,达到互利的合乎理性的社会利益最大化。金融理性是与经济理性相伴生的,但金融从市场经济的功能作用发展为当代经济的主导作用,却是在从商业资本主义到工业资本主义再到金融化世界的历史过程中逐步演变而来的。

(二)关于经济非理性思想

尽管建立在"理性经济人"基础上的经济理性思想影响深远,但在实践过程中也不断被思想家们所批判。马克思在其著作中提出了对市场经济非理性的批判:"在每次证券投机中,每个人都知道暴风雨总有一天会到来,但是每个人都希望暴风雨在自己发了大财并把钱藏好以后落到邻人头上,我死后哪怕洪水滔天!"③凯恩斯曾经针对市场投资者的非理性提出了"动物精神"的概念,认为现实的商业决策都是应对市场紧急状况的情绪化产物,而且市场永远存在有效需求不足的局面,所以政府必须适时干预市场。20世纪下半叶,哈佛大学前校长萨默斯(Lawrence Henry Summers)和以乔治·阿克洛夫(George A. Akerlof)为代表的芝加哥经济学派的经济学家们,对经济理性的假设条件提出质疑并进行了深入研究,从而推动行为金融学研究迅速发展起来。其中西蒙(Herbert Alexander Simon)的《现代决策理论的基石》④一书,不仅定义了经济理性的概念,还对"有限理性"进行了深入细致的研究;罗伯特·希勒(Robert J. Shiller)的《非理性繁荣》⑤一书,一方面用个股价格的波动幅度远超于自身盈利的波动揭示出证券市场的非理性,另一方面指出了房地产市场的繁荣也隐含着大量的非理性泡沫;张雄教授的《市场经济中的非理性世界》一书在梳理了经济史和经济思想史上的非理性质料之后指出:非理性因素在现实生活中所占的比重,要远远大于理论家们所想象的理性因

---

① 〔美〕阿尔伯特·赫希曼:《欲望与利益:资本主义胜利之前的政治争论》,冯克利译,杭州:浙江大学出版社,2015年,第22页。
② 张雄:《市场经济中的非理性世界》,上海:立信会计出版社,1995年,第7页。
③ 《马克思恩格斯文集》第5卷,北京:人民出版社,2009年,第311页。
④ 〔美〕赫伯特·西蒙:《现代决策理论的基石》,杨砾等译,北京:北京经济学院出版社,1989年。
⑤ 〔美〕罗伯特·希勒:《非理性繁荣》,李新丹等译,北京:中国人民大学出版社,2004年。

素在现实生活中所占的比重。参与市场经济的人是"现实的人",有着欲望、习俗、无意识、情绪和情感等诸多层面的非理性禀赋,每个人的思想和行为既受到每个人自身欲望、需要和利益的驱动,又受到外在于自身的意识形态、文化氛围、社会制度和市场环境的制约。

三、关于政府与市场关系的争论

(一) 政府的"守夜人"角色

亚当·斯密是西方古典自由主义经济学思想创建者,其《国富论》的主要观点是充分发挥市场"看不见的手"作用,而政府只要做好"守夜人"就可以了。他认为最好的政府是"小而美"的职能政府,其职能主要应该侧重于国防安全、司法监督、维持竞争秩序等,从而用大市场的自由竞争实现政府职能和社会福利的最大化。弗里德里希·奥古斯特·冯·哈耶克(Friedrich August von Hayek)的《通往奴役之路》极力抨击了计划经济下的集体主义经济制度,认为政府要尽可能创造出有效的竞争机制作为协调人类经济活动的政策环境,而某种经验主义的顽固态度却是对自由主义市场经济危害最大的。米尔顿·弗里德曼(Milton Friedman)则认为政府应该做好"裁判员":政府的职能就是为参与市场竞争的市场主体制定好竞争机制,即制定好相关规则、政策和制度,从而有效保证市场经济环境下的有效资源配置,做好市场竞争的"裁判员"。罗纳德·哈里·科斯(Ronald Harry Coase)认为,政府的作用主要是对市场产权予以保护,因为只要达到产权明晰,市场机制会自动达到帕累托最优,所以政府的主要职责就是界定产权关系、监督产权政策的执行。道格拉斯·诺斯(Douglass C. North)认为现代政府的职能主要是界定产权和保护所有权,颁布制度实施的具体安排,提供公共产品的服务并降低交易成本,"强调连续性的变革,及制度变革与绩效的关系"[①],并协调社会矛盾的积累。

(二) 政府是市场经济的主导者

凯恩斯或许是受到马克思如何解决资本主义社会不可调和的矛盾思想的影响,为了解决市场失灵所带来的一次次经济危机,保护社会公众利益,在20世纪30年代经济大萧条的背景下,提出政府应进行一定方式的宏观经济调控,尤其是通过扩大社会公共部门的支出来弥补因为私有部门投资不足而带来的社会总需求的不足,这样就避免了宏观经济因为需求不足可能造成的经济衰退。保罗·萨缪尔森(Paul A. Samuelson)等经济学家也认为,必须发

---

① 陈书静:《诺思经济哲学思想研究:基于历史唯物主义制度演化理论的视界》,上海:上海人民出版社,2008年,"前言"第3页。

挥政府对市场干预的职能,因为无论如何成熟的市场经济,都会存在微观经济的无效率、社会贫富差距扩大、宏观经济不稳定等问题,所以,政府必须通过宏观政策加以调整,克服市场失灵,从而提高社会总体福利水平。

(三)马克思的国家政府职能

马克思用唯物主义历史观的方法分析了现代国家的职能。马克思认为,随着国家历史阶段的演化,国家职能也在随之变化,现代国家主要有三种职能:第一,社会管理职能,通过缓和社会矛盾、淡化社会阶级矛盾维持社会秩序和各阶级关系的平衡;第二,资本主义国家的主要职能不是为创造劳动价值的工人阶级服务,而是为占有社会化大生产之生产资料的资产阶级服务,是为其所有权牟利和增殖的工具;第三,经济管理职能,尽管生产资料的所有制决定了生产关系,但作为上层建筑的国家制度对经济基础的反作用不可忽视。

(四)寻求政府职能与市场机制平衡点的研究

维托·坦茨(Vito Tanzi)的《政府与市场:变革中的政府职能》[①]一书在回顾了政府职能的历史演变基础上,辩证分析了由市场失灵的预设前提所带来的对政府职能的公共性问题的反思,认为并不是所有的市场缺陷都需要政府干预,不当的政府干预所带来的弊端有时候比市场失灵的成本更大,越来越多的救助方案与政府支出绑定在一起,让政府支出再难消减,现实社会中并不存在所谓的公共福利政策上的"最优"政府开支和效率上的"最佳"政府职能,这是一个如何在政府职能与市场机制之间寻求平衡点的"度的难度"问题。

第三节 逻辑框架与研究方法

一、逻辑框架

本书的逻辑主线是:在一个动态演化、非均衡、非线性的复杂变化的金融化时代背景下,金融逐利的极致化带来的是更多的政治非理性事件,21世纪金融全球化各主权国家内外部的矛盾冲突更加凸显。主要表现在:效率与公平的矛盾冲突呈现为资本收益率高企与贫富差距加剧;私向化与社会化的矛盾冲突呈现为"大而不倒"的有限责任制与国家公共性的无限责任化;稳定性

---

① 〔美〕维托·坦茨:《政府与市场:变革中的政府职能》,王宇等译,北京:商务印书馆,2014年。

与不稳定性的矛盾冲突呈现为资本金融收益的国际化与主权债务危机的区域化;中心化与边缘化的矛盾冲突呈现为金融叙事中心化与整体主义精神边缘化。如何认识和看待这些矛盾冲突?如何找到这些矛盾冲突的真正根源?如何辩证分析这些矛盾冲突并寻求可能的解决之道?在西方放任的金融自由市场经济秩序于2008年金融危机遇挫后,科学社会主义思想指导下的中国式现代化新道路的探索与实践值得借鉴。

导言部分重点提出了如下问题:在金融化时代背景下,如何辩证看待金融资产日益膨胀的现实?如何看待和面对流动性悖论?如何理性把握激情澎湃的时代脉搏?如何唤醒人类整体主义精神的自觉?面对全球经济金融的自由与全球地缘政治地区性矛盾的日益凸显,如何实现个体自由与整体理性的和谐?如何实现"自由意志的定在"与服务社会大众的统一?解答这些问题需要来自经济哲学思想的深度追问,本书主要研究四个方面的矛盾冲突。

第一章重点解读了21世纪金融化世界所关涉的三个核心范畴,即金融观念、金融化和金融本质。第一,明确指出金融观念来源于经济理性人的极致化,深入分析了资本社会金融基因的生成与发展过程,概括出金融观念的五大技术特征:垄断性、精算性、杠杆性、套利性和高流动性。第二,金融化是在商业化、工业化、资本化的基础上,人类社会发展的一个全新阶段,它是人类经济体系内在规律决定的必然结果。金融化浪潮不仅改变着人类的经济生活世界,也深刻形塑着人的精神生活世界。第三,从金融本质范畴的学术争议入手,追问金融化时代的金融本质是什么?从金融本质的历史化内涵分析中,概括出金融本质的四个重要特征:金融为实体服务、金融是发现价格和或有权转让的媒介、金融是对冲和消化不确定性风险的工具、金融是实现普遍利益体系的手段。从而试图探寻金融理性与政治理性的矛盾冲突之根源,寻求正确的认知和化解之道,使"金融之美"与服务大众的美好社会秩序相融合。

第二章讨论效率与公平的矛盾——资本收益率高企与贫富差距加剧。皮凯蒂的《21世纪资本论》充满了对金融化世界的忧思,他用历史大数据证伪了"库兹涅茨曲线"(Kuznets curve),从技术向度追问了贫富差距扩大所带来的经济正义问题,认为自由放任的金融资本主义只能不断加剧财富不平等现象。这正是工具理性的资本逻辑对价值理性的背离,也是新自由主义经济学所倡导的经济理性极致化对经济正义的背离,更是金融自由化主导的金融理性对金融本质的背离。通过对"皮凯蒂曲线"的政治维度解读、对资本收益率高企与利润率下降规律之间关系的辨析,本书明确认识到,对西方金融自由化发展模式的简单模仿没有出路,必须谋求中国特色社会主义市场经济的"政治与哲学的实现",让资本的工具理性在社会主义价值理性阳光下最大化呈现。

第三章讨论私向化与社会化的矛盾——"大而不倒"的有限责任制与国家公共性的无限责任化。在无疆界的金融化浪潮中,政府和市场的关系发生了巨大的变化。正是发源于人类本性的私向化与社会化的矛盾,导致资本金融的"大而不倒"座架了政府职能的公共性发挥。在"市场够不够自由"与"政府干预够不够好"的争论中,政府职能的失位造就了目前"市场失灵"与"政府失灵"的可能性:一边是资本收益率的几何级增长,一边是全球贫富差距的急剧扩大;一边是国际储备信用货币源源不断的提供,一边是各发达国家财政赤字的居高不下;一边是全球资本金融的流动性过剩,一边是世界经济的通货紧缩。这样的金融自由化与政府干预的交替过程必将面临无法超越的极限,金融市场将继续面临全球范围的市场失灵问题,而当代各国政府既要面对"委托代理问题""隐形担保问题"和无限膨胀的财政赤字三大主要难题,也要面临公共性职能的四大隐患,即美元陷阱、"政治过度"、公共品对资产价格的依赖和预期财富的无限增长。对金融化语境下未来政府职能的构思,必须看到金融秩序稳定已经成为全球性公共品,必须寻求更多的国际合作治理机制,而对全球性的"大而不倒"难题的解决,也必须谋求全球性的监管机制。

第四章论述稳定性与不稳定性的矛盾:资本金融收益的国际化与主权债务危机的区域化。关涉全球的稳定性与不稳定性的矛盾,必然存在流动性资本金融与区域性主权政治之间的博弈。流动性作为资本金融的主要特征,可以说是资本金融的生命力,而政治存在地域性、民族性和宗教性的保守主义特点,也正是流动性金融资本的主要约束条件。因此,金融脱域性必然面临资本逻辑空间化的悖论,浮动汇率制度必然受制于金融政策的主权禀赋,而金融的通约性也必然要应对政治变异的不确定性。

第五章研讨中心化与边缘化的矛盾——金融叙事中心化与整体主义精神边缘化。21世纪金融化时代,财富的金融叙事中心化与人类整体主义精神边缘化的矛盾尤其明显。一方面,人类财富观也从物质存在走向"化蝶幻象"的财富观,即金融叙事中心化带来的五种"强引力"财富幻象:货币幻象、债务幻象、杠杆幻象、市值幻象、对冲幻象;另一方面,支配人类命运共同体的整体主义精神所具有的历史禀赋趋于边缘化:个人全面发展被单向度的物质追求边缘化、社会责任感的整体性倾向被边缘化、利他主义的美德追求被边缘化、构建人类命运共同体的理念被边缘化。这是一种从经济理性到金融理性的人性最大化欲求,背离了人类整体主义精神的诉求,迷失于一种无限增长的幻象中。

第六章论述中国实践,探索金融化与金融本质的合一。"用金融挽救金融""用流动性挽救流动性"的金融自由化范式陷入不可持续的困境中,国际金融秩序的重构是时代诉求,呼唤着不同路线的探索。但经济理性到金融理性的利益最大化欲求是发源于人类本性的单向度欲求,不能用道德批判解决实际问题,必须寻求从金融理性到金融本质实现的超越之路。本章探索了实现金融本质之中国金融实践道路所具有的世界意义:在实践上用制度创新来导向、规范金融投机,既要用适度投机驱动经济发展的活力,又要防止投机过度的泡沫化。自中共十八大以来,面对百年未有之大变局,习近平总书记关于保持、增强、强化"忧患意识"的一系列重要论述,立意深远,思想深刻,从方法论上为中国金融实践和构建国际金融秩序指明了方向。中国金融实践既能充分发挥金融创新的自由精神,又能用监管创新和制度规范约束张力,重构国际金融新秩序,引导金融化背景下的逐利群体从金融理性回归到服务于好的社会的目标中来。

第七章论述中国式现代化新道路与金融新秩序。21世纪金融化世界与精神世界的二律背反,呼唤着人类从金融化的未加反思状态进入到反思状态,从金融理性极致化的矛盾中寻求解决之道,从金融的自由放任到制度建构进行约束和规制,从而进行整体性的重构。马克思的科学社会主义正是针对资本主义不可解决的根本矛盾而提出的,在经过百年的社会主义道路实践探索后,具有和合文化基因的中国特色社会主义道路脱颖而出,愈来愈成为全球政治经济界所关注的实践模式。金融化时代的机运与挑战同在,中国式现代化新道路理所当然也肩负着扬弃金融理性极致化回归金融本质的任务。只有大力发展金融市场,推进为大众服务的金融创新、落实金融监管创新,才能在解决市场矛盾的历史实践中实现金融职能的回归,从而建构从金融理性到金融本质的具备人民财富论的国际金融新秩序。

二、研究方法

(一)金融思想史与现实相结合的方法

本书立足金融市场发展史的梳理,研究金融危机史的特殊性与普遍性,探究金融历史的本质,比较研究各次金融危机,立足中国金融市场的现状,结合中国当代发展实际,将金融历史与现实金融市场的研究紧密结合。

(二)政治经济学理论与中国实践相结合的方法

在充分解读市场经济中的金融市场理论体系的同时,深入研究发达资本主义金融市场的实际问题,使理论研究发挥指导实践作用。结合当代资本主义金融市场发展的历史经验和教训,尤其结合当代中国中国式现代化新道路的重要金融实践活动,使中国金融实践探索和金融理论研究既具有中国式现代化新道路的伟大成就和历史经验,又具有 21 世纪马克思主义的时代厚重感。

(三)实证数据与逻辑演绎比较研究的方法

既要揭示出西方金融经济学理论体系的逻辑架构问题,同时运用实证的方法,用大数据的实证来说明现实问题,从而实现形而上的逻辑推理对现实问题的追问与揭示。例如在本书第二章中,大量引用了皮凯蒂《21 世纪资本论》一书中反映各国收入不平等的"皮凯蒂曲线"等图表和数据,从政治维度解读了收入不平等的主要原因。用马克思主义经济哲学思想对现实问题进行概括、反思和探索,从而发掘出马克思主义市场经济理论的当代实践价值。

(四)多学科交叉相结合的研究方法

从经济理性的极致化出发构建政治理性的整体性。从金融市场的多方博弈入手,从金融理性与政治理性的关系着手,注重短期与长期的辩证关系,体现出人类命运共同体的整体性原则;同时从马克思主义理论、政治学、经济学、法学等多学科角度,以及中西方文化的不同路径,在多维视角中阐明和重新认识金融在中国特色社会主义市场经济的运行中、在中国式现代化新道路的建设中的实践价值和理论意义。

第一章　金融观念、金融化、金融本质

进入 21 世纪以来,全球经济增长迅速,但也面临诸多矛盾冲突:资本收益率的几何级增长与全球贫富差距的急剧扩大;国际储备信用货币源源不断的提供与各发达国家财政赤字的居高不下;全球资本金融的流动性过剩与世界经济的长期通货紧缩。这样的金融自由化与政府干预的交替过程必将面临无法超越的极限,金融市场将继续面临全球范围的市场失灵问题,而当代政府既要面对"委托代理问题""隐形担保问题"和无限膨胀的财政赤字三大主要难题,也要面临公共性职能的四大隐患,即美元陷阱、"政治过度"、公共品对资产价格的过度依赖和预期财富的无限增长。思考金融化语境下未来政府的职能,必须看到金融秩序稳定已经成为全球性公共品,必须寻求更多的国际合作治理机制,而面对全球性的"大而不倒"难题也必须谋求全球性的监管机制。因此,首先需要对三个重要范畴——金融观念、金融化、金融本质——进行解读,因为只有正确认识到 21 世纪金融本质的内涵,才能找到金融化与经济正义的契合点,才能寻求到解决和化解当代金融困境之路径,从而实现金融与现实的美好生活之社会秩序的融合。

第一节　金融观念[①]

"金融是现代经济的核心",金融观念则是现代经济社会的核心观念。通过货币的中介,人类达成了社会大分工的井然有序;通过货币金融市场,人类便利了筹措资金的社会资源整合;通过资本金融的信用再创造,人类生成了股权、债权、期货和保险等基础性的金融合约。对金融市场不确定性因素的理解程度,决定了人们对金融观念理解的成熟度。不论你知不知道、愿不愿意、在不在意,金融观念都已成为当代人突破刚性约束、拓展经济空间并获得

---

① 参见申唯正:《改革开放四十年金融观念的经济哲学反思》,《天津社会科学》2018 年第 1 期。

资产性收入的重要理念。在解读金融观念之前,首先追溯一下什么是金融。"英语中的'金融'(finance)一词源于古法语,与'结束'(finish)一词有着相同的词根。在14世纪,金融是指最后的清算。"[①]金融最初是把个人、家庭、团体等社会储蓄转化成个人、企业和国家的投资项目,是服务商业经济、工业经济的辅助和纽带。由货币作为重要的支付手段,进而发展出金融的三个重要基础功能:"一是价值的跨时期转移;二是就未来结果达成契约和权利;三是可转让性。"[②]金融在历史上的发展演变都迎合于各个历史时期的社会经济发展需要,同时也逐步丰富了整个社会的金融知识,但拥有金融知识并不等同于拥有了金融观念。应该说,对金融的三个基础功能的理解程度和实践运用能力,是现代性金融观念的核心。

一、金融观念的历史变迁

整个金融发展史既是金融危机史,又是金融创新史,更是金融观念不断迭代的历史。从货币、债券、银行、贷款、保险、股票、期货、期权等的发明和运用,可以看出这是一部人类积极探索、变革和优化社会资源配置的观念史。从传统金融到现代金融的观念变迁,主要表现在传统借贷理念与资本金融理念的区别:传统借贷只是利用钱庄、银行等中介机构的间接筹资体系;而资本金融在于以流动性为核心的信用再创造,在于信用体制下的直接融资机制。全球信用货币时代,直接融资模式、投行业务模式、风险投资模式加上保险市场的快速发展,让资本的信用化成为资本金融的实现条件,资产证券化成为此后资本市场的主要特征。传统融资模式与表外融资模式必然存在冲突。信用经济发源于实体经济的劳动价值,又是实体经济的对象化存在,用虚拟化的信用交易过程实现了信用化经济的资本金融特征。传统金融观念下的实物财富的有限性构成了对筹资规模的限制,而现代金融观念下,由信用虚拟货币的发明所形成的信用货币体系是一种自适应系统,用资本金融的经济空间扩张方式开拓了融资规模的无限性可能。因此,现代性金融观念下所生成的资本金融货币体系,正是从传统金融观念突破后的"三位一体"金融资本对金融体系自我信用的再创造。

二、当代金融观念的五大特征

金融理性观念除了具备经济理性观念的"寻求确定性、寻求内在一致性

---

① 〔美〕威廉·N. 戈兹曼等编著:《价值起源》(第2版),王宇等译,沈阳:万卷出版公司,2010年,第15页。
② 同上书,第14页。

的理性化能力、以追求自身利益的推断来表示的理性、从'手段理性'到目标函数极大化的理性"①三个主要特征以外，至少还存在如下五大技术特征：

1. 垄断性。资本自诞生以来就具备垄断性的一面，正是绝对垄断与自由竞争的矛盾统一性，构成了资本主义发展的源动力。正如希法亭在《金融资本》所阐述的："产业资本是圣父，它生下商业资本和银行资本作为圣子，而货币资本则是圣灵。它们是三位，但在金融资本中却是一体的。"②这就是从产业资本、商业资本的卡特尔（Cartel）、托拉斯（Trust）、辛迪加（Le Syndicat）之经济理性最大化起端，发展到三位一体的金融资本的经济理性极致化。美国商业银行与投资银行业务分分合合的发展史，可以说是金融机构运用现代金融理性理念谋求其垄断性进行竞争的明证。

2. 精算性。金融化背景下，若想获得经济理性的极致化，必然离不开对"或有权利"的价值评估，现值分析就是利用数学的运算能力，将"或有权"资产的时间价值考虑进去以后折算为现值的分析方法，在现有已知条件下，如何考虑时间价值并进行或有权利的风险性评估之精算能力成为金融理性观念的重要特征之一。

3. 杠杆性。高效率一直是人类经济发展进程中的主要追求，发生在金融市场的大多数金融创新正是高效率利用金融资本逻辑的延续。从国债市场、股票市场、保险市场和房产市场的杠杆性效率应用，到商品期货、外汇期货、股指期货、期权等金融衍生品市场的高倍杠杆性，都充分展示了金融理性特征，进入21世纪，金融观念的普及与金融市场的广泛参与，让人们越来越意识到，能否认识杠杆、利用杠杆、巧用杠杆，已经成为能否利用社会资源获得社会财富的重要手段之一。

4. 套利性。证券化的产品创新、契约化金融工具的建构、计算机技术与数学模型的充分利用，加上高杠杆率的价值偏好等金融理性观念的转变，都成为金融化社会资本实现最大化套利的唯一目的。金融化背景下的金融套利特点更加明了、更加直接、更加贪婪地集中在了虚拟数字财富的数量增长上，那就是信用最大化、市值最大化、货币财富最大化。

5. 高流动性。高流动性是资本金融的生命力。如果说没有了投机，就没有了实现资源配置的市场竞争驱动力；那么，如果没有了流动性，资本金融就失去了生命力。马克思就指出："作为资本的货币的流通本身就是目的，因

---

① 张雄：《市场经济中的非理性世界》，上海：立信会计出版社，1995年，第27、28页。
② 〔德〕鲁道夫·希法亭：《金融资本》，福民等译，北京：商务印书馆，1994年，第247页。

为只有在这个不断更新的运动中才有价值的增殖。"①所以，金融资本如果想达到经济效益最大化，必须利用一切技术手段，保证金融市场的流动性。

简而言之，金融观念对国家而言是依托财政、税收、军队等综合国力，进而运用和驾驭货币政策和财政政策的理念与能力；对企业组织而言是寻求技术创新与金融叙事的融合度；对个人而言就是寻求自我市场直觉与金融市场大趋势之间的契合度。

第二节　金融化

一、金融化世界的到来

正像农业对原始部落生产方式的替代、商业化对农业化生产方式的进化、工业化对商业化的超越，金融化是在商业化、工业化的基础上人类社会发展的一个全新阶段，它是人类经济体系内在规律决定的必然结果，并已经成为一个大趋势，不以人的意志为转移。这样的金融化浪潮不仅改变着整个经济世界，也深刻影响着人的精神世界。"金融化世界是指金融的范式及价值原则对生活世界的侵蚀，它在政治生态圈、经济生态圈、文化生态圈，以及社会生态圈里占据了十分重要的位置。社会在诸多方面受到金融活动的控制，并产生实质性影响。"②在这样的金融化浪潮中，区域性主权国家的政治格局与政治生态所呈现的是：主权国家已经难以完全独立控制自身的宏观经济政策，难以自主地调节自身的利率、汇率、货币供应量等经济指标，难以用单纯的自身效率提高达到利益最大化。国际金融市场上的上市公司也尽可能地去除国家身份，发展的考量基于成本、物流、利润和叙事想象，而不是名义祖国的感情。

二、金融创新与金融内化

金融创新是"人类追求自由意志的定在"③，金融化世界的到来与最近四十多年来的金融创新高潮是分不开的。

1. 金融创新的特点与功能。当代金融创新具有三大特点：其一为产品虚拟化。相对于工业化产品的实物化的创新，金融创新的产品都是虚拟化的

---

① 《马克思恩格斯文集》第5卷，北京：人民出版社，2009年，第178页。
② 张雄：《金融化世界与精神世界的二律背反》，《中国社会科学》2016年第1期。
③ 同上。

金融工具,不具有实体的定在,却控制了实体产品的价格、收益、流动性、波动性、风险度等关键因素,迎合了人们对金融产品的多样性需求。其二为合约化。用约定的契约形式、电子化的交易方式,突破了实体产品的技术障碍,实现了经济层面的通约化。其三为跨越时空化。金融创新既可以把未来收益贴现于当下,又可以将当下债务锁定于未来支付。国际清算银行在1986年曾对金融创新进行了总结[1],得到了比较公认的金融创新的四大功能:第一是风险转移功能,即用创新的金融工具将自身所承担的风险部分或者全部地转移给市场;第二是流动性增强功能,即通过资产证券化等方式将一种或者多种资产以一定的价格变现的功能;第三是信用创造功能,是用金融创新提高参与主体和部分产品的信用评级,从而达到更大的信用产品创造;第四是股权创造功能,是用类似可转让债券的创新(债转股的多样选择性),挖掘了市场更大的融资潜力。

2. 金融内化的特点。金融化世界最典型的特征之一是生活世界的"金融内化"。这也正是现代金融观念日渐进入人们日常生活,成为经济行为的习惯模式。从个体自利的经济理性到群体追逐的金融理性呈现脱域性的发展,个人、企业、国家乃至整个社会都被"金融内化",成为金融化生存世界的特有范式:个人深陷"读秒抉择"的财富幻境、企业步入金融叙事化的市值博弈、国家被金融市场的"牛熊"座架、社会充斥着金融报价的价值迷幻;个人唯金融资产性收入、企业唯市值和股票溢价、国家唯GDP增长率、社会唯金融资产规模。"金融内化"的单向度追求考问着人类精神自由度的伸张。"显然,生命'金融内化'的严重后果在于,它直接导致人类对生命意义及价值认知的颠倒,金融转让价值似乎永远高于生命价值。"[2]

三、金融资本与资本金融的辩证关系

希法亭的《金融资本》揭示了金融资本的运动特征是一种"三位一体"的资本运动,这个复杂体融产业资本、商业资本、货币资本为一体,发展成为资本运动的最高阶段。而进入20世纪70年代后的全球信用货币时代,直接融资模式、投行业务模式、风险投资模式加上保险市场的快速发展,让资本的信用化成为资本金融的实现条件,资产证券化成为此后资本市场的主要特征。金融系统之外的表外业务即"影子银行"迅速发展起来,其主要参与者主要包括保险机构、证券期货经纪商、投资银行、对冲基金、私人股本、货币市场基金

---

[1] 高海红等:《国际金融体系:改革与重建》,北京:中国社会科学出版社,2013年,第208页。
[2] 张雄:《金融化世界与精神世界的二律背反》,《中国社会科学》2016年第1期。

等非银行金融机构。这个影子银行系统的形成,应该说是金融机构在加强监管的背景下谋求自身金融理性最大化发展的必然诉求:一方面传统银行的业务需要通过证券化和信用化的交易去对冲其资产风险,从而寻求获得不受监管机构监管的再融资;另一方面非银行金融机构寻求利用商业银行所授予的信用额度,去继续放大杠杆,从而获得利润的最大化。因此,传统融资模式与表外融资模式必然存在冲突,IMF全球副总裁朱民就认为:"融资与筹资的矛盾,本质上是虚拟经济和实体经济之间的矛盾。"①他认为融资的信用扩张代表虚拟经济规模的膨胀,而筹资的规模扩大则是实体经济的真实发展,两者之间存在矛盾。由于融资可以脱离筹资而进行,也就是说融资的资金来源可以通过金融机构比如银行的信用支付而创造,只要央行给予商业银行信贷规模的授权就可以实现。所以从一定意义上讲,正是金融资本与资本金融的筹资模式和融资模式的不同,决定了资本金融的经济空间更加广阔。原来的现金交易模式演变为信用交易模式,即时支付方式演变为延期支付方式,当下价值创造演变为未来的或有价值交换。信用经济发源于实体经济的劳动价值,又是实体经济的对象化存在,用虚拟化的信用交易过程实现了信用化经济的资本金融特征。实物财富的有限性构成了对筹资规模的限制,而信用虚拟货币财富的发明(信用货币体系是一种自适应系统),用资本金融的经济空间拓展方式实现了融资规模的无限性可能②。

第三节　金融本质

　　对金融本质的解读关涉金融存在的合理性与合法性问题。历史上的数次金融危机都带来了大量金融机构的破产、金融资产的大幅贬值、国民经济的长时期萧条,很容易让金融陷入社会政治保守思想"性本恶"的道德批判。2008年全球金融危机促使各国政府不得不划拨资金来救助本就很富有的"大而不倒"金融机构的一群人,更加重了社会公众对金融本质的质疑、对金融繁荣能否带来社会公平正义的追问。因此,很有必要从众说纷纭的社会各界认知中,辨明金融本质的本源,还原金融本质的真实内涵,找出金融本质的

---

① 朱民等:《改变未来的金融危机》,北京:中国金融出版社,2009年,第217页。
② 资本金融与金融资本之间有两个重要联系:其一,信用货币尽管是虚拟的支配权,也理所当然的是一种实物资源支配权;其二,资本金融的价值和利润,仍然来自于"三位一体"金融资本中实业资本与劳动所共同创造的剩余价值和利润。因此,本书谈及的在20世纪70年代之前的属于金融资本范畴,而其后的则是以资本金融范畴为主。

重要特征,从而回归金融服务大众功能的再创造中。

一、金融本质范畴的学术争议

金融本质究竟是什么?从普通民众到经济学家、政治家等有着不同的理解。自20世纪80年代以来,"赌场资本主义"一词的流行和传播,让大多数普通民众认为金融市场多数情况下具有赌博的性质,金融本质就是为社会特权阶层、社会精英及富人服务的,即为金融化的"私人俱乐部"服务的,加上一部分人利用信息不对称和欺诈作为在金融市场中赚钱的主要途径,以及嫌贫爱富也是信用货币时代资本金融的主要特征之一,更加重了大众对金融"性本恶"的道德批判认知。诺贝尔经济学奖获得者罗伯特·希勒在其著作中提出,金融自身并不是"为了赚钱而赚钱"所创立的,而是为了智慧性的风险管理,促进资源优化配置,从而实现有创新的"社会的目标",建构和服务于"好的社会","无论如何,我们也不能断言金融与生俱来就是只能容纳社会精英的行业,也不能将其视为推动经济非公平发展的引擎"[①],因为金融创新为我们带来了社会经济效率的提高,因为金融体系曾经是为工业生产服务并促进社会文明进步的"主引擎",因为金融体系有能力也有潜力为我们塑造出一个更加美好和谐的社会。法国前总统尼古拉·萨科齐(Nicolas Sarkozy)却认为:"金融体系本质上是一个不负责任的体系,也是不道德的。在此体系之下,遵循市场规律这一逻辑成为掩盖一切错误的借口。"[②]萨科齐揭示的正是金融体系成了特定阶层的牟利手段,从而偏离了金融本质的实现。美联储前主席艾伦·格林斯潘(Alan Greenspan)曾提出:"金融体系在市场经济中的最终目的是把一个国家的储蓄加上来自国外的借款,转变为对工厂、设备和人力资本的投资,给资本带来风险调整后的最大收益率,并促进这个国家的人均小时产出率的巨大提升。"[③]格林斯潘这段话至少包含了三层含义:其一,金融体系能够有效吸收国内外的储蓄和投资;其二,金融体系可以把吸收来的资本转换成对实业和人力资本的投资;其三,金融体系为资本带来最大化收益率的同时促进国家经济发展。重庆市原市长黄奇帆曾用三句话概括金融本质:"金融的本质一是为有钱人理财,为缺钱人融资;二是信用、杠杆、风

---

① 〔美〕罗伯特·希勒:《金融与好的社会》,束宇译,北京:中信出版社,2012年,"前言"第XXX页。
② 同上,"引言"第3页。
③ 〔美〕艾伦·格林斯潘:《动荡的世界》,余江译,北京:中信出版社,2014年,第72页。

险;三是为实体经济服务。"①这三句话尽管从现实经济生活层面简约化地呈现了金融本质的技术性功能和特征,但并不是其经济哲学内涵,因为金融本质必然关涉服务大众的普遍利益。

二、金融本质的四个重要特征

金融来自人们的生活实践,是现实经济发展的内在需要,是为了融资、为了创业、为了价值交换、为了价值实现、为了保值增值、为了避险、为了用有限的资源获得最优的欲求满足。希勒曾认为:"金融应该帮助我们减少生活的随机性,而不是添加随机性。"②确实,"特殊利益体系"必然依存于"普遍利益体系",而不是背离其"内在目的":金融体系本应该让市场在充分竞争中发现价格,而不是任性地制造价格;金融市场本应该实现不确定性风险的承接和转移,而不是制造金融风险;金融机构本应该是或有权交换的中介,而不是财富幻象的主动叙事编导。依照上述论证以及笔者对金融的理解,金融本质至少有如下四个重要特征。

特征一:金融活动是为实体产业服务的。自从有了一般等价物,实现了商品的交换,人类的筹资经营活动就开始了,能否利用为有钱者理财、为缺钱者筹资的金融活动,去实现社会资源的有效配置,成为人类经济发展的关键。进入近代商业资本主义和工业资本主义发展阶段,合伙制度、股份制度和有限责任制度成为更为有效的资源配置金融活动,实现了筹资条件下的社会资源最大化配置。随着由现金交易到延期支付的价值实现条件在时间和空间上的分离,信用交易和信用融资成为可能,金融实现了经济空间的无限扩展,既可以用现存的资产来运筹实体产业的未来发展,也可以用未来的潜在收益提前筹划创新项目,从而实现了实体产业效益最大化。这正是建立在关涉人民大众生活需求密切相关的实体产业基础上的金融活动本源。金融信用价值的最终实现必须依托于实体产业的价值创造过程。

特征二:金融是发现价格、或有权转让的媒介。在现代市场经济中,形形色色的大量市场参与者相互竞争、博弈并形成了或有权的标的价格,这个价格是相关标的的事实及其预期的共同结果,理论上,经过这样充分竞争形成的价格将无限接近有效价格水平。尤金·法玛(Eugene F. Fama)对金融市场价格形成机制有效性作过这样的论述:"在有效市场中,任何时候的证券价

---

① 张德斌、李若愚:《黄奇帆:将重庆建成具国际影响金融中心》,《中国证券报》2015年3月27日。
② 〔美〕罗伯特·希勒:《金融与好的社会》,束宇译,第342页。

格都将成为其真实价值的逼真预测值。"①这正说明市场有效性的形成,需要金融体系作为发现价格、无限接近真实价值的媒介。秘鲁经济学家赫尔南多·德·索托(Hernando de Soto Polar)的《资本的秘密》②强调了资本在经济社会中的神秘之处,他认为如果能还原资本的最初含义并不是简单的资产概念,而是在所有权制度下赋予该资产"具有经济和社会意义的性质",通过资产的互换达到社会财富的运动,实现"僵化资本"的再转化,那么资本不足的第三世界国家就能够实现弱势群体的资产再创造,实现共同富裕。暂且不论这个观点是否比马克思的《资本论》深刻,但是他所强调的所有权制度下的资产交换是资本的主要秘密,正是或有权转让体系的重要性,即金融作为公共交易媒介的重要作用。金融体系既然是公共媒介,就是在"公开公平公正"原则下,实现或有权交换的工具,而不是制造价格、影响或有权转让的主导者。

特征三:金融是对冲和消化不确定性风险的工具。不确定性风险一直是人类寻求规避的主要风险。弗兰克·H. 奈特(Frank H. Knight)在《风险、不确定性与利润》③中从事件最终结果的可否预见视角,将不确定性区分为两种:可度量的和不可度量的,强调了不确定性的社会危害性。无论是传统社会还是我们所处的现代社会,没有比风险更确定的事情了。人类针对不可抗力、不可测的意外风险,创造了保险制度来为不幸者分担意外风险;针对现货市场的大幅波动创建了商品期货市场;针对汇率风险创设了外汇市场;针对一揽子股票的系统性风险创立了股指期货;为应对相关期货品种的剧烈波动,创新出期权等衍生品。这些金融创新都是为对冲和消化市场经济环境下的不确定性风险所创设的,正像国家安全部门对人们的安全保障措施一样,这既是对普通民众和相关企业的保护措施,又是国家政府应对意外的超大系统性风险的对冲工具,一个能够对不确定性风险实现金融对冲、保险制度完备的社会是一个公正、理性、和谐的理想社会。

特征四:金融是实现普遍利益体系的手段。黑格尔认为:国家是市民社会的"外在必然性"和"内在目的",因为"国家的力量在于它的普遍的最终目的和个人的特殊利益的统一"④。金融来自市民社会经济理性的再创造,其本质实现必然依存于国家的普遍利益体系。如果政府能够正确地应用财政货币金融的各种手段,把一部分经济条件相对较高的社会群体的钱,"转移支付"给那些确实是因为不可预见的风险造成损失的社会群体;更重要的是,政

---

① 〔美〕罗伯特·希勒:《金融与好的社会》,束宇译,第249页。
② 〔秘鲁〕赫尔南多·德·索托:《资本的秘密》,王晓冬译,南京:江苏人民出版社,2001年。
③ 〔美〕弗兰克·H. 奈特:《风险、不确定性与利润》,安佳译,北京:商务印书馆,2010年。
④ 〔德〕黑格尔:《法哲学原理》,范扬、张企泰译,北京:商务印书馆,2014年,第261页。

府如果能够用互惠的金融保险政策为社会大众应对不确定性的风险事件,那么就能够用金融市场为大众提供社会福利保障了。实现金融本质必须如正确的政治理性那样,关注普遍利益体系,关注人类命运共同体的长期发展,而不是如金融理性那样只关注特殊利益体系对短期利益最大化的追求,由此才能实现金融本质的扬弃式回归。

三、"金融之美"与服务大众

数学家赫尔曼·外尔(Hermann Weyl)用"美与对称绑定在一起"①评估了数学与其他学科的相关性,而希勒用对称性的"金融守恒定律"的或有权定价规则论述了"金融之美"②,都给人以启发,主要有两方面:其一,金融符号的交换价值实现,必然依托于或者服务于实体产业的价值创造;其二,金融理性的利润最大化实现,必然对称于服务大众的金融功能再创造过程。也就是说,金融的本质必然关涉人类经济生活全过程、必然直面金融危机后的经济正义追问、必然服务于以人民大众为目标的整体性。马克思在《资本论》中揭示出交换价值和使用价值的关系问题,其中交换价值在量上的差异对称于使用价值在质上的差异,表明若脱离了实体产业对使用价值的再创造,将只是存在符号化的泡沫,因为"价值对象性只能在商品同商品的社会关系中表现出来"③。格林斯潘在《动荡的世界》一书中,提供了美国私人保险及金融业务在国内生产总值中的占比数据,即从1947年的2.4%提升到了2012年的7.9%,但他们的收入增加不是来自银行间的彼此交易,而是来自非金融企业和外国企业购买了他们的服务而创造的收益④。由此可以看出,金融的本质属性是为资本金融和实体产业提供服务的媒介。尽管成立于1944年的世界银行对全球金融秩序没能发挥出足够的领导能力,但毕竟在成立之初,其目标还是比较远大的,即"为消除世界贫困而奋斗"。如果说贫困的劳动者用勤劳也能够获得银行的信用贷款,无产者的"好点子"也能够获得富有的投资者的风险投资,自我创业的风险投资者一旦破产也能够得到政府的救助,那么这个金融体系就达到了金融的本质属性。

如果能够用政治理性抑制金融的过度膨胀,并平抑投机力量造就的巨大波动,如果能够促使国际金融体系为所有经济体提供一视同仁的平等服务,如果金融理性与政治理性的冲突能够回归金融本质,就能够实现朱民在《金融

---

① 〔美〕罗伯特·希勒:《金融与好的社会》,束宇译,第192页。
② 同上书,第193—194页。
③ 《马克思恩格斯文集》第5卷,北京:人民出版社,2009年,第61页。
④ 〔美〕艾伦·格林斯潘:《动荡的世界》,余江译,第74页。

与好的社会》序言中所概括的希勒的理想主义目标,那就是希勒相信人类理性的光辉,相信可以通过技术安排为公众的利益重塑金融业,把金融作为人类财富的管理者,并可以通过公众的广泛参与,既能打破金融精英集团的垄断,又能够使得金融民主化,实现财富公平分配,实现人类经济社会的良性发展。尽管希勒想通过对金融从业人员"倡导他们心存良善的从业行为"从而影响整体"华尔街的文化"的想法有点道德批判的理想主义色彩,但是用人类理性的金融制度构思和从业者教育达到金融本质的实现也不是不可能的。总之,金融若能促使人类创造的成果为大多数成员所分享、为活跃的多元化人群服务、为构建人类命运共同体服务,那么金融就能展现出其"最真实的美丽"。

第二章　效率与公平的矛盾：资本收益率高企与贫富差距加剧

在21世纪金融全球化的经济秩序下,金融创新带来了全球经济效率的提高、经济效益的增长、科学技术的进步、生活水平的大幅提高,当前时代似乎已经超越了马克思所批判的资本主义时代。但是我们必须看到资本逻辑的"三个没有变":"一是资本追求剩余价值的秉性没有变;二是资本的社会关系本质没有变;三是资本财富的杠杆效应没有变。"①同时更应该看到:在当代金融范式下,资本逻辑带来的矛盾更加尖锐,马太效应更加突出,新的"丛林法则"更加极端,经济正义更加贫弱,全球贫富差距更加两极分化。面对这样的全球经济金融秩序,我们必须加以反思和追问,找到问题所在,制定出更加合理、合适的全球经济新秩序。我们既要看到资本高收益率所带来的全球贫富差距拉大的经济不正义,也要辨明关于经济正义概念和基本原则的分歧,用更具实践意义的经济正义基本原则来变革我们的政治经济制度。经济正义是当代政治经济社会的核心观念,尽管并不是每个人都赞成这一观念,但无论是抽象的政治意义还是实践意义,它都与社会政治经济生活密切相关,需要深入的研究并明确其意义。若要阐明经济正义观念的时代意义,首先要辨明广泛存在于经济正义概念中的分歧,不仅要弄清分歧的根源所在,而且还要找到评价经济正义与不正义的基本原则,才能在更大程度上以公平正义的名义变革我们的政治经济制度,制定出市场规则,落实为我们实践上的理论指导原则。

第一节　工具理性的资本逻辑与价值理性的经济正义

工具理性的资本逻辑是金融全球化的内在驱动力,促进了全球经济的繁

---

① 申唯正、任瑞敏:《21世纪:资本的社会存在论追问——全国经济哲学研究会高层论坛述评》,《学术月刊》2015年第5期。

荣发展,但爆发于2008年的全球金融危机,引发了全球政治经济理论界对价值理性经济正义问题的再反思。其中,法国经济学家皮凯蒂作为资本主义制度的"体检医生",在《21世纪资本论》中,用大量的历史数据,从技术向度追问了全球贫富差距扩大带来的经济正义问题;美国菲利普·克莱顿(Philip Clayton)与贾斯廷·海因泽克(Justin Heinzekehr)的《有机马克思主义》一书,以生态灾难为切入点,反思了资本主义生产方式和民主政治模式所带来的人类无法解决的危机。尽管他们的分析都深刻地揭示了经济增长并不能必然带来经济正义,但是仍然停留在工具理性与价值理性无法同时实现的矛盾上,这与休谟在《人性论》中从"是"推不出"应该"的见解,即事实判断推不出价值判断的观点是一脉相承的。

一、从"休谟问题"到马克思经济伦理思想的演变

在《人性论》中,大卫·休谟把道德分为两种:自然的德和人为的德。前者以是否有利于私人的福利和愉快为标准,后者则是从维护社会公共利益角度出发被设计出来的,体现出社会群体的公益性。休谟把事实判断与价值判断加以区分,认为事实判断可以有真假之分,并可以由经验加以证明,价值判断则无真假可言,而且不能由经验加以证明。所以,从事实判断推导不出价值判断,即著名的"休谟问题"。在"休谟问题"思想的影响下,经济学的方法论在工具理性与价值理性上开始分道扬镳。

(一)工具理性的西方经济学思想。正是基于工具理性与道德无关这一观念,西方经验主义的经济学思想开始演变为单纯的追求财富的工具理性学问。19世纪末,阿尔弗雷德·马歇尔(Alfred Marshall)的《经济学原理》出版,实现了经济学与政治经济学的彻底分离。在这样的工具理性指导原则下,个人仅仅追求自己福利的最大化,企业仅仅追求自身利润的最大化,民族国家仅仅追求主权利益的最大化。那么,个人追求福利、企业追求利润最大化、国家追求经济发展,真的就与道德无涉吗?答案必然是否定的。针对企业与道德无关的西方经济学主流观点,美国著名经济伦理学家理查德·T.德·乔治(Richard T. DeGeorge)曾指出:"企业和道德在许多方面息息相关,丑闻的曝光和随之而来的公众反应、环保主义者和消费者权益保护运动、新闻媒体对企业在道德中角色的关注以及有关伦理行为和伦理计划的公司守则大量出现等清楚地表明这种神话的破灭。"[①]乔治的观点至少表明了三个

[①] 〔美〕理查德·T.德·乔治:《经济伦理学》,李布译,北京:北京大学出版社,2002年,第9—10页。

含义:其一,公众企业离开了利他主义原则,在当代社会无法实现利己的利润最大化;其二,企业离开了自律的道德约束,一旦发展到公众谴责与媒体的声讨,自我利润最大化也将成为泡影;其三,企业经济伦理的良好建构才能带来其长远的发展与利润最大化的实现。同样道理,个人福利最大化的追求,若没有社会整体性的分工与良好秩序,将成为无本之木;发达国家在追逐自身利益的最大化过程中,若离开了发展中国家的基础性作用,则长远发展和国家利益最大化的追求也无从谈起。

(二)价值理性的"先验"道德思想批判。历史上,英国与法国的思想家用"祛魅"的孤立存在的"经验理性"来实现世界的理性化,而德国的几位思想家追逐的却是纯粹的"先验理性"。伊曼努尔·康德(Immanuel Kant)的先验理性的分析,遇到了"二律背反"这一不可逾越的障碍。思想家黑格尔的逻辑核心是"精神自我完成和自我发展的逻辑,而绝对精神要自我完成,就不能用他物来规定自身,就必须通过设立对立面来表现自身,然后再由对立面复归自身,以达到自我完成"①。正是封闭的逻辑辩证过程,让黑格尔哲学也步入了先验理性的困境:"它把客观现实理解为虚幻的抽象精神过程的产物,把人的本质看成神或绝对精神的自我意识的产物。"②工具理性与价值理性的二分带来的正是经济思想的自然发生论与超越现实的价值预设困境。

(三)马克思唯物史观视域中的经济伦理思想。尽管多数西方哲学家都试图用预设的价值道德理性来实现社会的公平正义,但是在人类资源仍然相对匮乏,人类心灵也没有进化到充满友谊和慷慨的境界的"超越现实"阶段,妄图用道德批判来超越资本主义社会,终归是空想的乌托邦。而对先验的道德理性预设进行哲学批判,正是马克思的经济伦理思想的切入点。

首先,马克思把《资本论》的副标题直接定为"政治经济学批判","其要义是追求经济的'政治与哲学的实现'"③。通过对市民社会整体性特质的分析,马克思深入于社会生产关系中对资本的逻辑进行剖析,对传统伦理哲学进行解构,宣告了单纯从价值理念出发进行社会改造的不可实现性,使经济伦理思想的架构在"是"与"应该"的对立上实现了统一,也就是说,在事实判断的基础上实现了价值判断。这里面至少包含三层含义:其一,价值判断是建立在现实社会基础上的。马克思认为,价值意识并不是悬在空中的上帝之

---

① 鲁品越:《鲜活的资本论——从深层本质到表层现象》,上海:上海人民出版社,2015年,第32页。
② 同上书,第36页。
③ 张雄:《政治经济学批判:追求经济的"政治和哲学实现"》,《中国社会科学》2015年第1期。

物,没有什么超验的价值与道德判断标准,它们只是由社会现实存在所决定的人们对现实生活的抽象反映而已。其二,感性、欲望的需求是社会现实的一部分,没有超脱于感性、欲望之上的先验理性,撇开人的感性、欲望来谈人性,人性就不是完整的人性。"人是现实的社会历史中的具体的个人,他有着需求,又处于现实的社会关系之中。"①价值理性不是空中之物,而是人的感性、欲望在现实经济利益中呈现的社会价值关系。就感性与理性的关系来看,多数情况下,不是感性遮蔽了理性,恰恰是理性常常遮蔽了感性。其三,价值判断具有历史性,是现实社会历史实践中对个人感性欲望与利弊的扬弃,利益是价值判断的基础,合理的利益不是"恶的"而是"善的",现实生活社会是建立在历史唯物主义基础之上的。

其次,马克思唯物史观视域下的工具理性与价值理性统一的思想。马克思的唯物主义历史观认为,人既不是超自然的,也不是纯粹精神性的,其生存的基本条件深深地根植于人类改造大自然的物化劳动中,"以实践为基础的辩证唯物主义,使历史观的面貌焕然一新:它使'人'从抽象的先验论的天国降落到人间成为'现实的人',于是社会权力与社会经济结构成为活生生的现实社会关系的产物"②。一方面,只有依靠工具理性对自然界进行改造,用不断生产的产品——物化劳动——才能实现生存和幸福生活;另一方面,人之所以不同于其他动物,正在于他把自己的生命活动变成了自己的意志和意识的对象,在改造客观世界的进程中,实现了有着价值导向的精神世界的生成。人们利用工具理性所进行的社会化劳动,并不是抽象的乃至孤立的个体活动的简单加总,而是在一定的社会关系中协同起来的涌现效应。另外,每一代人生存的基础都是建立在其先辈所创造的物质世界及精神世界基础上的,现实的人的生活世界正是工具理性的物质生产与价值理性的精神创造下的历史化过程后的共同结晶。

最后,马克思对利己主义与利他主义经济伦理学的思想的批判。在西方形而上学的道德自律教条思想中,利己主义是恶的,利他主义是善的,然而这种思想在实际生活中最终导致了现实生活中的"伪善",因为它不是从现实生活生长出来的,而是外界强加给现实生活的教条。虽然利己是恶的源泉,但同样也可能是善良的起点,而利他主义的善的行为也同样会导致恶的结果。所以,马克思指出:"共产主义者既不拿利己主义反对自我牺牲,也不拿自我牺牲来反对利己主义,理论上既不是从那种情感的形式,也不是从那

---

① 孙伯鍨、张一兵主编:《走进马克思》,南京:江苏人民出版社,2001年,第211页。
② 鲁品越:《鲜活的资本论——从深层本质到表层现象》,第91页。

种夸张的思想形式去领会这个对立,而是在于揭示这个对立的物质根源,随着物质根源的消失,这种对立自然而然就消失。"①马克思用唯物史观的现实性去除了利他主义道德说教的悬设性,找到了利他主义的真正根本——人的自我实现的需要,从而使人们的经济伦理观念更科学化,使之建立在对现实社会基本矛盾的科学分析这一基础上,从而达到利己主义与利他主义的辩证统一。

二、经济效益最大化与社会整体利益最弱化的三大背离

可以说人类史就是人类追求效率最大化与整体公平发展的历史。古今中外,效率和公平的问题一直都是社会焦点问题。孔子曾提出"不患寡而患不均"的思想;历史学家汤因比认为:"人不仅仅是靠面包过活的。无论人的物质生活可能被提高得多高,也无法治愈他在精神上对社会公平的需要。"②由此可以看出效率和公平问题在人类经济社会中的重要性。效率与公平的矛盾冲突关涉社会整体性的发展,而经济理性的应得与价值理性的平等,也正是现代社会对此问题的争论焦点所在:一种观点把效率与公平绝对分离,如"鱼与熊掌不可兼得";一种观点却认为公平与效率相伴而生,是相互依存的有机统一体,没有先后次序,不能顾此失彼或先此后彼。尽管当代西方经济学主导的单向度的技术经济学曾被政治经济学家称为"政治幼稚病",但是,经济学与价值无涉的经济学思想仍在目前占据主导地位,深刻影响着追逐私人利益最大化的个人和群体组织的世界观与方法论。在金融化背景下,满足经济效率最大化的金融理性应得原则与社会整体化价值理性的平等原则的冲突将变得更加尖锐,二者之间至少存在如下三大背离。

(一)国际财团利益与社会整体效益的背离

人类社会是倾向于追求效率的,正是经济效率的追求,促进了人类的技术进步,生产力的高速发展,但也在一定程度上接受了功利主义。功利主义支配的社会在最大程度上追求利益最大化,将效率置于首要地位,过程正义具有理所当然的合法性与合理性,但是在实现效率最大化的过程中,达到的结果却常常与过程正义所追求的目标出现背离,导致人们在经济、政治和文化等方面的不平等。对经济效率最大化的追求,一方面,以国际财团为代表的"资产阶级在它不到一百年的阶级统治中所创造的生产力,比过去一切时

---

① 《马克思恩格斯全集》第3卷,北京:人民出版社,1995年,第275页。
② 〔英〕A. J. 汤因比:《文明经受着考验》,沈辉等译,杭州:浙江人民出版社,1988年,第23页。

代创造的全部生产力还要多,还要大"①;另一方面,资本在增殖过程中,必然产生对人、自然界、社会劳动关系的损害,并由此带来与资本积累伴生的三种"贫困的积累":"劳动者经济上贫困的积累、生态环境的贫困积累、人与人关系上贫困的积累。"②这样的两极分化至少包含三个含义:其一,财富的高效率积累是以三种贫困的积累为对象性存在的;其二,国际财团的财富正收益是以牺牲社会的整体利益为代价的;其三,贫困的积累所带来的社会整体利益被剥夺,将最终导致资本高效率的积累无以为继。

大多数西方经济学家都信奉只要实现了过程正义,也就彻底达成了经济正义,甚至有很多人把经济理性与经济正义画了等号。在他们看来,在市场配置资源的过程中,只要遵守市场契约和规则,在利润最大化和最高收益率的追求过程中,只要过程正义是合规则的,就能达到全社会的经济正义。对此,1993年诺贝尔经济学奖获得者罗伯特·威廉·福格尔(Robert William Fogel)指出,美国南北战争前,"南方奴隶制下的农业比北方以家庭农场的生产率高出35%"③,这就说明即使农奴制度具备一时的高经济效率,也并不能证明其必然的合法性和经济正义。在近代西方工业文明的整个过程中,资本主义经济制度从发育、成长到成熟阶段,一直诉诸合理性、合法性的证明。应该说,经济高效率的追求必须从法的公开、公正、公平三原则出发,肯定这种程序正义的合法性,但是也要从社会整体性出发,让过程正义与结果正义相结合。因为作为社会整体性的经济正义不是纯而又纯的技术理性的独立存在,它的实践境遇必然受政治制度的制衡并深受其影响。代表功利主义的国际财团所追求的效率最大化,必然带来与不拥有自然禀赋和基础优势的弱势群体的巨大差距,必然与"好的社会"所追求的每个人的公平公正权利的结果正义相背离。如果说"好的社会"的市场经济标准是"规范的、公正的、有利于大众的市场经济",那么经济效率与社会整体效益严重背离,为了经济效率牺牲了社会整体效益的公平发展,放任贫富差距不断扩大的社会就不是"好的社会",最终也必然带来与国际财团追求的经济效率最大化的相悖。总之,背离了社会总体效益良好发展,最终必然导致国际财团经济效率最大化发展的自我否定。

(二)金融特权与平等人权的背离

应该说,现代金融资本的特别支配权一直存在,从商业资本主义时代的

---

① 《马克思恩格斯文集》第2卷,北京:人民出版社,2009年,第36页。
② 鲁品越:《在全面深化改革实践中开拓马克思主义政治经济学新境界》,《红旗文稿》2016年第12期。
③ 陈伟:《美国制宪先贤蓄奴之谜》,《读书》2017年第2期。

萌芽到工业资本主义的大发展,再到目前的金融化的发展范式,金融资本都是市场经济现代性发展的主要力量之一。但是随着金融资本市场功能的异化,原来作为商业资本与产业资本服务工具的金融资本变成了资本市场的主导力量。希法亭的《金融资本》提出,金融资本具有垄断特权;1916年列宁也在《帝国主义是资本主义的最高阶段》中指出:"但是,资本主义只有发展到一定的、很高阶段,才变成了资本帝国主义,这时候,资本主义的某些特征开始转化成自己的对立物,从资本主义到更高级的社会经济结构的那个过渡时期的特点,已经全面形成和暴露出来了。"①这个帝国主义阶段就是拥有特别金融垄断权力的金融资本主义阶段。

在布雷顿森林体系解体后重构的全球信用货币体系下,资产证券化带来金融特权与平等人权的四大背离:(1)资产性收入与劳动性收入的背离。在金融化背景下,按要素分配拥有了特权地位,而按劳分配则居于次要地位。居民的收入更多地来自资产性收入而不是工资性收入,有不动产、股权等初始资产的居民与不具备初始资产禀赋的居民之间的差距越来越大。(2)金融信用等级的高与低,带来了资金成本与可预期收入的背离。金融嫌贫爱富的属性决定了获得的资金成本的不同,越是急需资金的群体,资金成本越是高:收入低的人、小企业、小国家获得的资金只能是高成本的资金,相反,富有的个人、大企业、大经济体获得的是低成本甚至无成本的资金。而拥有金融资本和拥有金融技能的人群也具有较高信用级别,对未来金融资本市场的机会具备特别支配权,而不拥有这个信用级别的将得不到任何未来可预期的收入增加,追逐利润最大化的金融机构,一般不愿意涉足农村地区及偏远地区等利润低的金融市场,而会将信用资金的额度都投向赢利空间大的城市及发达地区,再加上多数政府对金融市场参与者的门槛限制更加剧了这个背离程度。(3)居民家庭总债务与可支配收入比例的背离。靠劳动收入来维持生计的居民家庭越来越靠借债模式来维持更多的家庭消费。有数据表明,美国从1980年到2008年的"家庭债务与可支配收入的平均比例从53.8%上升到83.3%(上升了55%),而且从时间趋势上看,这一比例在福利资本主义时期一直稳定在50%~60%之间"②,这样就造成了越是靠微薄劳动收入的居民,对未来的消费越是需要借更多的债务,收入与债务比例逐步增高。(4)金融投资者与一般投资者收益率之间的背离。正所谓越是穷人越存钱,越是富有越投资,不同的投资群体所产生的收益相差数倍,金融市场的信用制度越来

---

① 《列宁选集》第2卷,北京:人民出版社,1972年,第807页。
② 赵峰:《当代资本主义经济是否发生了金融化转型》,《经济学家》2010年第6期。

越鼓励高杠杆高收益的盈利模式,参与金融市场的投资者会利用金融杠杆,在资产膨胀的浪潮中经常靠市场机运获得数倍的赢利,远远超过了不会利用金融市场杠杆的投资者,形成了在金融市场投资者群体间所存在的相对悬殊的收益率背离。

(三) 虚拟经济与实体经济的背离

在经济学界传播的"凯恩斯的担心",即市场投机将支配商品生产,在21世纪金融化浪潮中却成为现实。进入21世纪以来,国际大宗商品期货市场的价格波动所具备的金融属性①,证实了这个担心已经成为事实,也说明当代金融市场决定市场价格的主导力量是资本金融,而实体产业基本面的影响已经被边缘化。《资本论》中产业资本相互转换的一般公式是 $M-C-M'$,马克思用 $M-M'$ 来描述资本直接转化为纯粹货币经济的发展趋向,在这种经济活动中,货币就能够直接产生出货币,不需要用商品生产来作为价值产生过程。$M-M'$ 最初是马克思用来描述生息资本运动的,但在后来的资本运动发展过程中,被逐步表示为金融资本广义的投机性转化。

20世纪70年代,随着以美元为中心的国际信用货币体系的建立和完善,资本主义的发展模式发生了根本变化,资本积累从实体产业资本的剩余价值主导的积累模式,逐步走向了金融资本的积累模式,产业资本越来越从属于金融资本,从属于证券化资产,用举债来实现杠杆化经营更为有利可图。保罗·斯威齐在1997年发表的一篇文章中把"'资本积累过程的金融化'称为世纪之交的三大主要经济趋势之一(另外两大趋势是垄断力量的增长和经济停滞)"②,金融行业的高流转性决定了金融资本的收益率会远远大于实体经济的收益率。因此,实体经济的效益越是不好,资本积累越是向金融业的生息资本集中。国内学者赵峰统计并分析了美国1980年到2008年非金融部门的各项金融数据:"非金融部门持有的金融资产占其总资产的平均比例从25.3%上升到41.1%,非金融公司的利息和红利收入占其增加值的平均比例从8.9%上升到16.1%;利息和红利支付在非金融公司的税前利润中所占平均比重从36.9%上升到86.4%(上升了1.3倍);而非金融公司用以回购股票的支出占其增加值的平均比例从几乎为零上升到2.5%(上升了1.3倍)。"③这些数据至少揭示了三个方面的资本市场信息:其一,非金融部门的

---

① 即跟随市场资金供求量的增减而变化以及跟随投机市场人气的涨落而变化,影响相关品种涨跌的主导因素——供求关系的商品属性却被淡化。
② 〔美〕约翰·贝拉米·福斯特:《资本积累的金融化》,裴白莲等译,《国外理论动态》2011年第9期。
③ 赵峰:《当代资本主义经济是否发生了金融化转型》,《经济学家》2010年第6期。

金融资产在逐步增加;其二,生息资本的利润已成为非金融部门的主要利润来源;其三,非金融公司的资本盈利不再用于扩大再生产,而是用于回购自己公司股票,加入了溢价与分红的生息资本的行列。对此,西方学者拉里·艾略特(Larry Elliott)认为,"西方经济的金融化不是近几十年来经济增长缓慢的原因;相反,经济增长缓慢和资本缺少投资机会是金融化的原因。从这个角度来说,金融部门的扩张是资本家能够增加其财富的唯一途径,而脱离实体经济的金融部门变得更倾向于造成资产泡沫"①。知名企业家施振荣先生运用其创立的微笑曲线理论针对全球产业链和价值链的五个环节进行了分析,他认为,位于产业链两端的产品创新研发与终端服务(白领阶层产业)拿走了产业链的主要利润,而居中的劳动密集链条(蓝领阶层产业)却只能获得很低的利润和报酬。金融虚拟产业的主要功能本来是为生产资料和产品流通及高科技研发服务的,但如今却走向了反面。金融市场每年的交易额已经达到数千万亿美元,而全球的真实贸易量只有区区不足 40 万亿美元,金融虚拟产业已从服务于实体经济的"仆人"开始走向权力之巅,成为实体经济的"主人",引领并支配着整体经济的发展。根据麦肯锡全球经济研究所的不完全统计:"1980 年,全球虚拟经济与全球国内生产总值之比刚刚越过 100%,2005 年突破 316%,2010 年突破 338%。"②从这个数据可以清晰看出虚拟经济与实体经济的背离程度。

三、追求经济的"政治与哲学的实现"

自 1978 年以来,以"一个中心两个基本点"为基本国策的中国特色社会主义创造了经济发展史上的奇迹。在处理工具理性的效率与价值理性的公平关系上,我国大致经历了四个不同的发展阶段:从最初的对平均主义的"大锅饭"公平观的否定出发,提出了效率优先的"让一部分人先富起来"的发展观,到"效率优先,兼顾公平"的社会主义初级阶段基本分配原则,再到"坚持效率优先、兼顾公平"的分配原则,然后到党的十八大所提出的深化收入分配制度改革以达成改革成果共享、实现共同富裕的总目标。可以说,中国正从粗放型的 GDP 工具理性追求逐步进入经济新常态的价值理性回归阶段。现实的实践需要呼唤着马克思经济哲学思想对中国实际情况的指导,并逐步生成中国特色社会主义政治经济学思想体系。

---

① 〔美〕约翰·贝拉米·福斯特等:《垄断金融资本、积累悖论与新自由主义本质》,武锡申译,《国外理论动态》2010 年第 1 期。
② 向松祚:《新资本论》,北京:中信出版社,2015 年,第 369 页。

（一）对西方发达国家的发展模式的简单模仿没有出路。以私有经济为主体的资本主义崇尚放任的自由市场经济的单纯的工具理性的增长模式，历史上一次次的经济危机已经证明了"资本主义面临着它根本无法解决的危机"①。西方经济学单纯追求以工具理性为主导思想的经济发展，"财富本身和财富的生产被宣布为现代国家的目的，而现代国家被看成只是生产财富的手段"②，这样的经济学思想导致两个危机：其一是贫富差距进一步扩大，其二是全球的生态危机。西方的伦理学思想试图从纯粹的道德批判来消除这两个危机无疑是一种幻象。中国在追赶发达经济体的市场经济发展中也出现了相同的问题，依靠西方经济学所提倡的道德伦理思想当然也无法解决问题，只有回归马克思政治经济学批判所提出的工具理性与价值理性相统一的经济伦理思想，才能找到出路。

（二）中国特色社会主义需要追求经济的"政治与哲学的实现"。马克思唯物史观视域中的政治经济学批判思想表明，国家经济的整体性发展需要哲学与经济学思想的双向互动。因为，一方面，西方经济学思想崇尚的单纯追求工具理性的纯粹财富增长具有不可持续性；另一方面，试图用预设的价值理性的道德标准来控制工具理性所带来的危机也只是空想。这个现实的世界"已不是一个单靠逻辑演绎的思辨主体，而是一个离不开现实性和历史性相统一的真实可感的世俗世界；已不是一个完全虚幻，凭借个人意志任意想象、任意创造的意向性世界，而是一个可通约、可计算、可生计、可积累的属人的感性生活世界；已不是一个黑格尔式的头足倒立的绝对精神世界，而是一个马克思所表达的'从直接生活的物质生产出发阐述现实的生产过程，把同这种生产关系相联系的、它所产生的交往形式即各个不同阶段上的市民社会理解为整个历史的基础'的现实世界"③。我们需要结合中国国情，既能发挥市场的活力和效率，又能构建起有效的社会保障体系，形成社会安全网，实施反贫困，促进社会公平，用马克思的唯物史观来指导经济的"政治与哲学的实现"，推动马克思主义政治经济学的中国化。

（三）让资本的工具理性在社会主义价值理性的阳光下最大化运行。作为以公有制为主体的中国特色社会主义市场经济，经过改革开放40多年的发展，不仅有充足的外汇储备和大量高质量的劳动力资源，更有资本主义国

---

① 〔美〕菲利普·克莱顿、贾斯廷·海因泽克：《有机马克思主义》，孟献丽等译，北京：人民出版社，2015年，"前言"第15页。
② 《马克思恩格斯文集》第8卷，北京：人民出版社，2009年，第32页。
③ 张雄：《政治经济学批判：追求经济的"政治和哲学实现"》，《中国社会科学》2015年第1期。

家没有的大量国有资本等公共资本优势,在政府治理与制度创新上下功夫,大胆创建一个让资本的工具理性在社会主义价值理性的阳光下最大化运行的制度体系,才是建构社会主义特色政治经济学的有效路径。当然,追求工具理性与价值理性的统一,既要避免过去的所谓纯粹的平均主义的"大锅饭"计划经济模式,又要结合中国的社会发展历史条件,在历史的动态发展中,在制度建设上,在分配机制上,逐步实现与价值理性相统一的工具理性差异化分配机制,用相对性的调整机制来伸张中国特色社会主义的经济正义,实现"从亚当·斯密的《国富论》到马克思的《资本论》再到中国共产党人的'人民财富论'",彰显"中国在改革实践中不断推进国家精神、世界精神的进步"①。

"休谟问题"所提出的事实判断推不出价值判断的观点在西方经济学思想中的影响根深蒂固,导致经济学的技术维度发展与哲学的纯粹道德批判的价值维度的分离,马克思唯物史观视域下的政治经济学批判思想则在新的基础上实现了工具理性与价值理性的辩证统一。以公有制为主体的中国特色社会主义市场经济在完成了粗放型的工具理性为主导的历史阶段后所实施的供给侧改革的发展理念正是价值理性与工具理性的统一,市场的工具理性在资源配置中的决定性作用与价值理性的经济正义原则相结合,是"伴随着生动的社会主义市场经济制度创新的诉求过程产生与发展的,经济活动的实体属性与理论预设中的价值目标保持有机的统一:不断满足人民群众日益增长的物质和精神生活的客观需求,与揭示经济现象的本质、提高稀缺性资源的配置效率、增加社会物质财富和提高国民福祉目标的一致性。用哲学的话说,就是追求事实判断与价值判断的统一"②。逐步建构开放、创新、发展的中国特色社会主义政治经济学思想,是实现工具理性与价值理性辩证统一的有效路径。

第二节 "皮凯蒂曲线"与利润率下降规律③

在 20 世纪中期曾受到西方政治经济学界一致好评的库兹涅茨曲线与新自由主义经济学所信奉的"涓滴效应"经济规律性,不仅被 2008 年的金融危

---

① 王程、魏南海:《政治经济学批判:〈21世纪资本论〉与〈资本论〉——全国经济哲学高层论坛述评》,《哲学动态》2015年第10期。
② 张雄:《构建当代中国马克思主义政治经济学的哲学思考》,《马克思主义与现实》2016年第3期。
③ 参见申唯正:《贫富差距何以大幅拉升?——对皮凯蒂曲线背后历史事件的再解读》,《马克思主义与现实》2015年第5期。

机直接否定,也被皮凯蒂的《21世纪资本论》用大历史数据所证伪,但是对数据背后的真实原因缺乏政治维度解读;另外,皮凯蒂所提出的 r>g 规律对马克思利润率下降规律的否定,也成为经济理论界争论的焦点之一。下文将从预设前提到结论对这两个规律进行剖析和澄清。

一、"皮凯蒂曲线"对库兹涅茨曲线及"涓滴效应"的证伪

1953年,西蒙·史密斯·库兹涅茨(Simon Smith Kuznets)建立了第一个美国国民账户数据库和第一个历史序列不平等测量模型,并在1955年发表论文《经济增长与收入不平等》[①],对18个国家经济增长与收入差距的关系进行了实证分析,他的研究数据曲线被称为"库兹涅茨曲线",此曲线证明了无论不同民族国家的政治体制差异或者经济政策的选择如何,收入的不平等将在生产力高度发达的资本主义高级阶段呈现自然下降趋势,并且稳固在可以承受的比例上。库兹涅茨在冷战期间给全球的政治经济界勾画了一个美好的未来:在一个民族国家或经济体的起步阶段,会出现收入差距的短期拉大,但随着其经济的进一步发展和连续增长,收入差距将会从高点自然回落。库兹涅茨因此文获得1971年诺贝尔经济学奖。库兹涅茨曲线也成为里根经济学著名的"涓滴效应"[②]经济原理的重要依据,即通过先富起来的人群进行进一步的投资和消费,会进一步地刺激经济发展,最终惠及大多数穷人。库兹涅茨曲线及涓滴效应成为西方经济学的经济规律性经典原理。尽管这样的新自由主义经济学说所信奉的信条早就被马克思称为庸俗经济学,在社会实践和理论上也引起不少争议,不断受到政治经济理论界的反对,但是一直没有科学的数据来反驳并证伪它,直到法国经济学家托马斯·皮凯蒂的《21世纪资本论》出版,用大数据证明了市场经济的充分发展带来的是贫富差距的继续扩大,从而否定了库兹涅茨曲线。由此,经济学再次聚焦到收入分配问题的研究上。

皮凯蒂《21世纪资本论》中的数据在库兹涅茨建立的1913~1948年的历史序列的基础上做了延伸,皮凯蒂利用的是财政数据而非家庭调查数据,研究重点是高收入群体,从而使经济学家和大众都更加了解高收入群体的收入水平及其在总收入中所占的份额。如图2-1所示,我们把皮凯蒂关于

[①] 参见 S. Kuznets,"Economic growth and income inequality",*American Economic Review*,1955,45(1)。

[②] 该术语起源于美国幽默作家威尔·罗杰斯(Will Rogers),在经济大萧条时,他曾说:"把钱都给上层富人,希望它可以一滴一滴流到穷人手里。"(Money was all appropriated for the top in hopes that it would trickle down to the needy.)

1910～2010年美国收入前10%人群的收入占国民收入的比重的不平等曲线命名为美国"皮凯蒂曲线"。依据皮凯蒂的研究方法,把它扩展到其他国家,得到每个国家收入前10%人群的收入占国民收入比重的不平等曲线,如图2-2所示,我们把美国、英国、德国、法国、瑞典的收入前10%人群的收入占国民收入的比重曲线都命名为各国的"皮凯蒂曲线"。

图2-1　1910～2010年美国收入不平等曲线①

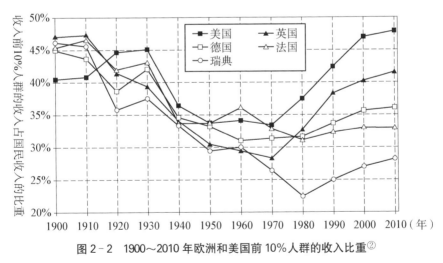

图2-2　1900～2010年欧洲和美国前10%人群的收入比重②

"皮凯蒂曲线"在数据的收集和时空的扩展上,不能不说是一个杰出的贡献,皮凯蒂用百年的经济数据证明了市场经济的充分发展带来的是贫富差距

---

① 〔法〕托马斯·皮凯蒂:《21世纪资本论》,巴曙松等译,北京:中信出版社,2014年,第25页。
② 同上书,第330页。

的继续扩大,从而否定了只靠35年经验资料支持的库兹涅茨曲线,也否定了里根经济学自然发生论的"涓滴效应"的所谓经济规律,证明了新自由主义经济学所传承的经济原理对事实的偏离,让经济学再次聚焦到收入分配问题的研究上。皮凯蒂用宏大叙事的全面解析再现了经济史,勾画出了未来不平等趋势的走向。美国学者戴维·豪威尔(David Hower)就认为:"过去30多年美国在不平等状况下发展的经济没有任何优势可言,高度不平等最终会导致经济发展陷入困境。富裕阶层越来越有钱,而伴随着经济地位上升的是对政治权力的攫取,被富豪们控制的美国政府在制定政策时总是使财政部门的利益优先于大多数民众。越来越少的最低工资、越来越弱的工会力量以及对金融部门日渐松弛的监管都是证明。'滴漏经济学'已对美国的制度和政策造成了损害。"[①]可以看出,作为西方自由主义经济制度典范的美国,已经从事实上证明了库兹涅茨曲线及"涓滴效应"经济学规律的伪科学性。

二、皮凯蒂 r>g 规律与资本收益率高企的内在原因

皮凯蒂在证伪了库兹涅茨曲线之后,并没有停止对资本主义高速发展带来的不平等的追问,正如李嘉图对土地的占有带来的不平等的忧虑,马克思对工业化的产业资本的剩余价值占有带来的社会不平等的批判,希法亭对金融资本的绝对垄断带来的不平等的揭露一样,皮凯蒂追问到:在21世纪的金融化时代,资本收益率的大幅增长带来的好处究竟流向了哪里?皮凯蒂通过大数据的解析再现了经济史,找寻出不平等趋势的重要原因,提出:"r>g的根本性不平等,它与任何形式的市场缺陷都无关。而恰恰相反,资本市场越完善(以经济学家的角度),r>g的可能性就越大。"[②]他尤其指出,资本收益率提高并不能归因于经济的快速增长,反而得益于经济低迷,与经济增长负相关,反映的正是资本收益率私向化与经济正义诉求社会化的深刻矛盾。

(一) r>g 的涵义及原因辨析

皮凯蒂为了揭示资本主义国家在财富分配上的不平等表现,进一步发掘收入和财富不平等的决定性机制,并在《21世纪资本论》中提出了一个重要经济指标:"我将它表达为 r>g(这里 r 代表资本收益率,包括利润、股利、利息、租金和其他资本收入,以总值的百分比表示;g 代表经济增长率,即年收入或产出的增长)。在某种意义上,它囊括了我所有结论的整体逻辑。当资

---

① 张小溪:《美智库发布2013年经济形势回顾"滴漏理论"加剧美国贫富差距》,《中国社会科学报》2013年12月09日。
② 〔法〕托马斯·皮凯蒂:《21世纪资本论》,巴曙松等译,第28页。

本收益率大大超过经济增长率时(这种情况在19世纪前一直存在,并也有可能在21世纪再次出现),从逻辑上可以推出继承财富的增长速度要快于产出和收入。"①皮凯蒂还认为,在经济发展史上,一直存在r＞g的历史规律(如图2-3所示):"因此,纵观人类发展历史,一个无可撼动的事实就是,资本收益率至少是产出(及收入)增长率的10~20倍。实际上,这一事实很大程度上,恰恰是社会发展的根本动力所在:正是基于这一点,有产阶级才可致力于发展除谋生以外的各种事物。"②资本收益率趋于几何级的倍数增长,而经济增长率却是线性的缓慢增长,这样的结论正说明了资本逻辑的趋利性本质所在。追逐利润最大化的资本逻辑,预设了对社会整体经济增长率的超越,在促进社会经济发展的同时,也带来了社会贫富差距的扩大。

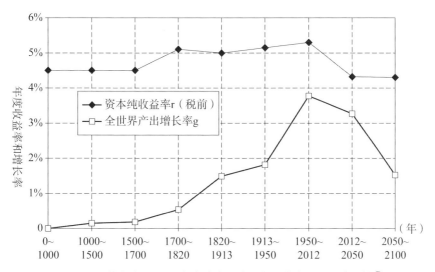

图2-3 从古代到2100年全球资本收益率和产出增长率的比较③

1. 迄今唯一一次r-g缩小的真正历史内涵。皮凯蒂认为,尽管在整个经济发展史上,一直存在r＞g的历史规律,但是在1913~1950年这一时期,税后资本收益率低于经济增长率(如图2-4所示),r＞g的不等式反转了,这在资本主义的发展历史上是绝无仅有的一次。对这个特殊历史时期的异常现象,皮凯蒂解读为"一系列互相关联的事件(累进税制,战争破坏、1914~1945年冲击下采取的累进税制,以及'二战'后'辉煌30年'的卓越增长)"④。

---

① 〔法〕托马斯·皮凯蒂:《21世纪资本论》,巴曙松等译,第27页。
② 同上书,第363页。
③ 同上书,第364页。
④ 同上书,第366页。

这样的解读强调了税收和战争以及经济周期的作用,而忽视了主要的政治经济因素的影响,因为在1913年之前并非没有税收和战争,也曾经历了工业革命后辉煌近百年的经济增长周期。所以,除了皮凯蒂所指出的战争及高额税收等原因有一定影响以外,自1913年之后全球兴起的国际共产主义工人运动所造就的公有制社会主义国家的建设,对资本主义国家福利制度的不断推动,才是真正的政治、经济关系博弈所带来的结果。也就是说,20世纪初产生的公有制经济对私有制经济的制衡才是这个 r–g 缩小的真正历史内涵。

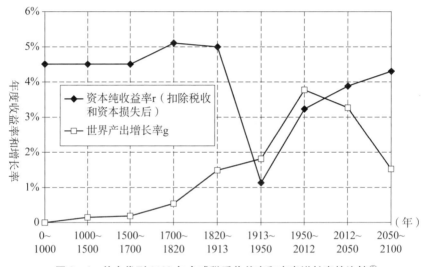

图 2–4　从古代到 2100 年全球税后收益率和产出增长率的比较①

2. 皮凯蒂的资本概念与马克思资本概念的异同

如要理清皮凯蒂对于经济发展史上一直存在的 r＞g 的解释,首先应该从皮凯蒂的资本概念出发,因为如果不能认清他所定义的资本概念的内涵,将不能正确理解这个差距的真正原因所在。皮凯蒂在《21世纪资本论》一书中对资本概念做了比较严格的界定,在他看来,"'资本'与'财富'含义完全一样,两个词可以相互替换"②。"资本指的是能够划分所有权、可在市场中交换的非人力资产的总和,不仅包括所有形式的不动产(含居民住宅),还包括公司和政府机构所使用的金融资本和专业资本(厂房、基础设施、机器、专利等)。"③应该说,作为财富一部分的资本概念并非自古以来一成不变,它反映出不同的社会发展阶段的不同发展态势,并反映出该社会阶段最为普遍的社

---

① 〔法〕托马斯·皮凯蒂:《21世纪资本论》,巴曙松等译,第365页。
② 同上书,第47页。
③ 同上书,第46页。

会经济关系的构成。对于一些狭义的资本定义,如"财富中只有直接用于生产过程的那部分才能称为'资本'。例如,黄金被归为财富而非资本,因为黄金被认为只有储值的功能"①,皮凯蒂认为这个相对的限制既不可取也不可行,"所有形式的资本都具有双重角色:既有存储价值,也能作为一种生产要素。因此,我认为不用严格地区分财富与资本,这样会更为简单"②。进一步地,他也将"非生产性"的居民住宅等认作资本范围,"事实上,所有形式的财富都是有用的、生产性的,同时也反映了资本的两种主要经济功能"③。这种将财富等于资本的定义,在学术界引起了较大争议,其中国内学者丁为民就认为:"皮凯蒂在构建其理论时所犯下的一个重大错误,就是把财富与资本相混同,把以商品形式存在的财富的定价方式与资本的定价方式相混同,其结果,必然使资本泛化,使对已经泛化的资本的估价严重脱离马克思所说的作为预付资本的投资额,使资本收益率完全不同于马克思所说的预付资本利润率。"④

马克思所定义的资本是作为预付金、作为生产资料而投入生产过程中被活劳动实现增殖的财富,而不是静态的物的存在,它必须处在一个赚取利润的循环过程中,才能反映资本与劳动的对立关系,才能表达出对象化的物化劳动,才能赋予活劳动创造价值的过程。应该说,在没有进入全球信用货币体系之前,皮凯蒂的有争议的财富等于资本的定义确实属于资本泛化,不能真正表述资本运动中的人与人之间关系的内涵,也不能反映存在于资本与劳动之间的对立关系,更不能表述活劳动创造价值的内涵。但是在信用货币时代,所有具备资产证券化的财富都被赋予能够经常性地用于赚取更多的货币的功能,因为资产证券化的金融财富能通过银行、证券、保险、期货等金融市场的媒介,使个人、家庭、企业主体以及主权政府通过负债来实现它以利息、成本、费用以及其他多种形式的资本收益,从而间接赚取劳动剩余,用各种债务增加了各阶层的消费能力,促进了社会经济的发展,但这个利息却是金融部门对非金融部门剩余价值的剥夺,有财富积累阶层对无财富积累阶层的剥夺,虚拟经济对实体经济的剥夺。

(二)资本收益率长期高企的真正原因

对于资本自身的增长为什么能够长期以来快于国民经济的增长,过去的对象化劳动为何能够侵吞未来收益这一问题,皮凯蒂并没有给予深度的解

---

① 〔法〕托马斯·皮凯蒂:《21世纪资本论》,巴曙松等译,第48页。
② 同上书,第365页。
③ 同上书,第365页。
④ 丁为民:《皮凯蒂曲线:两极分化、资本趋势与解决方案》,《马克思主义研究》2015年第3期。

析，他认为这是生息资本用不断积累的财富对过去和当下的收益占有所造成的。然而，资本高收益的根源真的是食利阶层的资本收益吗？类似的"食利资本"将侵占一切的观点，在《资本论》第3卷中，马克思引用了1851年7月19日《经济学家》上的一段话："资本加上每部分储蓄资本的复利，把一切东西都攫取走了，以至世界上一切能提供收入的一切财富早就成了资本的利息……所有的地租现在也是对以前已经投在土地上的资本支付的利息。"①随后，马克思评论道："就资本作为生息资本的属性来说，一切能生产出来的财富都属于资本所有，而资本迄今已经获得的一切，不过是对资本的无所不吞的食欲的分期偿付，按照资本的天生固有的规律，凡是人类能提供的一切剩余劳动都属于它，这个摩洛赫！"②但马克思也特别指出，只有被当作利润的一部分剩余价值转化为再生产资本的那部分资本才能带来复利的积累，并指出复利无限增长的两个障碍："1. 撇开一切偶然的干扰不说，现有资本的一大部分，会不断在再生产过程的进行中或多或少地贬值，因为商品的价值不是由生产商品原来所耗费的劳动时间决定，而是由再生产商品所耗费的劳动时间决定，并且这种时间由于劳动的社会生产力的发展而不断减少。2. 利润率会随着资本积累的增加和与之相适应的社会劳动生产力的提高而降低；而社会劳动生产力的提高，正好表现为可变资本部分同不变资本部分越来越相对减少。"③这段话至少说明了两个重要含义：其一，生息资本的复利来源只能是扩大再生产的被资本所占有的那一部分剩余价值；其二，这个复利的无限积累至少存在两个障碍，一个是现有资本会随着生产力的发展而相对贬值，另一个是随着生产力的发展利润率将下降这一规律对利润无限膨胀的限制。

如果说皮凯蒂认为资本收益率高企是因为财富等于资本的概念扩展所带来的生息资本（食利资本）的复利无限膨胀所致，那么马克思上面的论述正好对此给予了最有力的驳斥。另外还有很重要的一点：美国等发达国家的国债收益率（生息资本收益率）连续多年低于经济增长率就是最明确的事实证据。但是为什么会出现皮凯蒂所统计的利润率持续增长这一现象呢？用皮凯蒂《21世纪资本论》一书的相关数据，结合马克思主义理论，我们至少可以找到三个方面的重要原因：

第一，资本的高收益率是风险收益率。在市场经济制度下，投资的风险

---

① 《马克思恩格斯文集》第7卷，北京：人民出版社，2009年，第447页。
② 同上。
③ 同上书，第448页。

第二章　效率与公平的矛盾：资本收益率高企与贫富差距加剧

与利润成正比。在市场的竞争条件下，对利润最大化、效率最大化的追求，必然导致资本的财富杠杆模式。在金融化背景下，投行等金融资本对资产证券化的高杠杆收益追逐，对欠发达地区高收益的追逐，对次贷等金融衍生品高收益的追逐就是明证，当然，2008年的次贷危机也为它们带来了沉重的打击，但是在当代的全球金融秩序下，有美联储等各国央行为它们做最后贷款人，有选择地救赎它们，谁不利用风险收益提高自己的收益率，将失去全球市场的竞争力；第二，国内私人的资本连续高收益对应于国内公共资本的连续负收益。如图2-5所示，八个发达国家的私人资本和公共资本负相关的对应关系表明，金融资本的高收益率正是对公共资本负债的账面反映，私人部门金融利润的增加是以公共部门债务的增加为基础的，这正深刻说明了资本收益率高增长的本质所在；第三，国际财团对投资国的利润"内在化"是资本收益率高企的重要来源之一。"世界贸易的一个很大且在不断增长的部分，倾向于被纵向合并的大规模跨公司'内在化'，并归这些公司掌管。……'1990年，按价值计算，美国的一半多进出口，只是这类货物以及相关服务在全球公司内部的转移而已'。"①就是说，在廉价劳动力的发展中国家生产的产品利润通过"内在化"实现在了集团公司。另外，另一个现象是发达国家人口的低增长对应经济低增长，发展中国家的人口高增长对应经济高增长。皮

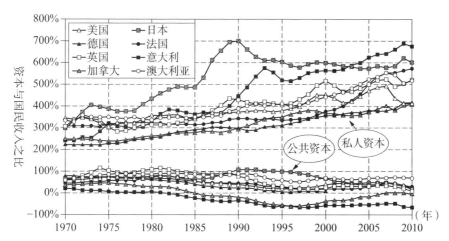

图2-5　发达国家的私人资本和公共资本（其中意大利的私人资本在1970~2010年从2.4年的国民收入激增到6.8年的国民收入，同期公共资本相对于国民收入的比值从20%下降到-70%）②

---

① 〔意大利〕杰奥瓦尼·阿瑞基：《漫长的20世纪》，姚乃强等译，南京：江苏人民出版社，2011年，第81页。
② 〔法〕托马斯·皮凯蒂：《21世纪资本论》，巴曙松等译，第188页。

凯蒂曾指出:"一旦人口结构转换完成,国家达到了世界技术前沿水平,而创新步伐相当缓慢时,g 的数值通常不高于 1‰"①,正说明了发达国家较低经济增长和人口低增长的正相关,而资本的高收益不可能来自发达国家自身的价值创造,运用马克思劳动价值论思想,即只有活劳动才能创造价值的理论,全球化背景下各国的各个产业的价值创造,只能来自有一定教育程度的劳动人口增长及其带来的技术创新活动,活劳动才能实现价值的转化过程。

三、资本收益率高企与利润率下降规律之辨析

皮凯蒂认为,"在许多经济理论中,资本收益率都是一个核心概念。马克思主义者的研究尤其强调利润率会不断下降——一个被证明是错误的历史预言,尽管这其中确实包含了有趣的直觉判断"②。皮凯蒂认为,马克思之后,技术进步日新月异,而资本的平均利润率却正相关地继续维持较高增长,因为随着技术的进步、产业的转型、人力资本投资重要性的提高,随着西方发达国家普及国民教育,中产阶级群体和平均利润率继续不断增长。他认为这些都是马克思在产业时代不能看到的的现象。马克思的《资本论》第 3 卷明确指出:"因为生产力的发展以及与之相适应的资本构成的提高,会使数量越来越小的劳动,推动越来越大的生产资料,所以,总产品中每一个可除部分,每一个商品,或者说,所生产的商品总量中每一定量商品,都吸收较少的活劳动,而且也包含较少的对象化劳动,即所使用的固定资本的损耗以及所消费的原料和辅助材料中所体现的对象化劳动。"③这里清楚表明了资本推动生产力的发展正是由于技术的进步改变了资本的有机构成,从而能创造价值的活劳动在整个资本总量的占比越来越小,所以构成了长期的利润率下降。尽管皮凯蒂提出:"到 21 世纪的今天依然重复着 19 世纪上演过的资本收益率超过产出与收入增长率的剧情时,资本主义不自觉地产生了不可控且不可持续的社会不平等,这从根本上破坏了以民主社会为基础的精英价值观。"④这个评述正说明了马克思所揭示的资本主义的内在矛盾,但是对于资本收益率高企与利润率下降规律的矛盾却没有能够给予明确的解读。

(一) 学术界关于马克思的利润率下降规律之辩

马克思的利润率下降规律自发表以来,在中西方经济学界一直存在争议。尤其在 2012 年 8 月《马克思恩格斯全集》MEGA2 出版后,德国的迈克

---

① 〔法〕托马斯·皮凯蒂:《21 世纪资本论》,巴曙松等译,第 370 页。
② 同上书,第 53 页。
③ 《马克思恩格斯文集》第 7 卷,第 251 页。
④ 〔法〕托马斯·皮凯蒂:《21 世纪资本论》,巴曙松等译,第 2 页。

尔·海因里希(Michael Heinrich)教授撰文指出:"对 MEGA2 文本的最新解读得出,马克思不仅'未能证明'利润率下降趋势,而且始终对该论断抱有怀疑。《资本论》第 3 卷所呈现出来的基于利润率下降的危机理论,只不过是弗里德里希·恩格斯(Friedrich Engels)裁剪的结果,而马克思本人根本没有完整的危机理论。"①这种文本脚注的解读充分说明了西方学术界对这个规律的误解和持续争议。我们知道正是劳动生产率的逐步提高,使产业经济作为一个整体生产的单位商品所需要的社会必要劳动量减少,正是这种社会必要劳动量,才决定了消费者最终将支付的未来商品价格。我们常常看到的电子产品价格的持续下降,正是由于技术的提高减少了蕴含在产品中的必要劳动时间,从而带来了生产率的提高、产品价格的下降、单位产品利润率的下降。马克思所说的制造业等产业的利润率下降规律,也得到了许多当代学者数据的证实:英国的经济学家克里斯·哈曼(Chris Harman)曾专门统计了 1950~2000 年美国、德国、日本三个发达国家的制造业利润率,如图 2-6 所示,自 1950 年至 2000 年,三个发达国家制造业的净利润率总体处于下降趋势中;国内学者孟捷等用美国非金融类企业部门的五种利润率的年度数据进行了多角度分析,如图 2-7 所示,分别绘制了马克思意义上的利润率、扣除生产税后的利润率、扣除全部税收的利润率、进一步扣除了利息支付并以净资产为分母的利润率以及支付了红利之后的利润率等五种利润率曲线。尽管这

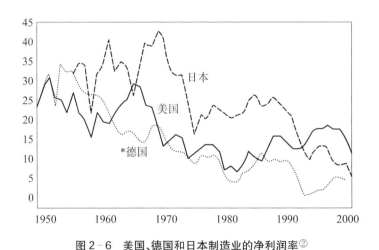

图 2-6 美国、德国和日本制造业的净利润率②

---

① M. Heinrich, "Crisis theory, the law of the tendency of the profit rate to fall, and Marx's studies in the 1870s", *Monthly Review*, 2013, 4. 转引自谢富胜、汪家腾:《马克思放弃利润率趋于下降理论了吗》,《当代经济研究》2014 年第 8 期。

② 同上。

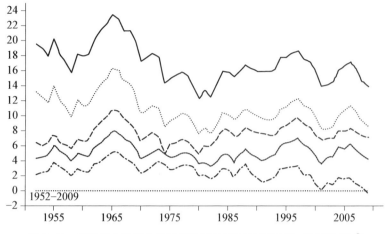

图 2-7 美国非金融类企业部门的五种利润率（百分比，年度数据）①

样分层次统计，从内涵上没能真正把握马克思的利润率定义，但是所有的五条曲线都证实了美国非金融类企业部门的净利润率的下降趋势。也就是说，在非金融类产业部门，活劳动创造价值，而活劳动将随着技术的进步、生产力的发展，在资本有机构成中的比例越来越小，必然导致利润率下降。

"马克思的这一理论的结论并不是指利润率会越来越低，甚至像皮凯蒂从别的学者那里照搬来的误解那样，认为利润率最终会趋于零，从而整个资本主义会'自动崩溃'……事实上，马克思不仅分析了由于劳动生产率的提高而导致资本有机构成提高，进而推动利润率下降的一面，而且还分析了同样由于劳动生产率提高以及其他一些因素对于利润率下降的阻碍作用的另一面。同时，马克思还指出了利润率下降与利润量增加是同时并存的。"②从国内外众多学者的广泛研究与实证分析可以看到，马克思的一般利润率趋于下降规律是经济社会的普遍性规律，对于深刻揭示资本社会的技术创新、金融全球化、金融垄断、金融危机等重大政治经济现象，具有不可替代的作用。

（二）资本收益率与利润率的关系

马克思所定义的利润率："资本家的利润是这样来的：他可以出售他没有支付分文的某种东西。剩余价值或利润恰恰就是商品价值超过商品成本价格的余额……这个余额和总资本会保持一个比率，这个比率可以用分数 m/

---

① 孟捷等：《金融化与利润率的政治经济学研究》，《经济学动态》2014 年第 6 期。另说明：从上至下五条曲线分别为：马克思意义上的利润率；扣除生产税后的利润率；扣除全部税收的利润率；进一步扣除了利息支付并以净资产为分母的利润率；支付完红利之后的利润率。

② 邱海平：《收入不平等究竟如何解决？——评皮凯蒂的〈21 世纪资本论〉》，《学习与探索》2015 年第 2 期。

C 来表示,其中 C 表示总资本。这样,我们就得到了一个与剩余价值率 m/v 不同的利润率 $m/C = m/(c+v)$。"[①]这个利润率是参与整个产业生产过程的,作为预付金、作为生产资料而投入到生产过程中与劳动发生关系的资本的收益率,在一个赚取利润的循环过程中实现了对象化的物化劳动,赋予了活劳动创造价值的过程的收益率。而皮凯蒂将资本概念广延化,得出了财富就等于资本的结论,所以他也得出对资本收益率的推演:"资本收益率的概念在其他许多理论中也都扮演着主要角色。无论如何,资本收益率衡量了一年内资本以任何法律形式(利润、租金、分红、利息、版税、资本利得等)带来的收益,以占投入资本价值的百分比来表示。因此,资本收益率的含义要比'利润率'和'利息率'的含义更广,实际上它包含了以上两者。"[②]他用资本主义第一基本定律 $\alpha = r * \beta$ 来表示,其中用资本/收入比 β 与国民收入中资本收入的比重 α 的关系来表示与资本收益率 r 的关系。从对资本收益率的表述来看,它并不是物的存在的财富等于关系存在的资本定义,应该说正是到了信用货币时代,使皮凯蒂所定义的具备资产证券化的财富都被赋予能够经常性地用于赚取更多利润的货币资本功能,因为资产证券化的金融财富能通过银行、证券、保险、期货等金融市场的媒介作用,使个人、家庭、企业以及主权政府的现时消费用负债来实现,而金融资本以利息、费用以及各种资本收益等形式来赚取剩余价值并实现资本收益率,资本收益的持续性建立在各阶层债务增加尤其是公共部门的债务增加上,在全球信用货币体系下,皮凯蒂所泛化后的财富资本收益率成为可能。可以看出,皮凯蒂的资本收益率与马克思的利润率有较大的区别。国内学者孟捷也统计了 1946 年至 2008 年美国金融类公司的税后利润相对其总利润的占比,如图 2-8 所示,相对于非金融部门的收益率下降趋势,金融类公司的税后利润所占份额大幅提升,这进一步证明了金融全球化之后资本收益率高企的根本原因。

(三) 边际收益递减规律与利润率下降规律

很多人把西方经济学的边际收益递减规律与马克思的利润率下降规律混淆,其实稍稍比较就可以发现它们之间的区别。尽管劳动力和资本都可以作为参与生产的主要因素,但是边际收益递减规律描述的是随着可变要素投入量的变化,可变要素与固定要素之间比例发生的变化。在可变要素投入量的变化达到最佳的组合比时边际产量达到最大。在这个最佳组合之后,继续

[①] 《马克思恩格斯文集》第 7 卷,第 51 页。
[②] 〔法〕托马斯·皮凯蒂:《21 世纪资本论》,巴曙松等译,第 53 页。

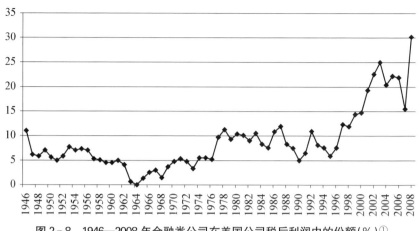

图 2-8 1946—2008 年金融类公司在美国公司税后利润中的份额(%)①

再投入可变要素,就会越来越偏离最佳比例组合,边际产量就会递减。而利润率下降规律反映的是随着技术的进步,生产力的提高,产品价值创造的源泉"活劳动"相对于整个资本有机构成的比例越来越小,必然导致长期利润率下降的规律与趋势。可以看出,即使把劳动力看作可变要素,前者是逐步增加,而后者则是相对减少。把边际收益递减规律混同于利润率下降规律,正是没有搞懂活劳动创造价值的真正内涵,落入了西方经济学的简单数理范式。技术的进步、科技的创新正是利润率下降的必要条件,"生产率的每次提高,都会使经济作为一个整体生产单位商品所需要的平均劳动量下降,正是这种劳动量决定了他人将最终支付的商品的价格。今天,我们看到计算机、DVD 等产品的价格持续下降,而这些产品正是由那些新技术引起生产率快速增长的产业生产的。"②

皮凯蒂的 r>g 规律似乎引发了经济规律的重要矛盾:资本收益率高企与马克思的利润率下降。但实质上皮凯蒂正是用金融化背景下的生息资本(食利资本)对全球剩余价值占有的数据挖掘,正面证实了金融资本对全球市场的垄断地位也正是金融资本的自我内在否定性表现,金融资本收益率的高企是以公共债务的聚集或者公共资本的赤字积累为代价的,最终必然带来资本主义经济金融危机。"这是利润率趋向下降的真正秘密……一方面使一定量劳动尽可能多的转化为剩余价值;另一方面,同预付资本相

---

① 〔法〕托马斯·皮凯蒂:《21世纪资本论》,巴曙松等译,第53页。
② 〔英〕克里斯·哈曼:《利润率和当前世界经济危机》,丁为民等译,《国外理论动态》2008年第10期。

比,又尽可能少地使用劳动。"①尽管这是产业资本的逻辑,但资本主义的内在矛盾是剩余价值生产和剩余价值实现的矛盾。这种源于直接剥削的条件和实现剥削的条件不同的矛盾,以差别悬殊的分配关系造成了消费力的巨大差别,也必然造成科技越进步、生产力越发达,贫富差距却越来越大,从而进一步产生金融资本过剩和劳动力的过剩。被金融全球化所遮蔽的资本收益率高企,正是以对不同国家劳动力的剩余价值的剥夺,对全球自然环境的破坏为代价,对全球贸易逆差国家的公共债务的积累,对全球借债消费的消费全体未来价值创造的透支为基础的。表面上,看似与利润率下降规律相矛盾的皮凯蒂 $r>g$ 规律,在本质上,正是对利润率下降规律的验证。正如国内知名学者鲁品越所指出:"利润率下降规律则提供了这种检验机会……利润率随着资本有机构成的不断提高而越来越低,说明活劳动是剩余价值的唯一来源,不变资本不创造价值;这正是对劳动价值论的实践验证。"②

第三节　美国"皮凯蒂曲线"的政治维度解读

在过去30多年里,全球经济最发达的美国贫富差距也急剧扩大,"占领华尔街"运动以及"99％对抗1％"的口号,反映出收入不平等问题成为美国乃至全球政治经济问题的焦点所在。如图2-1美国"皮凯蒂曲线"所示,20世纪50年代到80年代,美国贫富差距处于相对平稳的状态,但在80年代之后30多年的大部分时期内大幅拉升。皮凯蒂指出:"收入差距主要由两个原因造成:一是劳动收入的不平等;二是资本收入的不平等,而这正是财富极端集中的后果。"③那么,这样的不平等是如何造成的呢？如何把其背后更为复杂的政治、经济因素加以厘清,值得我们进一步深入研究。尽管皮凯蒂用宏大叙事的全面解析再现了经济史,勾画出了未来不平等趋势的可能走向,但是对形成这些曲线的历史数据背后所充满着的历史事件博弈、历史不确定性因素的渗透,缺乏深度的剖析。应该说,无论是自20世纪70年代初期开始的知识经济革命,还是跨入21世纪的互联网经济、虚拟经济等新兴经济的出现,都对皮凯蒂曲线的大幅攀升有一定的影响,但是20世纪80年代之后几

---

① 《马克思恩格斯文集》第7卷,第259页。
② 鲁品越:《利润率下降规律下的资本高积累——〈资本论〉与〈21世纪资本论〉的矛盾及其统一》,《财经研究》2015年第1期。
③ 〔法〕托马斯·皮凯蒂:《21世纪资本论》,巴曙松等译,第51页。

个重要的政治经济历史事件所带来的影响尤为突出:其一是布雷顿森林体系解体后源自美国金融市场的资产证券化、衍生品市场等金融创新;其二是里根政府推行的全面私有化等一系列政策;其三是苏东剧变、冷战"历史终结"之后,公有制的制衡性不再;其四是以中国为代表的全球新兴经济体的快速崛起,大量资源性需求所带来的资产性收益影响。美国耶鲁大学教授雅各布·S.哈克(Jacob S. Hacker)与保罗·皮尔森(Paul Pierson)的《赢者通吃的政治》一书对这个剧烈的变化给出了一个政治学视角的解读:"证明美国政治是我们的首要犯罪嫌疑人。"[1]其中涉及美国政府对富人减税、对大众福利的消减等公共政策的影响,给人以启发。下面我们就透过20世纪80年代以来的这些政治历史事件,进一步从政治经济学角度来分析和探讨这些因素对皮凯蒂曲线走势影响的经济正义启示,找出这些历史事件的因果逻辑,进而找出美国乃至全球贫富差距扩大的根源所在。

一、美国金融衍生品的创立和完善

到20世纪80年代初期,外汇期货、股指期货等金融衍生品的逐步创立和发展,是金融资本实现资本工具性全球化的第一步。美国引领着金融市场自由化,金融资本全球化,进而实现金融资本虚拟化。"1970年代初期,布雷顿森林体系的崩溃则直接导致美元与其他货币价格即汇率剧烈波动,芝加哥商业交易所(CME)于1972年6月15日推出英镑、加元、德国马克、意大利里拉、日元、墨西哥比索和瑞士法郎六种货币期货合约,这标志着金融期货正式登台亮相。"[2]尽管商品期货市场已经存在了上百年,但是汇率期货的产生,标志着全球信用货币时代衍生品工具的生成;另外,证券市场的股票指数也有上百年的历史,但是直到1982年2月,全球首个股指期货指数合约才在美国的堪萨斯交易所推出,因此,美国也是股指期货的发源地,成功地将美国证券市场和期货市场的功能融合在一起。从此,美国的证券交易所成为全球股权资产的定价中心,而金融衍生品交易所成为全球大宗商品及各类金融衍生品的定价中心,吸收了全球的产业资本、金融资本、虚拟资本对全球的剩余价值进行博弈并具备定价权!

正是美国的金融创新,促使金融资本全球化,开始实现资产证券化的全球化进程,开放的金融市场吸引了全球最优秀的企业来这里上市交易,而美

---

[1] 〔美〕雅各布·S.哈克、保罗·皮尔森:《赢者通吃的政治——华盛顿如何使富人更富,对中产阶级却置之不理》,陈方仁译,上海:格致出版社、上海人民出版社,2015年,第2页。

[2] 陈晗:《美国外汇衍生品监管权限的演变及借鉴》,《证券市场导报》2005年第8期。

国最有投资能力的收入前10%的人群也受益最大。如果这些顶尖的富有阶层靠原有的资本进行风险投资,获得差额回报就无可厚非,但往往很多金融创新被人称为"被证明只是用其他人的钱,以更花哨(更高风险)的方式来赌博,从不知情的消费者那里获得快速的收益,或从短期的市场波动中获利"①。资本主义的发展路径天然是外向型的,全球化的金融工具成功创立,使这些人群的金融资本站在全球的视野中,开始发掘资本要素的利润最大化,带来了金融资本作为稀缺性要素的收入分配,让金融资本充分有效率地参与金融衍生品市场运作,足够倍数的放大于资本有机构成的比例,分享全球产业链末端众多发展中国家的劳动者的剩余价值,尤其在美国股市近几十年的牛市过程中所起的放大作用,促成了美国"皮凯蒂曲线"开始攀升到历史高位并超过50%的占比。"比如,美国金融业在国内总利润当中所分割的比重越来越大,从20世纪80年代初的不足20%上升到30%左右,并在本世纪初一度达到45%,而同时制造业利润的比重则大幅下降。"②图2-8清晰地表明,美国金融类公司的利润增长,正是得益于金融衍生品市场的繁荣发展所带来的收益率大增,金融业利润率的高增长,正说明了发源于美国的金融衍生品市场,在逐步完备后,为持有较大资本优势的人和掌握了金融投机技巧的人所带来的优势。也就是说美国收入前10%人群的收入大幅攀升现象,正是他们在全球范围内金融资本收益率在美国国内账户上的体现。

二、里根政府推行全面私有化等一系列政策

20世纪80年代初,整个西方发达资本主义世界掀起了以"新古典自由主义"为特征的福利紧缩改革浪潮,"拆散福利国家"也是里根政府新政策的主导原则,公共资本私有化的政策、削减政府福利支出政策、提高利率政策,都是有利于私人资本收益率提高的政策,而拥有私人资本最多的人,收益也最大,最终收益也必然归属于收入前10%的人群。"里根上台时美国经济正在走下坡路,当时,美国经济形势的确令人沮丧,70年代国民生产总值年增长率由50年代的3.3%和60年代的3.8%下降到2.8%;私人投资的年增长率从60年代的3.9%下降到2.9%;劳动生产率的年增长率由50、60年代的2.7%下降到1.2%;年失业率由50年代的4.4%和60年代的4.6%上升到6.3%;消费物价指数年增长率则由50年代的2.1%,60年代的

---

① 〔美〕雅各布·S.哈克、保罗·皮尔森:《赢者通吃的政治——华盛顿如何使富人更富,对中产阶级却置之不理》,陈方仁译,第35页。

② 李文:《新自由主义的经济"成绩单"》,《求是》2014年第16期。

2.8%上升到7.8%,1980年更上升到13.6%。这就是70年代发生的所谓'停滞膨胀'。这种生产停滞与通货膨胀并存的反常现象使当时居于统治地位的凯恩斯主义理论因无法对之解释而黯然失色。"①凯恩斯主义经济学处于窘迫境地,高通胀与高失业率成为美国经济的主要矛盾。西方经济学的供应学派曾经把"滞胀"的原因归于高额累进税、高社会福利、政府干预、通货膨胀,而里根政府正是针对这四个主要原因开始着手推出一系列政策。这个时期,因为公共部门的低效率,大量的政府管理的公共财产被私有化。

里根政府1981年的《经济恢复和税收法案》把给予企业和富人的减税方案放大到了很高的程度,尤其是遗产税从最高的70%降到了50%,可以看出,减税政策和提高利率政策,都是对拥有资本或财富阶层的收入的提高有利的,而削减社会福利支出又不利于社会的弱势群体,剥夺了他们的基本生活福利。另外,里根经济政策在使美国经济走出滞胀的同时,也为其带来了高赤字和高逆差,这样最终不仅没有兑现平衡预算的承诺,反而使财政赤字膨胀到前所未有的程度。"里根执政8年累积财政赤字16 673亿美元,为里根以前历届总统在204年中累积的预算赤字总和的1.8倍,创造了远远超过凯恩斯主义盛行时的赤字纪录。"②按照皮凯蒂的理论,财政赤字就是大量公共资本等量地转变为私人资本,这就必然导致这个数额的财政赤字进入个人收入账户,而收入前10%的人群又拿走了其中的大部分。而下面的一组数据是关于福利和税收的:"在里根经济政策下美国收入在10 000美元以下的家庭在1982~1985年大约少得联邦津贴470美元,收入在10 000至20 000美元的损失360美元;而收入超过80 000美元的家庭则只损失170美元。约70%的削减影响年收入低于20 000美元的48%的人口,食品券、学校午餐、医药补助、住房津贴等等都有所削减。同时,年收入在250 000美元以上的所得税率从49%减少到39%,从这些数字可以看到,里根的改革的确有'劫贫济富'的色彩。"③这几项数据充分展示了这个时期的政策所带来的微观效果。美国耶鲁大学雅各布·S.哈克教授与加州大学保罗·皮尔森教授的数据也印证了这个政策所带来的最终结果。他们比较了12个西方发达国家在1973~1975年与1998~2004年两个时期,收入前1%的家庭占全民收入的

---

① 陈宝森:《评里根时代的美国经济》,《世界经济》1988年第8期。
② 田冀平、李晓旭:《新自由主义与拆散福利国家——里根经济学研究》,《财经界(学术版)》2013年第20期。
③ 陈宝森:《美国两种经济哲学的新较量——兼论两党预算战》,《美国研究》1996年第2期。

比例变化,从他们提供的柱状图①上明显地发现,在20世纪80年代初期,推行新自由主义政策的英美等国家相对增幅特别大,"美国现在顶层1%的收入占全民收入,无论是百分比(16%),还是增幅(几乎增加了1倍),都处于发达工业国家整体的顶端"②,这进一步证明了美国政府的政策导向正是这一时期美国皮凯蒂曲线拉升的主要原因之一。

三、苏东剧变导致公有制制衡不再

1991年12月25日,苏联总统米哈伊尔·谢尔盖耶维奇·戈尔巴乔夫(Mikhail Sergeyevich Gorbachev)宣布辞职,正式宣告苏联解体,随后,东欧社会主义阵营也纷纷瓦解,自由资本主义几乎取得了全面胜利。在冷战时期,为应对公有制经济的挑战,美国等西方国家政府也建立了由政府机构管理的公共财产,建立了全面社会福利制度,健全了工会组织以抗衡资本家阶层对工薪阶层的不平等。为了应对经济的"滞胀"困局,美英等西方发达国家普遍削减工人本来拥有的福利,公共资本被私有化,尤其是"历史终结"之后,公有制制衡作用不再,工会组织的力量被严重削弱。私有制经济开始走向全面快速发展,全球经济也进入了以美元为主导的"货币战争",美元的霸权地位带来的美国经济优势,受益最大的仍然是美国国内拥有资本最多的收入前10%的人群。

(一)难以为继的公共资本与停滞不前的公共福利。为应对苏联等国公有制的挑战,美国等发达国家都建立国家为主导的公共资本等,但是,"最近数十年来公共资本在国民资本中的比重急速减少,尤其是在法国和德国,净公共财富在1950～1970年曾达到总国民财富的1/4甚至1/3,而今天仅占几个百分点(公共资产勉强能覆盖公共债务)。这种变化反映着所有8个领先的发达经济体的普遍现象:公共资本与国民收入的比值在1970～2010年逐步下降,同时私人资本相对于国民收入的比值提高"③。美国的公共资本也在相对大幅度减少,尽管美国用巨大财政赤字可以缓解公共资本的贫乏,但是如何跟上日益增长的公共项目投资,更好地为最需要的大众服务,联邦政府却显得越来越力不从心。

(二)美国工会的衰落。第二次世界大战后,美国很完备的工会组织对社会均衡发展起到了重要的作用,随着冷战的结束,新经济革命带来的产业

---

① 〔美〕雅各布·S.哈克、保罗·皮尔森:《赢者通吃的政治——华盛顿如何使富人更富,对中产阶级却置之不理》,陈方仁译,第26页。
② 同上。
③ 〔法〕托马斯·皮凯蒂:《21世纪资本论》,巴曙松等译,第187页。

工人分散化使工会组织逐步瓦解并衰落。"从第二次世界大战刚结束后拥有超过 1/3 工人的高峰期,到工会会员下降到约 1/9,所有下降都发生在私营部门,那里的工会组织从 20 世纪 70 年代,差不多有 1/4 的工人,暴跌到今天的刚刚超过 7%。"①工会的衰落更说明了制衡力量的虚弱性,连新自由主义的捍卫者前美联储主席格林斯潘都认为:"2012 年,参与罢工的员工人数不到 50 年代平均罢工人数的 1/10……70 年代的基尼系数的迅速提升部分反映了工会势力的消弱。"②

在 1990 年到 2010 年,全面私有化后的美国"皮凯蒂曲线"几乎是直线地上升至 50%附近。里根政府时期的经济私有化不仅让美国经济成功转型,引进的全球高端人才带来了技术创新,而且吸引了全球的金融资产集聚在美国金融市场,促使美国经济快速增长。"美国经济今天是健康的、强大的。我们国家正在享有历史上最长的和平时期经济扩张。1993 年以来新就业几乎达到 1800 万人,工资增长为通货膨胀率的两倍,住房拥有权达到前所未有的高度,吃福利者的数量是 30 年来最少的,失业率和通货膨胀率都处于 30 年来最低水平。"③这是克林顿 1999 年美国总统经济报告的内容,尽管总体经济运行是有史以来最长的和平时期经济扩张和经济效率的充分体现,但是社会贫富差距开始进一步拉大。自 1987 年到 2006 年,在位 20 年之久的美联储主席格林斯潘对货币政策的灵活运用,充分利用了美元作为国际结算货币的功能,奠定了美元在全球的霸权地位,而美国的贸易赤字也可以通过货币发行来融通,进一步放大了的美国公共债务和私人财富的反向运动,致使经济增长带来的收益更多地被美国收入前 10%的人群所占据。由于全世界对美元信用的过度依赖,尤其是贸易顺差的大多数国家所获得的收益,都以美国国债的方式借钱给美国,美国政府可以更大程度上扩张对外债务,也同时成为美国公共债务高企而私人财富快速增加的巨大动因。尤其在应对 2000 年的互联网泡沫危机时期推行的长期低利率政策,引发了房地产不动产资产价格快速飙升,而拥有大量不动产的必定是美国收入前 10%的人群居多,这样的上涨,反映在他们的账面上的收益,就会大幅提升。"美国如能很好利用这一机会,把外部廉价资金运用到科技创新和基础设施投资方面,也许能较早推动全球技术产业前沿突破,形成全球经济增长良性循环。然而实际上美国

---

① 〔美〕雅各布·S.哈克、保罗·皮尔森:《赢者通吃的政治——华盛顿如何使富人更富,对中产阶级却置之不理》,陈方仁译,第 45 页。
② 〔美〕艾伦·格林斯潘:《动荡的世界》,余江译,北京:中信出版社,2014 年,第 196 页。
③ 陈宝森:《克林顿经济政策六年回眸——1999 年美国总统经济报告解析》,《世界经济》1999 年第 7 期。

没有很好利用这一机遇。由于过分相信金融优势假说,美国政策立场表现出机会主义倾向,大量廉价资金被用于居民过度消费和推高房地产及其金融衍生品资产价格,结果在资产泡沫形成发展过程中信贷扩张加剧流动性过剩,泡沫破灭后面临次贷危机。"[①]长期低利率导致的房地产财富效应,吸引了广大低收入阶层的大量信用透支购房,最终导致了后来的2007年次贷危机,引发了2008年全球金融危机,而紧随其后的房价下跌、大量的失业带来了住房贷款的无法偿还,又剥夺了低收入阶层多年积蓄和透支买来的不动产,对资产性收入差距的进一步拉大,对"皮凯蒂曲线"迅速拉升的作用显而易见。

四、全球化背景下的产业转移与中国经济的迅速崛起

自西方工业革命以来,自然资源成为生产资料或者有收益性质的经济资源。国家或者私人组织对自然资源的控制权,可以用货币等价值单位计量,而能带来未来收益的资源统称为资源性资产,稀缺性和效用性是资源性资产的主要特征。全球化实现了产业经济向劳动力密集国家的转移,步入改革开放并拥有13亿多人口的中国,在加入全球产业经济逐步成为全球产品加工中心的同时,不仅仅对全球资本、技术及设备有着强烈需求,而且对全球资源也存在巨大的需求,这表现在资源性资产的利润率大幅提高。20世纪末,随着中国改革开放20年来技术能力的不断提高,国际制造业,特别是加工产业向中国转移,中国的经济也进入工业化快速发展阶段,中国成为名副其实的"世界加工厂"。特别是在2002年以后,随着中国经济进入新一轮快速增长,对大宗商品的需求增长速度也突然加速,大宗原材料需求占全球需求的比重快速飙升。如图2-9国际大宗商品价格指数CRB指数自1980年以来的走势图,表明了1970年之后的全球大宗商品价格的波动状况,从图中可以看出,进入21世纪以后,CRB指数从200以下一路飙升至470以上,综合商品价格指数上涨了一倍多。这个时期也正是国际房地产市场、中国房地产业、中国的国际制造业快速增长的阶段。大宗商品价格指数的大幅飙升,带来了全球资源性需求量和价格的快速拉升,而拥有资源性资产的国际资本收益率也大幅提高。大宗商品所具有的战略资源属性和21世纪金融化后的强金融属性,导致大宗商品价格的形成机制更为动态和非线性变化,不仅受供给需求影响,而且直接受到美元相对汇率的影响。"假定美元名义有效汇率变动以相同比例影响大宗商品价格变动,可以说这类商品价格变动在2002~

[①] 卢锋、李远芳、刘鎏:《国际商品价格波动与中国因素——我国开放经济成长面临新问题》,《金融研究》2009年第10期。

2008年价格飙升中的大约有35%左右可以归结为美元汇率因素造成。但即使剔除上述美元汇率变动影响,铜材、铁矿石、国际海运等价格指数,仍有2~5倍上下大幅飙升。"①

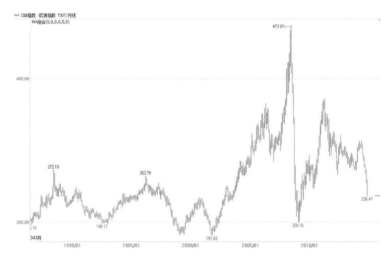

图2-9 1970年之后的全球大宗商品价格的波动状况(数据来源:文华财经)

中国改革开放后的第一个30年,国内生产总值年均两位数的增长速度,创造了世界经济史上的奇迹,不仅为全球市场提供了廉价的劳动力(正是创造价值的活劳动),而且国内的巨大消费能力、对全球资源的大量需求,带来了全球资源性资产的大幅上涨,而作为"世界加工厂"的中国,分得的收益仅仅是微薄的加工费用,主要的资本收益却呈现在拥有跨国公司的发达国家的账面利润上。20世纪末中国的房地产开始成为支柱产业,对住房的大量需求带来了房地产业的迅猛发展和快速增长,也带来了资源价格上涨,进而引起全球资源价格的快速反应,导致在全球范围内金融资本对全球稀缺资源的追逐和购买,拥有全球资源性资产较大比例的美国收入前10%的人群的资本收益率大幅提高,这个人群的账面显性资产收益率也同步大幅提高。

综合来看,1914年以前,西方社会的"美好时代"所形成的贫富差距的巨大反差,即收入居于前10%的人群占国民收入的50%以上,建立在西方社会对全球的殖民地劳动力剩余价值的剥夺这一基础之上,就像有学者认为的:"西方社会在1834年到1914年这关键的80年里在社会内部实现了普遍和平和集体富足,但是,资本主义生产体系的内部矛盾并没有消失,而是转移到

---

① 卢锋、李远芳、刘鎏:《国际商品价格波动与中国因素——我国开放经济成长面临新问题》,《金融研究》2009年第10期。

第二章 效率与公平的矛盾:资本收益率高企与贫富差距加剧

了外部,转移到西方社会在全球建立的殖民体系内部,并因此引发了第三世界的国家与社会革命。"①随后被库兹涅茨曲线所描述的收入差距的回归,是因为"大萧条"和"二战"所带来的偶然性历史局部状况。紧随其后的20世纪50年代到70年代末,维持在35%的较低贫富差距水平,按照皮凯蒂所指出的,是不可复制的资本主义"黄金30年"时期,具有历史的特殊性。1980年到2010年,收入居于前10%的人群占国民收入又一次回到50%水平,则是自1980年以来发生的四个特殊历史事件产生的重要影响:金融衍生品创立带来的美国金融市场对全球金融资本收益的放大作用、里根经济学的"拆散福利国家"政策的作用、苏东剧变之后公有制对私有制制衡的缺失所带来的美国公共部门加速私有化的影响、有着众多廉价劳动力的中国产业需求及消费需求对拥有资产性的群体收入的大幅提升作用。它们表现为金融业新兴业务对非金融企业的利润的剥夺、公共政策对弱势群体的去"福利化"和资本收入税收的减免的两极政策、私人部门高收益对公共部门高负债的侵占、跨国的金融资本对全球劳动力剩余价值的占有,最终造就了贫富差距的大幅拉升。

小 结

"休谟问题"的事实判断推不出价值判断的思想,深度影响了西方经济学思想中经济学的技术维度发展与哲学的纯粹道德批判的价值维度的分离。随之而来的库兹涅茨曲线与"涓滴效应"经济规律性,也一度成为西方经济学思想的经典思想,2008年的金融危机与皮凯蒂的大数据彻底证伪了这些理论。皮凯蒂所提出的 r>g 规律所导致的资本收益率高企,看似与利润率下降规律有巨大矛盾,实质上,皮凯蒂正是用数据显示了金融化背景下的食利资本对全球剩余价值的占有,证实了资本金融对全球市场的垄断地位,资本金融收益率的高企是以公共债务的聚集或者公共资本的赤字积累为代价的,最终必然带来资本主义经济金融危机。所以,皮凯蒂 r>g 规律导致的资本收益率高企现象,在逻辑上正是对利润率下降规律的大数据验证。但是,《21世纪资本论》中缺乏对这一现象的政治维度剖析和反思。笔者认为,这是发源于发达国家的新自由主义经济政策、冷战之后公有制对私有制制衡的缺失、政策对资产性收入的大幅提升等因素,导致了金融业对非金融企业的利

---

① 欧树军:《我们需要什么样的政治经济学》,《文化纵横》2014年第4期。

润的剥夺、公共政策对弱势群体的去"福利化"和资本收入税收的倾斜政策、私人部门高收益对公共部门高负债的侵占、跨国的资本金融对全球劳动力剩余价值的占有,最终再度引发全球贫富差距的大幅拉升,经济的高速成长带来的却是全球经济的不正义。

第三章 私向化与社会化的矛盾:"大而不倒"的有限责任制与国家公共性的无限责任化

安德鲁·罗斯·索尔金(Andrew Ross Sorkin)在其畅销书《大而不倒》的中文版序言中指出:"自由市场模式确实存在着一些缺陷:运作良好时,它所产生的市场经济效应颇为壮观;运作失灵时,它产生的效果依然壮观,但后果却是灾难性的。"[①]对自由市场的这一评价可谓一语中的,自由市场模式确实是时代舞台上的重要角色。21世纪金融化时代,金融市场的参与程度直接决定了不同国家的发展速度和发达程度,金融全球化构建的高度相关性导致一旦市场局部出现问题,就会引起全球经济秩序的动荡。

十八届三中全会报告强调"使市场在资源配置中起决定性作用和更好发挥政府作用"。这一重要决议并不是简单地将某些功能和任务由政府手里移交给市场,而是对整个社会的生产组织进行深刻反思,并进一步厘清政府和市场之间关系的积极尝试。这是当代理论和实践层面都非常重要的双重难题,是关乎经济改革和发展的重大课题。这一重大课题涉及政治和经济两个层面,传统、命令和市场三种生产组织方式,政府、法人和自然人多类经济主体,更涉及国际、国内两种环境,以及人性中的私向化与社会化二律背反。当金融化浪潮席卷了社会的各个角落,无疆界的单一市场日渐成型,政府与市场之间的关系也发生了微妙而巨大的变化。金融市场在发挥其翻天搅海之巨大驱动力的同时,也暴露出其危险性。"使市场在资源配置中起决定性作用和更好发挥政府作用"的定位,既从方法论上认识到市场机制的重要作用,又要保持时刻惊醒,让政府更好地发挥作用,尤其是为公共利益托底。这也就要求政府在行使自己职能的时候,既不能将一切问题的决定权完全交给自由市场模式,陷入无序竞争的丛林法则,又不能大包大揽陷入资本金融机构

[①] 〔美〕安德鲁·罗斯·索尔金:《大而不倒》,巴曙松等译,北京:中国人民大学出版社,2010年,中文版序言。

的"大而不倒"和政府"托底无限化"的陷阱之中,而是要在规制和规则上做到适当的约束和规范,既能发挥市场的资源配置效率,又能够建构起市场竞争的良好秩序。

第一节 人类的私向化与社会化

人是社会化的高等动物,但有着私向化与社会化两个维度的需要,亦有着个体与集体两种争取自身利益的方式。除了少数极致化的社会形态,比如无政府状态的"人类丛林"、军事化管制的区域等,一般的国家形态之中的个体都有着两个维度的需要和两种方式的行动。正如孟德斯鸠(Montesquieu)在《论法的精神》中所指明的:"幸运的是人们处在这样的境况之中,他们的欲望让他们生出作恶的念头,然而不这样做才符合他们的利益。"①因此,引入市场管理者角色之后,在现有制度的激励约束条件下,市场参与者的行为模式面临着欲望与利益之间的考量与抉择。这种抉择涉及欲望与需要上的两个维度、利益与行动上的两种方式,以及欲望与利益的规训和调和三个方面的内容。

一、欲望与需要上的两个维度

欲望是基于需要的体验,是趋向需要满足之目的的意向,它会随着个体需要层次的变迁而演进。正如张雄教授所言:"它乃是指社会的人基于一定的需要而产生对一定的物质或精神事物的渴求。是人的有意识的并指向清晰的目的的行动倾向,也可以说是趋向于一定的目的的意向。它总是指向未来的能满足人的需要的某种事物或行动,是人对需要的一种体验形式。"②在这段话的阐述中至少包含了两层含义:其一,欲望是一种与客观需要紧密相连的主观体验;其二,这种主观体验是个体行动的动力源泉,必然指向个体需要的满足。总之,欲望是需要引致的冲动体验。因此,为了更深刻的认识欲望,我们有必要先对需要做深入的了解。根据亚伯拉罕·哈洛德·马斯洛(Abraham H. Maslow)的需要层次理论,人类的种类繁多的需要是有层次的,个体对于其各种需要满足的迫切程度是不同的。虽然马斯洛对于需要层

---

① 〔美〕阿尔伯特·赫希曼:《欲望与利益:资本主义胜利之前的政治争论》,冯克利译,杭州:浙江大学出版社,2015 年,"卷首语"。
② 张雄:《欲望与市场——关于市场非理性因素的经济哲学思考》,《复旦学报(社会科学版)》1996 年第 5 期。

次的划分受到后续研究者的挑战和改进,五层次被改进为六层次或七层次,但是,其"人类需要是有层次的"之论断基本是被接受的。这就意味着,人类的需要会随着社会的发展和个体的成长而有所变迁。

最基本地,个体需要层次有两个维度的分别:生理性需要和社会性需要。前者只关乎人类基因所决定的动物性本能和需要,基本可以通过人与自然的实践关系获得满足(关乎种族繁衍的本能除外),我们称之为"私向化需要";后者则关乎人对于安全、归属、尊重和自我实现等方面的需要,基本要通过人与人的交往才能获得满足,我们称之为"社会化需要"。在同时面临私向化需要和社会化需要的时候,欲望之动力有可能引致两种截然不同的结局:要么他的需要得到很好的满足,要么他在人与自然、人与人的实践过程中受挫,甚至走进悲剧。之所以如此,关键在于欲望本身只关乎目的,而不涉及目的满足所需的手段支撑。欲望由人的动物性和本能心理因素组成,如果既没有内在的理性自律,又缺乏外在的规训与约制,那么经济社会将呈现出与古典经济学的完美模式大相径庭的景观。

二、利益与行动上的两种方式

利益则归于需要的满足,是基于行动之手段的效果,它又会随着社会激励约束条件的变迁而演变。需要的满足或利益的实现,要求个体欲望与理性相契合,要求他以理性之手段达致欲望满足之目的。个体理性的意义涉及对"目的-手段"关系的把握,对社会"激励-约束"条件的认识,对"个体-他者"关系的掌控,对"利益-代价"组合的选择,以及对个体欲望必要的暂时忍耐。从某种意义上讲,利益正是欲望与理性某种程度的复合体。当鲁滨孙为了明天的丰足,而愿意舍弃暂时饱足之后的休憩机会,去结一张鱼网的时候,支配其行为的便不仅仅是欲望而是利益;当iPhone手机的热血粉丝宁愿卖肾去买也不去偷去抢的时候,支配其行为的也是利益;当面包师或酿酒师舍弃闲暇之欢愉而辛辛苦苦为社会提供商品的时候,支配其行为的是利益;当华尔街的"把控信息者"为了自身收益而宁愿增加系统化风险并引发危机的时候,支配其行为的同样是利益。个体的欲望是以自我为中心的,至于其欲望的满足过程会带来他者乃至社会的善或恶,并不在其考虑范围之内,除非这一结果影响其利益的实现和欲望的满足。

在国家内部的环境中,追逐利益的经济人在行动上有个体行动和集体行动两种方式。随着分工协作体系的范围扩大化和结构复杂化,人们不可避免地面临越来越多的共同问题。其中,有些问题是少数个体的,有些是小群体的,有些是大集体的,也有些是国家甚至人类整体的。于是,在个体和国家整体两个极端层次之间,存在着林林总总的集体,如企业、社区、NGO等。这些集体的成员有着共同的问题要面对,其集体行动牵涉着共同的利益实现。这些中间层面的集体①存在使得社会交往更趋复杂化,个体在追逐自身利益的过程中面临的选择也更趋多样化。同样地,利益机制(通过对个体理性的培育,引导其诱发不同个体之间欲望与欲望的对抗,进而实现维柯所谓的从"注定毁灭人类之大恶"到"公民幸福"的转变)在对个体欲望进行约制、对激励约束机制进行不断建构的过程中,如果不能对此类中间层面的集体行动进行充分的重视、研究和应对的话,由马基雅维利(Machiavelli)、伯纳德·曼德维尔(Bernard Mandeville)、斯密等先知们所描画的理想之蓝图也难以实现。

三、欲望与利益的规训和调和

上述两个方面的内容涉及欲望与欲望之对抗(非理性层面)、利益与利益之冲突(理性层面)。这些对抗与冲突是多样个体所组成之社会的必然产物,不论是来源于让-雅克·卢梭(Jean-Jacques Rousseau)的政治理性——以"人民—国家—人民"之关系架构为基石的社会契约思想,还是来源于斯密的经济理性——以"自利个人—看不见的手—自立个人"之交换机制为底色的自由市场思想,都尚未寻得一条对欲望和利益进行彻底地规训和调和,以达致和谐完美之境地的路径。

先知们筚路蓝缕开启的这两条道路,在很大程度上对个体进行了文化的教化和制度的约束,并逐渐规训其走进秩序井然的社会。只是这两条征程依然是未完成的事业。早期的理论以分散化、齐一化的个体为对象,既缺乏对中间层次群体的重视,又缺乏对个体之间差异的考量,必然无法将社会之中萌动着的力比多个体纳入完美的社会整体之中。这一方面是由于政治和经济两个层面对于理性之崇拜超过了社会现实,理论假设和制度基础缺乏现实关照。比如,有些决策的施行并不需要掌握完全信息(像"AlphaGo"一样),也不需要追求最大化和最优的极致结果,而仅仅是在可以想见的几种决策当中挑选出相对有利的一种而已。另一方面是由于社会当中的普罗大众并不是一成不变的。随着经济理论和方法的进步,随着社会实践所影响之时空维度的拓展,会不断衍生出新的问题。我们的理论研究和制度建设之终极目

---

① 这里姑且以一般性的概念言及这类介于个体和整体之间的集体,而省却相关文献对人类社会结构的相关梳理及其造成的理解困难和混乱。比如黑格尔的家庭、市民社会、国家之划分,又如奥尔森、康芒斯、布坎南、塔洛克、桑德勒等学者对集体行动的划分,都是非常有影响力的假说,也是笔者著述的思想基础。由于此处的目的没有做精深阐述的必要,故对其避之不谈。

的,是要既充分调动普罗大众的实践能动性以推动进步,又要对其行为进行规训和教化以维持既有文明成果和社会公正。因此,从这两个方面看,我们的征途是星辰大海,必然永无止境。尤其在金融市场领域,个体欲望和利益被牵扯到更加变动不居的价格波动之中,造就了金融创新的频率更快,自利的回报更高,个体之间的欲望对抗和利益冲突也更加剧烈。

第二节 资本金融的生成与崛起

一、经济理性的起源——来自经济问题的解决方案

经济理性的起源与发扬要从人类经济问题的解决方案谈起。自人类社会出现开始,人类群体便面临着经济问题:如何确保日复一日的生计得到满足？作为群体面临的经济问题总需要有两个方面的解决方案:一是"组成一个系统,以确保能生产出生存所需的商品和服务";二是"安排社会生产成果的分配,以进行更多的生产活动"①。根据经济史学家罗伯特·L. 海尔布罗纳(Robert L. Heilbroner)的总结,迄今为止有三种解决方案:传统、命令、市场。目前,自由市场模式成为经济问题的首要解决方案。同时,国家政府和各级地方政府仍然具有管理经济的力量和权力;在法人组织内部,资源的配置和生产的组织依然要靠命令的方式来完成。

（一）传统②是解决经济问题最古老的方案。传统型社会里,靠习俗、荣誉、信仰以及建基于其上的法律法规对经济生产活动进行安排。这种解决方案往往以"子承父业"等方式要求经济社会的主体按照某种规定性进行按部就班的生产,以血缘纽带和家长制连成的共同体安排解决经济社会的分配问题。由世袭链条确保技能可以代代相传,工作可以代代都有人做。亚当·斯密在《国富论》中写道:在古埃及,"根据教规,每个人都有子承父业的义务,变更职业将被苛以最可怕的亵渎神灵罪"③。通过这种宗教和政治的力量,确保了传统这一生产型秩序,它可以很简单地实现安排生产的目的,能够确保经济生产问题得以顺利解决。同时,由封建等级制和共同体的族长制安排解

---

① 〔美〕罗伯特·L. 海尔布罗纳等:《经济社会的起源》(第十二版),李陈华等译,上海:格致出版社、上海三联书店、上海人民出版社,2010年,第4页。
② 传统,或称习俗,它与命令一起构成市场模式出现之前的主要经济组织方式。这在约翰·希克斯、约翰·康芒斯等早期经济学家的著作里有过比较广泛的关注,张雄教授对其有过深层次的追问与反思,详见其论文《习俗与市场》(载《中国社会科学》1996年第5期)。
③ 〔美〕罗伯特·L. 海尔布罗纳等:《经济社会的起源》(第十二版),李陈华等译,第7页。

决经济层面的分配问题。习俗和传统构成了古代社会维持周而复始的稳定状态。

（二）命令的方案满足了紧急情况应对和追求社会发展的要求。习俗和传统虽然能够很简单地解决经济问题，但是其周而复始、一成不变的稳定性并不利于发展和进步。历史进步的车轮所碾碎的传统型政府，都是由于缺乏内生性的经济变化和进步而被外来文明所征服。命令的方案，可以根据强制性权威和经济命令来组织生产，进行分配，就像展现它在军事和政治领域所证明的巨大能力一样。这种方式中，由集中于一人或少数人身上的行政权力来统一指挥整个社会的资源和力量，以应对天灾等突发的紧急事件和危险局面，或者追求民族的兴盛、强大和扩张。命令的方案较之传统有了长足的进步，可以在很大程度上机动灵活地解决经济问题，实现特定的目标。但是，这要求命令执行者具有宽广的眼界和深远的谋略，能够成竹在胸地指挥整个辖区的经济力量，使其按照自己所期望的路径前进。国家或区域经济问题的组织和安排并不是三五个人的合作与分工那么简单，纷繁复杂的因果关系，错综牵连的利益个体如何形成指向行政目标的合力，是一个非常大的难题。

（三）市场的方案在行政命令之中孕育。正是在应对这种难题的时候，逐渐闪现了经济思想的光芒。因此，诸如献策越国"十年生聚"的范蠡，为汉武帝筹措战争经费的桑弘羊，著有《献给国王和王太后的政治经济学》的安托万·德·蒙克莱田（Antoine de Montchrétien）等，都是封建君主的财政大臣或经济幕僚，又自然而然地成为后世经济思想史所追溯的先师。在最初的庄园经济学和政治经济学当中，便有一份得自蜂群的灵感启示："私人的恶德可以带来社会的公益。"[①]促成这种个体私向化与社会化相契合的机制便成为自由市场模式设计的最初蓝本。经济学之父亚当·斯密系统论述了分工与协作、偏好与交换，成为自由市场机制的伟大设计师。于是，自由市场机制逐渐成为解决经济问题的又一种方案。通过价格机制，自利个体通过竞争与合作，自然地实现生产、分配、交换、消费这一经济问题的全过程安排，并不需要有形的指挥之手。市场的解决方案是花费最小的一种，它既不需要严刑酷法和习俗传统对人性的压抑和约束，也不需要国王和财政大臣们费尽心机地安排与筹划，最根本地，它最大程度上调动了人性当中最原初的欲望之火。

这三种次第出现的解决方案并没有将之前的方案完全挤出，而是让现实的经济社会步入一种混合的状态之中。其中，传统的组织方式逐渐式微，仅

---

① 〔荷兰〕伯纳德·曼德维尔：《蜜蜂的寓言：私人的恶德，公众的利益》，肖聿译，北京：中国社会科学出版社，2002年。

仅在某些特别的领域留有一些微弱的痕迹；而命令和市场则成为经济问题的综合解决方案。在自由市场模式被广泛接受之前，经济层面的问题完全是在宗教或政治权力掌控之内的，"普天之下莫非王土，率土之滨莫非王臣"的观念和制度是掌管一切的信条。森严的社会等级安排了整个社会在物质和服务并不丰裕的情况下如何实现生产的组织和产品的分配。国家机器的运转促使整个经济问题的解决完全纳入规划和规制的范畴之内。在那样一种时代背景之下，经济层面的规律是被忽略的，经济的运转和问题的解决是自发的、不成理论的，经济理性是尚未觉醒的。诸如制度经济学家道格拉斯·塞西尔·诺斯(Douglass Cecil North)之类的经济史研究，正是以现代的自觉经济理性对过去的自发经济实践所进行的重新思考与梳理。当财政大臣们为了国家的人口、军费等军事和政治相关问题而深入思考的时候，经济方面的理论和实践才逐渐从自发走向自觉。随着《国民财富的性质和原因的研究》等早期著作风行于世，经济问题的自发解决方案才走进经济学的理论框架之中。

二、从经济理性的彰显到金融理性

在循环往复的农业文明中，政治理性和宗教约束已经足以安排整个社会的生产和分配。但是，随着工业主义精神的崛起，进步的观念逐渐深入人心，时间具有了不同于以往的意义和价值。原本龟缩在荣誉和信仰之冠冕内的人性逐渐失去约束，传统的意识形态通过个体的自律所形塑的社会秩序遭到质疑和解构。欲望和理性觉醒，个体冲破虔敬的神性约制，堂而皇之地步入俗性生活，步入经济理性所掌管的领地。一言以蔽之，彰显出经济理性的明显特征至少经历了三个方面的重大认识转变：欲望的合法性被接受，理性的可能性被认可，时间价值被重新发现。

首先，欲望从需要竭力压制的人性原罪转变成社会发展的必要动力。中世纪的基督教神学以否定的形式提出了欲望的概念，论述了欲望的原罪，教导人们对此进行一生的救赎与忏悔。"基督教神学在扬弃希腊-罗马对人性的乐观主义观念的基础上，表明了一种深刻的历史哲学观念，即人的行动并不是根据智慧所预想的目标而设计出来的，它完全是被直接而又盲目的欲望（在背后）所推动。"[①]虽然基督教对欲望持坚决的否定态度，但是其暗含的意思却表明，欲望必然地存在于人的内心本性之中。这一先验的否定，预设了欲望将随着启蒙运动而膨胀，因为在由"神性"到"俗性"的祛魅过程之中，被

---

① 张雄：《现代性逻辑预设何以生成》，《哲学研究》2006年第1期。

专制主义和宗教所束缚了的一切都将得到释放。压制欲望的社会系统一旦松动,欲望便如同逃出了潘多拉魔盒的魔鬼,再也难以有充分的约束。黑格尔曾经说过:"热情、私己的目标,以及自私的欲望的满足是一切行动之最有效力的泉源。他们的力量就在于,他们全然不顾及道德与法律加诸于他的要求。"①曼德维尔的"蜜蜂的寓言"对现代自由主义经济学和经济伦理给予了喻示作用,目的是为私欲的潜力松绑,为个人的自利行为有利于"公众的利益"进行一致性的指认,最终确立了自利的合法合理性地位。斯密在《国富论》中那个有名的"无形之手"的理论所论证的,与黑格尔在这里所表述的是相似的内容。可见,推动人类历史的最大动力,莫过于自私欲望的满足。为了这种欲望的满足,人类不惜生命去奋斗。从曼德维尔、霍布斯、斯密等早期思想家的大胆构想开始,人们逐渐转变了对个体欲望的认识,最终以绝对的自负直面欲望之魔鬼:要么将此魔鬼驯为辕下之驹,要么宁可与其签订浮士德式的契约,只为黑格尔所指出的那份力量之源泉!这是第一个转变,它完成了欲望(人性层面)和需要(社会层面)的合法化征程。

其次,新的观念逐渐让我们相信"人类有足够的理性安排自己的生活"。这种观念的出现并不是一步到位的,而是经历了数度转折。尽管有些经济学家称,古典时期的居勒尼学派和享乐主义哲学已经有了类似"经济人"的思想萌芽,但是进入中世纪,人们的观念出现重大转变。在宗教的逻辑之中,人是卑微的,人作为"万物的尺度"仅仅被上帝的律法规制在众生之间。一旦人们在心理层面接受了这种假定,人的行动空间则趋于固定和狭小,对自我能力的认知也趋于保守,人类活动的主题则集中在敬奉神灵和自我约束上。直到十七、十八世纪的欧洲启蒙运动,人的位置才被重新划定。从培根等一批学者指出了技术的可能性和人的力量的可能性之后,"向自然宣战"一时成为时代的口号。人们以科学的名义,指出自己有能力掌管自己的一切事情,而并不需要神灵的安排和指引。在技术革命和工业精神的指引下,人类的观念实现了180度的大转变,人类地位从万物的尺度升格为万物的主宰。在技术进步和文化启蒙的大背景下,经济理性逐渐露出其扩张的端倪。市场经济的主要机制有两个方面:一方面是合法性的交换。拥有合法产权的法人、家庭或个人,用来自自身的自利动机,积极地进行生产、交换和消费。用经济社会产权的一系列配套的法律规定性,确定了自利的唯一合法渠道是来自市场渠道,而其余的掠夺和抢占都是非法的。另一方面是市场竞争机制。在现有法

---

① Hegel, *Philosophy of History*,第65页。转引自石元康:《从中国文化到现代性:典范转移?》,北京:生活·读书·新知三联书店,2000年,第60页。

律所规定的限度内,个体只考虑自身的利益,而不用过多顾及其他人,这就是竞争机制,在一个相对理想主义的完全自由竞争市场模式中,个体经济理性的极致化可以顺理成章地导致最终的合作。由此,人类理性及其发明的合作模式成为安排人类生活既合理又合法的方式。这是第二个转变,它完成了市场作为需要满足方案的合理性证明。

第三,时间价值的发现。随着历史的卷轴由传统社会展开至现代,我们对于时间的主流观念也从昼夜更替、四季流转的循环往复,进入"逝者如斯夫,不舍昼夜"的大步向前。其实,从人类第一次有制造工具的灵感开始,我们即面临着时间的问题。比如,一位一直靠徒手捕鱼获得食物的人,忽然有了一个编织渔网的想法。他马上就会面临一个选择:是忍饥挨饿两天,编织一张更方便捕鱼的渔网,还是继续每天徒手捕鱼充饥呢?从目前的经济现实看,我们的人类祖先在不断地选择前者。在人类经济扩张的整个过程当中,这种选择时时存在着。在以稀缺资源满足人类无限欲望的过程中,每一个资本品①的出现,都伴随着一次"当下"与"未来"抉择。这种以当下的忍耐换取未来的享受的选择,便是最原初的"储蓄"意识。这种储蓄(在时间轴上的消费调整)概念在单个人的生活中有意义,在经济社会的整体当中更具有非凡的意义,在前现代的传统社会它便零星存在着,而到十九世纪工业主义精神和工业革命浪潮蔓延全球的时候,这种储蓄行为(主要以工具创新为表现)便成为经济社会的主流精神面貌。这是第三个转变,它实现了传统节奏向现代节奏的跨越。

经过上述三个方面的观念转变,人们跳出蒙昧时代的自律和节制,走进大胆追求欲望满足的价值观中;跳出虔敬的信仰和传统,走进经济的扩张和创新;跳出时间的周而复始,走进单维矢量的增长。这三个方面的重大转变,在经济社会的现实当中即复合为经济理性的觉醒,开始唤醒人类私欲的极致化,让经济理性实现了极致化——金融理性的展现,由金融市场价格机制主导的经济主体间跨时空交换成为主宰经济世界的黄金律则。

三、资本金融市场的崛起

随着经济理性的不断发展,市场交易的标的越来越丰富。市场标的物先是从消费品扩展到资本品,又由实物资产扩展到货币资本。在上述经济理性的不断发育过程中,市场经济的本质逐渐沉淀为一套价值系统,而这套价值

---

① 边际主义经济学家卡尔·门格尔把可以直接减轻某种不满足感的物品,称为一阶商品或消费品。辅助生产一阶商品的物品,被称作高阶商品、生产品或者资本品。

系统的涵盖范围越来越广泛,越来越深入。当其发挥作用的范围深入到资产和资本层面之后,金融市场逐渐发展壮大。市场经济的范畴便进入实体经济与虚拟经济并存的时代,而这一整套的价值系统也发展出实物价格系统和资产价格系统两套并行且大体统一的体系。当金融的逻辑打开了时间隧道,跨时空的资源可以通过金融创新手段在任意的时间点上折现。正如张雄教授在谈及事件经济时所述:"时间可以带来市场空间的放大,空间可以带来市场时间的延展。"①时间和空间一旦变成市场参与者的心理体验,金融市场的威力便如浪潮一般席卷而来。金融市场从经济理性的世界里孕育,从面世到其力量的彻底展现经历了两个方面的发育:时间维度内"当下"与"未来"的无障碍折现,空间维度内"国内"与"国际"的无疆界通约。

(一)不断深化的金融创新推动金融市场不断迈向时间维度的无障碍折现。这一过程有三个方面的转变:中远期的收支筹划与金融工具、货币资本化进程与金融创新、证券化运作与衍生品交易。(1)中远期的收支筹划。从货币的信用功能开始,源源不断的金融创新便成为推动金融市场交易深化和广化的不竭动力。首先是针对个人层面的金融方案,从以物易物的即时交换,到货币功能实现的买卖过程时空错位,从个人先收后支的量入为出,到短期的收支平滑,乃至生命周期内的量入为出原则下收支筹划,是金融创新最先解决的问题。其次是国家层面的收支筹划,从以既有税收额度为预算安排转移支付和政府购买的财政安排,到政府先举债花费,再以税收还款的功能财政。凯恩斯主义所奉行的以长期理性筹划解决短期财政手段不足的总需求管理政策,成为国家层面打破时间缰索的束缚,走上人类集体预支未来的金融之路。(2)金融创新最核心和根本的方面在于其为服务资本逻辑的资金融通指路。从最初的资本品,到货币的资本化,金融创新使得实体经济层面的主体间投融资交易和虚拟经济层面的资本化运作不断扩张其势力范围。在金融的触角尚无法触及的领域,也许会有经济资源的闲置(比如,一块待开发的土地,或者一群没有发挥其禀赋的待业人员),一旦这些经济要素在市场能够顺利地流转起来,通过交换,这些要素可以融入价值增值的生产流程。将社会资源纳入金融市场的调配范围之内,并顺利地投入到扩大再生产,闲置资源便得以资本化。资本化的运作范畴远比一块土地、一群人力来得广泛,以固定的当期视角看,有些项目是费用,应计入当期损益;而以扩大再生产的视角看,这些投入可能带来持续的现金流入,那么其本质上也就成为一项资本。(3)证券化和金融衍生品创新则不断地将金融市场标的物扩大化和

---

① 张雄:《从事件经济看中华元素的时尚表达》,《文汇报》2009年8月10日。

第三章　私向化与社会化的矛盾:"大而不倒"的有限责任制与国家公共性的无限责任化

复杂化。随着证券分析技术和科技信息技术的进步,不断推进的金融创新将触角探及越来越远的未来和越来越丰富的金融品类。这些复杂化运作又不断地往金融市场增加杠杆,集聚金融力量,使得时间维度的折现障碍日趋减少。

(二)日渐壮大的金融力量推动金融市场不断迈向空间维度的无疆界通约。最初,在国家内部"几乎所有重要的经济决策都是由国家政府核心的少数分子作出的"[①]。国家与国家之间,是由政府管制所构筑的防火墙,一切外在的力量被阻挡在国门之外。随着金融理性的觉醒,在此方面具有敏锐嗅觉的西方国家(以美国为代表)的市场参与者逐渐积蓄了力量,并以资本主义国家政治体制的便利游说国家政府在金融方面构筑高地,搭建虹吸全球金融资源的交易平台和交易规则。以纽约华尔街金融市场为例,在1929~1933年的"大萧条"前后,金融力量还相对有限。"美国经济在此前40年的快速发展和第一次世界大战期间爆炸式的增长,使得纽约股票交易所一举成为世界上最大、也是最有影响力的交易市场。但是从制度上讲,它和1817年刚刚成立时几乎没有什么区别,也就是说,它仍然是一个私人俱乐部。"[②]那时,华尔街"俱乐部"就像某个牌友俱乐部一样,人们在那里从事不同注码的投机活动,一如某个上流社会的赌场。介乎懵懂与蒙昧之间的投机者,怀揣一夜暴富的掘金梦,听着风传的内幕消息,接受没经过什么专业训练的股票经纪人的引导,进行撒钱投机的活动。随着查尔斯·梅里尔(Charles Edward Merrill)推出相对正规的"美林模式",为投资者提供专业化的经纪服务,本杰明·格雷厄姆(Benjamin Graham)的价值投资理念逐渐为股票市场投机者指明了理性投资的道路,纽约的金融市场才日渐彰显相对成熟的模式,并在世界金融交易市场抢占了绝对的优势地位。当这种优势一旦形成,领跑国家自然而然地走上不断循环积累的自我增强之路;而跟随国家则宁愿付出代价,也要积极加入这一诱人的掘金队伍。资本金融力量的扩张与坐大使得国家之间由政治权力所构筑的区域市场疆界不断被瓦解。

总之,经历了上述两个维度的发育,金融市场中以投资银行为主的资本金融力量日渐彰显其翻江倒海之无限威力,而能够执其牛耳的国家便自然而然地乘风而起,华尔街金融帝国的崛起与美国的全球称霸可谓是资本金融发挥其巨大威力的明证。正如希勒教授所言:"当今几个重要市场经济体的崛

[①] 〔美〕洛威尔·布莱恩、戴安娜·法雷尔:《无疆界市场》,汪仲译,上海:上海人民出版社,1999年,第1页。
[②] 〔美〕约翰·S.戈登:《伟大的博弈:华尔街金融帝国的崛起(1653—2004)》,北京:中信出版社,2005年,第255页。

起很大程度上有赖于金融业为其发展提供了核心支持,如果没有金融业,这种崛起是我们根本无法实现的。"①

第三节　资本金融市场的失灵与危机

金融理性的彰显和资本金融市场的崛起将整个经济社会逐渐纳入资本金融的逻辑:跨越时空的主体间资源处于深度配置中。随着资本金融效能的深化,这一资源配置能力达到了空前的水平,同时带来了前所未有的繁荣景象。然而,随着资本金融的逻辑配置了越来越广、越来越大的经济空间资源,调动了越来越深层的人性动力,金融市场逐渐失去约制,"金融任性"将经济社会引向或高歌猛进或萧条崩溃的巨大不确定性之中。金融市场的问题既有"源于对市场过度乐观以及不成熟的判断",更有"从一开始就策划着要操纵市场甚至进行诈骗"②两个方面的根源。由于金融涉及"当下"与"未来"的时空转换,买方与卖方(或称多空双方)的权益交换、委托与代理双方的利益托付、个体与社会的理性整合等方面不可避免的存在矛盾与冲突,因此,在金融市场的先天禀赋当中就携带着市场失灵的基因。经济的融资结构具有三种类型的资本头寸融资③,金融市场参与者也具有个体多样性和群体联动性。金融市场参与者在选取融资类型,把握其资本资产的现金流期望与未来支付承诺之间的关系时,会由于非理性、信息不对称和外部性等因素而无法掌控精确尺度,从而轻易地越过繁荣的崖顶跌向崩溃的深渊,反映的正是"恐惧远远大于贪婪"的人类心理倾向。因此,在纯粹市场机制当中,这些导向市场失灵的基因由于缺乏理论认识层面的重视和法律制度层面的约制,很容易引起金融市场的巨大波动,乃至危机爆发。

一、非理性:金融市场链接的"当下"与"未来"

金融市场的复杂性、不确定性和充满幻象的秉性都潜藏着非理性决策的可能性。这种非理性在金融市场所链接的"当下"与"未来"之间左冲右突,时而跃向"非理性繁荣",时而跌回繁荣梦碎的大萧条,时而又徘徊于夹杂着理

---

① 〔美〕罗伯特·希勒:《金融与好的社会》,束宇译,北京:中信出版社,2012年,"前言"。
② 同上。
③ 根据美国经济学家明斯基的划分,资本融资可以划分为对冲性融资、投机性融资和庞氏融资三种类型。详见〔美〕海曼·P.明斯基:《稳定不稳定的经济——一种金融不稳定视角》,石宝峰等译,北京:清华大学出版社,2015年,第181页。

第三章 私向化与社会化的矛盾:"大而不倒"的有限责任制与国家公共性的无限责任化

性与非理性的"欺骗均衡"。

整个西方经济学是建构于几个重要的理论假设之上的,"理性人假设"是其中最重要的一条。它从两个方面描述了经济环境当中的个人秉性:自利,它意指经济个体在维持生存和提升需求层次过程中的天然选择是自我亲善型的,这里并不一定涉及互利共赢还是损人利己的分野,只是个体在"对自己有利"和"对自己不利"之间所做选择的概括;最大化,它意指经济个体在追求自利过程中有一个极致追求,它是对经济个体在"对自己好""对自己更好"……"对自己最好"之间所做选择的概括。经济学理论的"理性人假设"是对经济人在蜜蜂一样的唯我意识中决策行为的一种抽象,并不涉及主体与他者之间的冲突(诸如"完全信息假设""市场出清假设"等则关涉到个体之外的经济环境),而经济学的演进与发展也沿着这条"描述性"范式不断向经济现实靠近①。如今,在充满不确定性、金融叙事、操纵与欺诈的经济环境中,最大化的算计越来越困难。

即便在最原初、最简单的市场环境中,个体也并不是完全理性的,这在某些经济学家的论述里已反复出现过,比如贝克尔所谓的"非理性",西蒙的"有限理性",马克·布劳格(Mark Blaug)所谓的"其他方面的冲动"和"非理性热情",以及托马斯·罗伯特·马尔萨斯(Thomas Robert Malthus)的"非理性情欲"等。张雄教授也曾深入探寻过"市场经济中的非理性世界",他在梳理了经济史和经济思想史的非理性质料之后指出,非理性因素在"现实市场经济运作过程的空间中"所占有的位置要远大于其在"理论家们的研究范式的空间中"所占的位置。参与市场经济的人是"现实的人",他有着欲望、习俗、无意识、情绪和情感等诸多层面的非理性禀赋,他的思想和行为受到其欲望、需要和利益的驱使,又受到外在于他的意识形态、社会制度和市场环境的制约②。经济主体的非理性在金融市场中以更加激越的节奏呈现出两种模式:个体的非理性和群体的非理性。

正如上述学者所阐明的,经济世界的个体理性是有缺憾的、不完全的。这种不完全理性,或称某些情景下的非理性,大致可以分为以下两种情况。(1)对自身认识不足、对市场缺乏判断。经济世界中的个人往往具有过度自

---

① 一方面,经济学研究范式中存在着一条"描述性"的路径,它以现实世界"足够好的近似物"为对象,并不断向经济现实还原。详见马涛教授的文章:《弗里德曼"经济学假设非现实性"论题的辨析》,载《经济学家》2010 年第 3 期。另一方面,我们面临的经济现实也是不断复杂化的。在经济学最开始的时候,个体选择就是衣服、食物、苹果/梨子那么简单,个体的理性假设还比较容易满足;而在如今的金融市场之中,即便经济学家也难以胜任"理性经济人"的称号。
② 张雄:《市场经济中的非理性世界》,上海:立信会计出版社,1995 年。

信的强烈趋势,这在那些兴致勃勃地办了健身卡,最终却并没有在俱乐部进行过多少次健身的热血青年身上,可以得到很好的明证。这种人类心理的弱点在金融市场里普遍存在,并有所放大。希勒教授指出,人们并不是"利用手头信息作出理性预测,然后再以理性预测为基础做出理性决策",他们会超越理性,"不会理性地处理得到的信息,更不会理性地行事","他们的行动依据是那些他们自以为正确的东西"①。尤其在连续的牛市行情之下,许多没有任何经济和金融知识的个体也参与到金融市场之中,一段时间的"股龄"之后,他们更是以资深股民自居,有时候凭借自以为是的直觉或者毫无逻辑的异想作出一些重大的决定。(2)对其他市场参与者缺乏认识。能够精确计算天体运行规律的物理学家牛顿,在南海泡沫事件之后曾哀叹"算不准人类的疯狂"。人类个体的心智在充满非理性的人类群体所聚合的金融市场面前一次又一次收获无力感和沮丧感。人性的易变性、情绪、情感和无意识的转瞬即变与习俗、习惯和传统的根深蒂固一起构筑起非理性的质料库,在金融市场所点燃的欲望、贪婪和自大之中随时有可能爆发,个体的投机心理和赌徒偏好也会无所顾忌地畅行无阻。一时狂热一时消沉的非理性个体是无论多么理性的金融市场观察者都不敢下定论的。

在金融市场中从事交易的个体理性程度有很大差别,既有相对理性的个体也有相对非理性的个体,而在个体的相互影响之中,理性个体往往屈服于非理性个体。非理性个体在金融市场中往往占据多数,而当数量庞大的非理性个体形成一种浪潮的时候,一切理性的约束和提醒都无济于事,这群乌合之众所掀起的狂潮必将冲上极致的巅峰之后才能够复归平静。而在这种特点之下,理性的投资者也往往选择顺从其势。因为"如果绝大部分人都错误地认为股市在上涨,则将买入股票,推高股价,这个时候头脑再清晰的人也必须跟着买入,否则将丧失价格上涨的投资良机"②。这种非理性个体的狂热与贪婪,与理性个体对投机机运的把握共同将虚拟市场推上危险的高崖。在这样的非理性群体所影响的虚拟市场之中,发生危机和市场失灵几乎是可以确定的,泡沫破灭之后的灾难和痛苦也是可以预见的,唯一不确定的就是拐点何时出现。中国北上广等大城市的房地产市场,若是经济学家根据工资水平、物价水平等条件来判断,房价已经虚高、泡沫已经很大。然而源源不断涌入市场的资金和经济主体在房地产市场的一路飙升之中根本无法淡定。起

---

① 〔美〕乔治·阿克罗夫、罗伯特·席勒:《动物精神》,黄志强等译,北京:中信出版社,2012年,第5—6页。
② 〔美〕乔治·阿克洛夫、罗伯特·席勒:《钓愚:操纵与欺骗的经济学》,张军译,北京:中信出版社,2016年,李稻葵推荐序言。

初冷静的个体眼见别人在房产市场赚取了相当可观的收益,在远高于任何实体经济投资,甚至高于股市和某些期货市场回报率面前,思想斗争不了多久即会投身其中。就像我们都面向不知何日来临的死亡而不断前进一样,引发最新一次全球金融危机的美国次贷危机也上演了同样的剧情。尽管精明的机构投资者早已经明确洞察到危机将近,但他们依然义无反顾地进行多方操作,也正是理性个体面对非理性群体所造就的非理性繁荣所做出的最优选择。当然,在他们的决策依据当中,也包括对政府应对危机的态度和举措之研判,包括普罗大众对价格的影响力量之研判,随后将予以分析。

二、信息不对称:交往双方的委托代理问题

如果非理性是人性心理上的主观弱点的话,信息的相对匮乏则是市场机制的客观缺陷。自利个体在价格机制的调节下,对利润的追求会带来生活水平的富足与丰裕,同时也会引来危机与萧条,这是市场制度的内在矛盾。在金融市场当中,这种信息不对称因素通过与非理性因素的相互作用,会催生两种陷阱:(1)天然的陷阱,由市场不确定性因素所引发的信息匮乏市场参与大众的狂热或恐慌;(2)人为的陷阱,由少数理性内部交易员所设计的针对信息匮乏市场参与大众的操纵与欺骗。根据"是否理性"[①]和"是否掌握有价值信息"的标准进行划分,逻辑上会出现四种金融市场参与者:(1)理性的内部交易员,(2)相对情绪化的内部交易员,(3)根据价格理性交易的外部人员,(4)既无有价值信息又缺乏理性分析能力的参与者(见表3-1)。

表3-1 金融市场参与者的简要分类

	理性	非理性
掌握有价值信息	① 理性的内部交易员	② 非理性的内部交易员
不掌握有价值信息	③ 理性的外部人员	④ 非理性的外部人员

在进行了这样的划分之后,我们可以很明显地识得金融市场上的四类交易人员并不是同等重要的。他们对金融市场价格机制的影响,会由于其相互之间的连带效应而产生微妙的变化。哈佛大学的布洛克·孟德尔(Brock Mendel)和安德瑞·施莱佛(Andrei Shleifer)教授设计了一个模型,专门研究

---

① 根据上述的论述,所有现实当中的经济人都是有限理性的。这里所谓的理性,仅指市场参与者积极关注价格和根据价格进行交易,并据此来划分出相对的理性参与者与非理性(或称相对情绪化的)参与者。

掌握内部信息的情绪化交易员如何影响市场的走向,导致金融产品的价格偏离其基本价值,并进而形成足以引发危机的泡沫。他们指出,市场上值得关注的参与者有三类:为数甚少的理性的内部交易员,同样为数甚少的相对情绪化内部交易员,以及数量庞大的根据价格进行交易的外部人员①。在这样的市场结构中,外部交易人员希望跟随掌握信息的内部人员操作。但是,由于其可以观察到的信息只有价格的变动,因此,他们并没有很好的途径去确证价格的上涨是由于确实的利好信息,还是由于少数情绪化交易员的过分敏感。一般地,当情绪化交易员有所行动,并表现为市场价格的变动,外部参与者即会跟随其操作,进而导致价格偏离标的产品的基本价值(见图3-2,标的物的基本价值在原点附近的圆圈当中,两类内部交易员的操作都会引致外部人员跟随,而其中情绪化的交易员的行为会导致市场价格偏离)。从外部参与者的角度来讲,他们是倾向于跟随掌握有价值信息的并理性操作的内部交易员进行金融交易的,然而由于信息不对称,市场往往会走向其天然预设的陷阱之中,并引发失灵和危机。

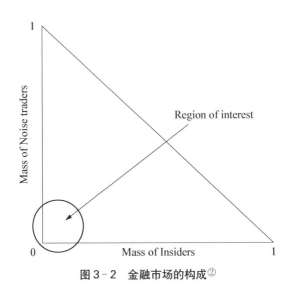

图3-2　金融市场的构成②

金融市场上的信息不对称,除了预设了天然陷阱之外,还留有漏洞,被某

---

① 他们的划分没有涉及我们上述的第(4)类参与者,这主要是由于此类参与者要么委托给机构投资者进行操作,要么成为形不成任何合力的随机扰动因素,故而在其集中分析前三类参与者之间博弈的研究中并没有予以关注。

② B. Mendel, A. Shleifer, "Chasing noise", *Journal of Financial Economics*, Vol. 104, Issue 2, May 2012.

第三章 私向化与社会化的矛盾:"大而不倒"的有限责任制与国家公共性的无限责任化

些交易主体设计操纵与欺骗的陷阱,即人为的陷阱。同样的,人为的陷阱也利用了信息不对称和非理性两方面的因素。普罗大众的思维方式基本上是叙事性的,他们的思想遵循类似谈话的模式,想法会自然地、不可避免地发生变化。这给动机不良的各色人等可乘之机:"很多律师都会为自己的客户辩解,即使客户有罪;广告商们会促进客户公司的销售,即使某种销售会消减消费者的福利。"[①]同样,金融市场的机构投资者也必然在代客理财的过程中走进委托代理关系下不够开明的自利之境。例如,20世纪70~80年代,发明了"垃圾债"的迈克尔·米尔肯(Michael Milken),就通过杠杆收购轻易地狙击了大型公司。他们通过大量发行垃圾债来筹集资金,用以对大规模的企业进行恶意收购;通过奖励回报等方式勾结了信用评级机构和储蓄贷款协会,通过"信誉透支",用统计数字误导大众,并通过媒体发布一些夸张性的报道等手段进行跨领域的欺骗。这种金融运作是与金融服务于实体经济的初衷背道而驰的,它如蝗灾一般,对实体经济有毁灭性的打击。2008年金融危机也有着类似的现象:"金融机构及其内部起关键作用的'把握信息者',在没有任何监管的条件下,借助'证券化'(债券抵押证券CDO)和所谓的保险(信用违约掉期保险合同CDS)"[②],并借助金融市场的非理性繁荣景象和信息不对称的魔术师之袍,再结合金融叙事和媒体助推,营造了一个巨大的骗局,将这些少数人之外的大众(包括社会和各国政府)都网罗其中。

通过以非理性主体为设计对象,以信息不对称为作案掩护,由金融市场内部的"把握信息者"所执行的或有心或无意的两种陷阱,造成了金融市场的失灵与危机。而这种信息不对称局面的形成,正是在于经济交往双方的委托代理关系:从微观的层面讲,它是购买各种理财产品和金融衍生品的个体投资者与提供经纪服务的机构投资者之间的交往,是内部的"把握信息者"与其他金融市场参与者之间的交往关系;从宏观的层面讲,它是金融机构内部的"把握信息者"与普罗大众乃至整个社会的交往关系。而这种关系中的委托方在人数、资源、资金和社会权力等方面都处于绝对的优势,唯独在信息方面处于劣势。代理人则仅仅凭借信息的优势就完全掌握了主动权,站在陷阱的边缘等待着猎物入瓮。

三、外部性:收益的私向化与风险的社会化

个体非理性的主观弱点和交往关系中信息不对称的客观缺陷,使得金融

---

① 〔美〕乔治·阿克洛夫、罗伯特·席勒:《钓愚:操纵与欺骗的经济学》,张军译,第62页。
② 〔法〕雅克·阿塔利:《危机之后?》,林平译,北京:中国文联出版社,2009年,第2页。

市场几乎成为一个田猎的围场,只待牵黄擎苍的猎手弓马而取之。然而,能够入金融市场劫掠,而又不付出相应的代价,还需要一个至关重要的因素,那就是外部性,它给了华尔街精英以极大的诱惑:以社会化的风险博取私向化的收益。金融市场恰恰就有这样的机会!

从全球市场的经济主体和金融参与者的整体来看,成本与收益、风险与回报总是孪生的。但在制度框架之下,追利个体的创新总是被鼓励和支持的,而对其进行符合社会整体利益的约制总是滞后的。于是,在不断推出的金融创新中,不乏一些针对现有"市场变则"进行创新的。这些制度体制的不健全被一些聪明的市场参与者意识到并加以利用。从长期来看,这些活动会推动经济社会的进步,使得市场的变则趋于减少,市场机制和社会制度趋于完善。然而在短期,如果社会的反应不够快速,就会形成经济和金融市场的波动,进而出现金融危机。2008年的金融危机中便有着大量的此类行动。它的根源和动力即在于:有狡计的市场参与者可以寻求无成本的收益,可以在追求高回报率的同时,将风险转移出去。通过一套不断创新的金融机制,"风险被转移给了全世界其他银行和金融机构,转移给了那些不懂得这些机制的投资者"[①]。最终,以华尔街金融从业者当中少数最高层、最接近关键信息的核心人员之理性手段,促成了整个金融社会的非理性结局。

一开始,整个经济社会的问题就在于,分配不均匀导致的需求不足。在凯恩斯主义的功能财政和总需求管理办法(政府负债)之外,金融市场又发现了一个好办法:鼓励中产阶级增加负债(家庭负债)。这样一来,负债创造出的需求对全球经济有一个很大的提振作用。伴随着金融市场的大牛市行情,消费贷款、住房贷款等成为家庭、个人和公司非常明智的选择。资本金融机构受佣金收入的诱惑,其角色和职能也从简单提供服务的代理商或中间商转变为推动贷款的掮客,因为只需用对未来投资的不确定性判断,就可以获得超额收益,这正是以投资银行为主导的杠杆并购模式的资本金融的创新。随着债务的积累,债务人的负担逐渐加重,同时,资产市场的价格则出现虚高(由非理性繁荣及短期供求所引致的价格变动,而不是长期供求的影响)。这一过程得到了资本金融机构的助推,首先是证券化和衍生金融工具的不断创新。借助于信息技术、专业数学方法和互联网,加之牛市行情预示的通胀率,对买主承诺了可观收益率的证券(住房抵押贷款证券等)有了很好的市场。很快,美国金融市场的证券总额就超过了12万亿美元,相当于美国国库券的

---

① 〔法〕雅克·阿塔利:《危机之后?》,林平译,第4页。

总额①。这种证券化的手段越成功,新的证券化进程就会越加速进行。很快,专门针对个人客户的债权抵押证券 CDO 就面世了,而且发展的十分迅速。随着贷款证券化的不断推进,相应的金融衍生工具也被纳入证券化的进程中。当市场朦朦胧胧出现了金融风险的时候,保险公司也加入了金融创新的行列,原本用来建立保险机制(以避免某种标的资产的价值浮动所带来的损失)的衍生产品(如信用违约掉期保险合同 CDS)也被金融市场创造出来了。紧接着,还出现了信用评级机构,甚至做信用评估的标准普尔(Standard & Poor's)、穆迪(moody's)和惠誉国际(Fitch Ratings)等国际评级机构也趁机攫取利润(他们正是靠从被评定企业那里收取费用而盈利的),有倾向性地进行信用等级的提升。至 2007 年年底,"美国所有的债务,包括政府、私人及企业债,达到了国内生产总值的 350%,超过了 1929 年的比例"②,英国、法国、加拿大、比利时等国虽然没有美国的问题严重,但这一指标也翻了几番。危机的先兆已然出现,尽管曾有一些经济学者发出警告,但无人在意这样的警示。金融市场后来发展到疯狂的地步,全球资本金融管理机构的部分金融从业者在利用资产证券化和金融衍生品的创新过程中,只看到了乐观市场的获利性,并没有对这些产品做任何的防范和预防。

综上所述,2008 年金融危机所上演的一幕幕金融叙事的舞台剧,正是华尔街的资本金融机构以社会化的风险为代价谋求私人部门利益最大化所造成的。最初是通过金融创新和掮客心态攫取利润,私向化的赚取利润将整个社会整个国家的公共福利经由债务扩张和证券化所形成的财富据为己有,进而将与之相伴而生的衍生品风险巧妙转移出去,让国家信用为其担保和背书,社会大众成为刚性泡沫的承担者。最后,即使看到泡沫积累到一定程度,结构性风险已经显现,但为了竞争需要,反而坚持增加他们在这些金融资产中的比例,进一步推动危机的快速到来。总之,资本金融垄断机构利用信息方面的绝对优势,资本金融机构最核心的金融从业者无视委托代理关系所内涵的托付与忠诚,自愿化身掮客,在金融市场渔利,从而以社会化的风险为代价,谋求私向化的收益最大化。

第四节 政府公共职能的难题与隐患

经过本章前两节的探讨,我们已经了解:市场是配置稀缺资源的最优机

---

① 〔法〕雅克·阿塔利:《危机之后?》,林平译,第 49 页。
② 同上书,第 58—59 页。

制,但它自身却携带着内在冲突的基因,无法自我创造一个它需要的法制环境。希勒教授也提到过这一理论上的悖论:"金融业一方面帮助我们取得了诸多伟大的成就,另一方面却像此次危机中表现的一样,爆发出巨大的破坏力,给社会造成诸多伤害。……应对这种现象的最好方式并非钳制金融创新,相反,我们应该鼓励进一步放开金融创新的步伐。"[1]市场经济是人类至今为止所发现的最有效率且较为合理和理想的一种资源配置机制,但金融市场失灵带来的危害也有目共睹,并且导致一些发达国家的政府都陷入了对"大而不倒"的资本金融机构进行资本救助的"托底无底限"困境。政府管制还是经济自由这一经久不衰的关于政府与市场之关系的话题再次被热议。全球政治经济理论界既有的研究成果在"市场是否需要监管"这一问题上有着基本一致的结论,即"政治给人以希望"[2],所以必须进入人为的政治经济社会秩序中,但是在监管的方式和手段、监管的执行和尺度问题上,还需要深入、持续的探讨和应对。这一节我们从理论界关于政府职能的争论入手,进一步探讨21世纪金融化背景下政府公共性职能的背离以及未来隐患,寻求金融化语境下政府公共职能的实现方式。

一、关于市场经济中政府职能的争论

"人是政治的动物",亚里士多德这一论断说明了人的社会属性,而人类组建的政府正是人的政治属性发挥作用的载体,这个容纳了立法权和执法权的政治载体,其政治职能的良好运行正是人类组建政府的目的。约翰·洛克(John Locke)在《政府论》论证了人类从自然状态到组建政府的目的:人们舍弃自然法所给予自己的一些权利是为了得到"人民的和平、安全和公共福利",因而"社会或由他们组成的立法机关的权力决不容许扩张到超出公共福利的需要之外,而是必须保障每一个人的财产"[3],否则,人民可以重新建立自己的新政府。而关于市场经济中政府职能的问题,正是人类在从自然状态到现代国家的政治秩序演变过程中,一直争论的国家目的和政府职能的问题,也是政府与市场关系的历史性核心问题。关于政府与市场关系恰当的平衡点这一问题,理论界一直争论不休,在排除了两个极端即完全"中央计划经济"与完全"自由放任主义"之后,主要有四种在市场经济中如何发挥政府职能作用的观点:"守夜人"角色的政府职能、市场经济调控者的政府职能、市场

---

[1] 〔美〕罗伯特·希勒:《金融与好的社会》,束宇译,"前言"第XXXI页。

[2] 李猛:《自然社会:自然法与现代道德世界的形成》,北京:生活·读书·新知三联书店,2015年,第386页。

[3] 〔英〕约翰·洛克:《政府论》下篇,叶启芳等译,北京:商务印书馆,1995年,第80页。

经济产权保护者的政府职能、马克思的唯物史观国家职能。

（一）"守夜人"角色的政府职能。自然发生论的自然秩序影响了许多经济学家的思想。亚当·斯密抨击了重商主义学说，提倡发挥市场"看不见的手"的作用，认为最好的"守夜人"政府是"小而美"的职能政府，其职能主要应该侧重于国防安全、司法监督、维持竞争秩序等，从而用大市场的自由竞争实现政府职能和社会福利；让-巴蒂斯特·萨伊（Jean-Baptiste Say）也认为市场的有效供给能够自然而然地创造出对市场有效的需求，市场具有宏观的自我平衡能力，过多的政府干预没有必要，甚至适得其反；哈耶克的《通往奴役之路》在重点抨击集权政府的计划经济政策的同时，认为政府要尽可能创造出有效的竞争机制作为协调人类经济活动的政策环境，即政府职能的有效发挥要尽量运用"自发的社会力量"；弗里德曼认为市场经济秩序下的自由竞争能有效配置资源，自动调节供求关系，因而政府的重要职能之一就是为市场竞争制定好竞争规则并做好"裁判员"。

（二）市场经济调控者的政府职能。德国历史学派经济学家弗里德里希·李斯特（Friedrich List）曾提出在一个国家寻求快速工业化过程中政府干预的重要性，同时也提出了在成熟的发展时期政府干预只能限于有限领域；20世纪30年代的"大萧条"期间，也许是受马克思如何解决资本主义社会不可调和矛盾的思想影响，为了解决市场失灵所带来的空前经济危机，保护社会公众利益，凯恩斯提出了有效需求理论，认为政府必须加强宏观经济调控政策，通过扩大公共支出弥补私人部门的需求缺位，从而避免需求不足所可能导致的经济衰退；萨缪尔森等经济学家也认为，政府必须发挥市场干预者的职能，因为无论多成熟的市场经济，都会存在微观经济的无效率、社会贫富差距大、宏观经济不稳定等问题，所以政府必须通过宏观政策加以调整，克服市场失灵，从而提高社会总体福利水平。

（三）市场经济产权保护者的政府职能。科斯认为，政府的主要职能是保护市场产权。因为只要产权明晰，市场机制会自动达到帕累托最优（Pareto Optimality），所以政府的主要职责就是界定产权关系，监督产权政策的执行；诺斯认为现代政府的职能主要是界定和保护产权，颁布具体的制度安排，提供公共产品的服务并降低交易成本，协调社会积累的矛盾。

（四）马克思的唯物史观国家职能。马克思用历史唯物主义观的方法分析了现代国家的职能。马克思认为随着不同历史阶段国家的演化，国家职能也随之变化，现代国家主要有三种职能：首先，国家具有社会管理职能，可以通过缓和社会冲突、淡化社会阶级矛盾维持社会的秩序和各阶级关系的平衡；其次，资本主义国家的主要职能就是作为占有生产资料的资产阶级牟利的工具;第三,国家具有经济管理的职能,尽管生产资料的所有制决定了生产关系,但作为上层建筑的国家制度对经济基础的反作用不可忽视。

二、当代政府职能公共性的三大难题

20世纪30年代的经济大萧条促生并影响了凯恩斯理论,美国罗斯福新政的成功实施使凯恩斯主义经济学开始盛行,世界各国政府的公共性职能从最初的为了弥补市场失灵进行主动的逆周期宏观财政政策、货币政策操作,扩大到了保障基本生存条件和维护社会公平稳定的政策,进而开始提供一系列全面保障的社会福利项目。这些纠正"市场失灵"的政府干预行为,其出发点应该说是善的,即为社会公共福利的提高,但是这样的预设,既高估了政府职能部门代理人的能力和诚信,忽视了行政执法层面的"委托代理问题",又增加了政府"隐形担保"的道德风险,带来了无限膨胀的财政赤字难题。正如法国自由派经济学家巴斯夏曾指出的:"现代社会的危险在于每个人都想借助国家的名义,以他人的牺牲为代价让自己的生活过得更好。"[1]

(一)"委托代理问题"的腐败难题。亚当·斯密曾反复强调,市场需要法制,否则市场会失灵。他还指明:"法治体系不能由商人或其他利益集团左右,应该由女王设定。"[2]人性的自私自利必然产生腐败现象,而垄断的权力也必然产生绝对的失控。但是政治体制能否实现透明?权力能否用法律来约束?任何的滥用权力都会追责吗?因此,政府职能部门作为公共利益的代理人,预设了其必须是全知全能的,既有超凡的智慧,又具备圣人般的诚信和公道,否则缺乏监督机制的约束,难免会出现委托代理问题。詹姆斯·M. 布坎南(James M. Buchanan, Jr.)在《自由的界限》中提到了"监管之人,谁人监管"[3],即如何约束"利维坦"的问题。他认为,对每一个政府官员来说,他们也是具备私向化的理性经济人,即他们会通过扩大财政规模、增加政府职能等看似公共性的途径,实现个人利益最大化的目的。书中他还论证了美国联邦政府自大萧条以来其"利维坦"的加速膨胀和扩张悖论:"政府的存在本身就是在侵蚀有序的无政府状态,而社会正是依赖于后者?个人在社会交往中自愿遵守行为规则,也就产生了'公共善'。"[4]借用马克思的语境,正是代理

---

[1] 〔美〕维托·坦茨:《政府与市场:变革中的政府职能》,王宇等译,北京:商务印书馆,2014年,第7页。
[2] 〔美〕乔治·阿克洛夫、罗伯特·席勒:《钓愚:操纵与欺骗的经济学》,张军译,李稻葵推荐序言。
[3] 〔美〕詹姆斯·M. 布坎南:《自由的界限》,董子云译,杭州:浙江大学出版社,2012年,第16页。
[4] 同上书,第19页。

人的阶级性决定了"利维坦"公共性政策的偏向性。比如:自20世纪80年代以来欧美等发达国家推行的新自由主义经济政策,就是有利于少数资产拥有者而不利于大多数工薪阶层的具有偏向性的政策;1998年美国政府所召集的对美国长期资本管理公司(LCTM)的救助,也是借用美国政府的信用而有偏向的救助;作为国际权威的美国三大信用评级机构,因为掌握了对各个主权国家、国际企业的信用评级,也常常因为利益而产生了有倾向性的评级结果。

(二)国家信用"隐形担保"的道德风险难题。政府职能和政府管理能否有效发挥非常重要,2008年"大而不倒"的资本金融机构让美国政府陷入了"救与不救"的"道德风险"抉择中,正是"政府失灵"的明确证据。因为"政府原本应该通过加强金融监管,防止金融机构达到如此庞大的规模"[1]。但是在21世纪金融化的背景下,国际竞争的压力让这些大型金融机构不断增加杠杆率和负债比例从而具备全球竞争力,哪怕出现市场警示也不愿意承认自己高负债的不可持续,而且全球各大型金融机构之间的复杂金融衍生品交易更加紧密,以致只要有一家出现问题,就会出现"多米诺骨牌效应"而很快连累全球金融体系,"银行原本应该用自有资金开展借贷任务,但是他们越来越不依赖自有资金,反而更多地使用杠杆资金进行借贷"[2]。经历了堪称历史上最大的金融泡沫破灭的洗礼之后,全球的货币金融体系与资产价格体系的平衡,仍然仰仗于各国央行尤其是国际储备货币央行政策的信用担保体系。大型金融机构的基础框架没有改变,其对金融衍生品超额利润也形成了路径依赖,"主权信用的担保是容易让人上瘾的毒药"[3],"惰性"地依赖于央行的信用担保,这样的主权信用担保会诱使资本金融机构可以继续偏好高风险的政策激励,也就是说,救助的预期效应必然促使资本金融运营者为获得更大的杠杆收益去冒更大的风险,从而出现所谓的"道德风险"泛滥,进而迫使政府对未来公共收益无限透支。尽管2010年美国出台了《多德-弗兰克华尔街改革与消费者保护法案》,2013年英国也推出了《银行业改革法案》,但只是进行了微调而没有革命性的改变。这些监督法案只是相对减低了银行的一些杠杆,规定了银行的高风险金融衍生品与家庭储蓄不能置于同一负债表下,并没有从根本上解决国家央行的"隐形担保"问题。2010年之后,多数国际资本金融机构已经恢复到了危机前的盈利水平,很大程度上得益于各国央

---

[1] 〔美〕维托·坦茨:《政府与市场:变革中的政府职能》,王宇等译,第5页。
[2] 〔英〕默文·金:《金融炼金术的终结:货币、银行与全球经济的未来》,束宇译,北京:中信出版社,2016年,第13页。
[3] 〔美〕艾伦·格林斯潘:《动荡的世界》,余江译,北京:中信出版社,2014年,第213页。

行的量化宽松政策,以及由此带来的超低融资成本的隐性补贴。其实,无论金融投资领域,还是房地产和制造业,它们利用自身优势所打造的"大而不倒"的刚性泡沫,都在利用国家信用的隐性担保赚取高杠杆的最大化利润。市场繁荣时,利用不依赖于自有资金的杠杆效应赚取超额利润;一旦风险和危机来到,便由不得不救市的政府财政资金担保,即"赢了归我,输了归大家"。这就是金融化背景下的资本金融逻辑,也正是当代政府面临的隐形担保难题。

(三)无限膨胀的财政赤字难题。由于社会的有效需求不足会导致市场失灵,20世纪初,凯恩斯创立了宏观经济学政策思路,增加财政赤字已经成为资本主义国家增加就业、摆脱经济困境的主要宏观政策之一。但是这里必须明确指出,最终造成的资本主义福利国家的困境与目前各发达国家的巨额财政赤字难题,却并不是凯恩斯经济思想的初衷。因为凯恩斯认为政府政策必须应对经济繁荣和衰退时期所带来的不对称性,即必须由具有"经济管理能力"且不受政治偏见的"知识权贵"进行有效的逆周期操作。但是即使不去深究这些"知识权贵"能不能具备全知全能性,21世纪金融全球化激烈的竞争加上他们执政的短周期性,让各国的"执政能人"都不敢在他们任期内,放任本国经济的衰退和降低。尽管他们也知道主权信用不能无限度的扩张,但是掌控了信用货币发行权的各国政治精英,不得不用日益膨胀的财政赤字维持所谓的经济增长,造成了期望增加社会福利的初衷变成了未来必须增加的国家税收,反而无限增加了未来社会的公共负担和公众风险。就像格林斯潘指出的:"政府预算支出不受控制的趋势是美国最大的国内经济问题。"[①]尽管格林斯潘仍然坚持"小政府"的立场,但是已经预设了多项政府职能,甚至连资本金融机构的"大而不倒"都必须救助的美国"大政府",想在短时期内减少政府支出是根本不可能的。

三、政府公共性职能的四大隐患

(一)"美元陷阱"的隐患。自布雷顿森林体系设立以来,美元就具备了国际储备货币的特权,通约了全球的货币价值体系,发行权却属于为美国国家利益考量的美联储。尽管今天的美国已经持续近30年基本上没有经常项目盈余,也不再是世界第一大债权国而成为世界上最大的债务国,但只要市场缺乏流动性,美国政府就可以发行美元来缓解,而且还不至于损害美元的铸币税地位,也就是说美元仍是世界上最强信用的货币。因此,美国金融专

---

① 〔美〕艾伦·格林斯潘:《动荡的世界》,余江译,第252页。

第三章　私向化与社会化的矛盾:"大而不倒"的有限责任制与国家公共性的无限责任化

家、曾任IMF中国处处长的埃斯瓦尔·S.普拉萨德(Eswar S. Prasad)在《即将爆发的货币战争》中得出的结论是:"全球金融危机强化了美元在国际金融体系中的王者地位。"①作为全球唯一超级大国的综合实力和被神化了的所谓"政治均衡机制",加上有着较大贸易顺差的"金砖五国"资产的避险需求,美元仍是避险天堂,居于"王者之位",暂时没有任何主权货币能够挑战它的地位。尽管2016年年底美联储加息所带来的未来一年将继续加息的预期,让美元兑大多数主权货币大幅升值,全球流动性金融资本重新回到了美国,但是"美元陷阱已成为恶性循环的黑洞,而作为陷阱的布局者,任性的'败家子'一边承受着高额债务,一边却又在尽情地享受着由他国埋单的挥霍"②。若不改变财政政策继续挑战"财政悬崖",未来必将挑战各国央行及投资者持有美元资产的信心,因为左右美国政府控制美元的任何因素都能在一夜之间突然崩溃。

(二)政治保守主义崛起与"政治过度"③的隐患。2008年金融危机之后,全球政治经济环境发生重大变化:一方面,政治保守主义(民族主义、民粹主义、宗教主义)势力重新崛起;另一方面,随着网络大众传媒的普及,社会参与政治的程度增强,具有"民族性、排外性和煽动性"的政治口号能够迅速传播,以致"政治过度"。我们必须看到,正是全球经济金融发展的不平衡,才是保守主义重新崛起的根本原因。长期以来,地中海地区的社会经济状况所存在的巨大差异,加上近几年叙利亚、利比亚、伊拉克等国的社会政治局势动荡,加剧了非法移民向欧洲发达国家的大量涌入。外来移民的大量进入必然迫使拥有共同民族、文化、历史背景的原有居民,对新进入者表现出不认可的抗议和反对,政治生活中的民粹主义就必然显现,这也是2016年6月24日英国公投结果是脱欧的主要原因之一。英国退出欧盟将深刻影响欧洲经济政治一体化的未来前景。美国前任总统唐纳德·特朗普(Donald Trump)"让美国再次伟大"的口号和一系列明显具有地域性保护性质的政策的实施,表明美国偏激的地区性保护主义政策抬头,为经济全球化蒙上了一层阴影。这既是民主政治普及年代民众"政治过度"的表现,也是和平时期民众对国家政府公共福利需求无度的结果,更是资本金融全球扩张的空间悖论显现。经济全球化进程引发了这种政治非理性的结果,但却不是真正的危机之源,世界

---

① 〔美〕埃斯瓦尔·S.普拉萨德:《即将爆发的货币战争》,刘寅龙译,北京:新世界出版社,2015年,第7页。
② 同上书,第17页。
③ 即政治理想和行为超过了它的内在规定性,或者说政治做了过犹不及的事情,参见程亚文《匮乏、政治过度与文明危机》一文,《读书》2017年第2期。

不同文明的冲突才是根源。全球经济发展的地区性失衡状态和文明的不包容状态,才是政治保守主义重新崛起和"政治过度"的根源。

(三)公共品对资产价格严重依赖的隐患。21世纪金融化背景下,信用货币时代让公共品的保值增值成为政府的重要职能之一。为了保值增值,目前全球各个国家的公共品比如养老金、企业年金等都依仗于债市、股市和房地产市场等资产价格的持续稳定上涨来保证。比如大多数美国居民都依靠的美国公共基金的主要投资就是依赖美债投资。2008年之后,为应对金融危机,全球各国央行通过量化宽松方式,增加了货币供应量,由此宽松政策带来了一些金融资产的大幅上涨。截至2017年3月底,欧美股市对比2008年的最低水平已经上涨了将近三倍,而发展中国家居民的财富大多集中在居高不下的房地产市场上。尽管大宗商品最近几年表现相对温和,但美元已经进入了加息周期。金融发展史证明,资金成本的提高必将带来金融市场资产价格的大波动,而一旦全球金融市场的资产价格下跌,对持有这些金融资产的资本金融机构和个人投资者来说都将是致命的打击,这必然伤害全球各国居民的社会公共福利水平,进而带来全球政治经济秩序的紊乱。

(四)财富高度集中且仍预期财富无限增长的隐患。在上一章中我们看到,皮凯蒂用大数据向我们展示了全球财富在各个地区间、各个人群间的集中程度。1%的人群占有了世界50%以上的社会绝对财富,而且未来的趋势是更加集中。我们知道人类的欲望是无法满足的,因为人总是喜欢多多益善。如果我们仍然预期未来经济再度增长,那么财富更加集中的增长也是我们的预期吗?答案当然是否定的。尽管法国政治哲学家埃里克·韦伊(Eric Waye)在其《政治哲学》中曾提出:"组织社会的目的在于使人类得到满足吗?不满足难道不是人类社会条件,特别是我们生活在其中的社会条件的一部分吗?"①正是因为人类的不满足于现状,社会才得到了发展和进步。我们也知道资本总是追求增长的,而且必须是复利式增长。但是在21世纪金融化的背景下,信用货币的大量膨胀,让全球金融市场超过700万亿美元的金融资产需要保值增值,交换价值在投机的狂热中暴增,哪怕每年只需要1%的复合增长,也将是7万亿美元的绝对资产增长量。大卫·哈维在《资本社会的17个矛盾》中将"经济中无止境的复合增长"列为最危险的矛盾之一,他认为:"不顾后果地促使增长加速,以及随之而来的贬值,将变得较难控制。就是这样!资本的种种矛盾将不再像以前某些时候那样彼此约束、避免失控,

---

① 〔法〕雷蒙·阿隆:《社会学主要思潮》,葛智强等译,上海:上海译文出版社,2013年,第359页。

而是很可能将在必须维持复合增长的压力日增下,彼此感染、失控爆发。"①美好的无限财富增长的预期最终必然用大泡泡的破灭宣告这是一场终极式的庞氏骗局。因此,如何实现从物质有限性向精神无限性的升华,正是当代政治理性思想所必需研究的,这也正是中国经典哲学思想的核心内容:孔子的"克己复礼,天下归仁"等经典文化思想,均呈现出人类的群体理性之觉醒,即从人类精神的自觉去控制群体行为,从而实现与自然秩序、文明秩序的和谐共处。

第五节　金融化语境下的未来政府职能思考

2008年的全球金融危机表明,单一国家的大型金融机构治理问题已经不仅仅是该国家区域内的问题了,对这些大型跨国金融机构的监管必须寻求全球治理。当代国家职能也不能简单地从弥补市场失灵的逆周期操作中获得好的结果,正像个体存在私向化与社会化的矛盾一样,尽管金融化语境下的国家自利性与全球治理的公共性之间也存在很大的矛盾,但是在没有全球性政府的情况下,单一国家对全球市场力量的约制已经力不从心,要想积聚与金融市场同样当量的政治经济权力,必须寻求国际合作与国际协调,用定期召开国际协作会议的方式达成基本问题的重要共识,各国政府的经济金融政策也应在多方博弈的情境下形成共赢的可能性。在金融化语境下,各国政府在稳定金融秩序上主要应在如下两方面进行思考。

一、金融秩序稳定是全球性公共品

短期来看,美国投行雷曼兄弟公司(Lehman Brothers Holding Inc.)没有被拯救成了一场悲剧——带来了全球性的金融危机。但是长期来看,也未尝不是件好事:一方面,可以为国际大型金融机构敲响警钟,阻止其进行无风险底线的经营;另一方面,将促成全球性的国际金融监管合作,毕竟全球金融秩序的稳定已经成为全球性公共产品。尽管布雷顿森林体系已经解体,作为全球金融治理机构,国际货币基金组织(IMF)和世界银行仍是现行全球金融治理框架的重要组成部分,但是在全球经济格局已经发生重大变化的今天,这两个机构以美国作为绝对主导的治理结构已经难以有效发挥作用,也有失公

---

① 〔美〕大卫·哈维:《资本社会的17个矛盾》(定制版),许瑞宋译,北京:中信出版社,2016年,第224页。

允。因此,除了呼吁对两家机构的功能进行深度改进以外,更需要寻求不同的国际合作治理机制,以保证全球金融秩序的稳定。

(一) 改善SDR(特别提款权)的实践意义。2008年金融危机充分暴露了始于20世纪70年代的国际信用化货币体系的缺陷和问题——不仅不能解决持续的国际收支失衡问题,也不能解决储备资产需求与供给之间的矛盾,更不能解决美国货币政策目标即国内优先与美元作为国际货币需要全球稳定之间的矛盾,由此带来了跨国套利资金的金融资本流动性泛滥,引起了汇率和资产价格的大幅波动。对SDR(特别提款权)的改进是构建新的超主权货币体系,应对美元为主导的国际货币体系缺陷的一种国际合作性尝试和探索。SDR是1969年由国际货币基金组织(IMF)创设的一种国际储蓄资产和记账单位,它并不是一种货币,而是一篮子货币的组合,其价值由一篮子货币的加权平均值决定。自2016年10月1日起,人民币正式纳入SDR,目前人民币在SDR篮子的占比为10.92%。人民币的正式加入有利于建立一个更强劲的国际货币金融体系。国内学者谭小芬曾指出SDR充当全球储备货币的优点和困难[①]。(1)主要优点有:能增加全球安全资产的供给,促进储备资产分散化、减少储备积累和全球失衡、克服储备货币发行国的国内外政策目标不一致性、有利于国际收支的稳定与汇率动态调整,等等;(2)主要困难在于:SDR在全球货币体系中的地位仍然很弱;SDR暂时还仅仅是一种记账单位,不能直接支付或者投资;尽管美元占比最重但因为并不能直接使用,扩大SDR对美国并没有吸引力;SDR缺乏具有深度和流动性的金融市场为基础,等等。总之,因为SDR的非主权性原因,要想提升其成为国际储备货币,绝非易事,即使能够利用国际合作达成共识,也还有很长的路要走。

(二) G20在全球治理中的作用。二十国集团又简称G20,这是从发达国家的G7演变而来的,于1999年12月成立的一个国际经济合作组织,目的主要是关注国际金融秩序,以求促进发达国家和发展中国家在国际货币经济政策的制定和落实、防范金融风险等问题上进行建设性和开放性的磋商。因为G20成员国占全球GDP的85%,国际贸易量的80%,人口的2/3,推动了在国际金融体系改革、扩大治理范围、降低交易成本等方面的合作[②]。尤其是2008年金融危机后表现突出:在爆发危机后,其各成员国财长会议立即升格为G20的首脑峰会,这不仅增强了政治基础上的互信,还在会后促成了出

[①] 张礼卿、谭小芬主编:《全球金融治理报告(2015—2016)》,北京:人民出版社,2016年,第125—127页。

[②] 黄梅波等:《国际宏观经济政策协调与G20机制化》,《国际论坛》2011年第1期。

第三章 私向化与社会化的矛盾:"大而不倒"的有限责任制与国家公共性的无限责任化

台经济刺激政策和加强金融监管的共识,迅速扭转了金融危机的蔓延局势。这样的"核心多边主义"组织恰恰代表了发达经济体和新兴经济体两个主要利益共同体,所以较容易在两个"小集团"之间的利益冲突和权利博弈中达成共识,具备了国际合作事务的灵活性和务实性。尽管在后危机时代 G20 成员国并没有更好地履行各自承担的义务,以致产生了对其狭隘的"寡头垄断"公信力的质疑。布莱特劳分析了 G20 面临合作分歧的主要原因[①]:(1)世界的权力平衡仍未扭转,不能迫使全球金融治理结构发生巨大变化;(2)G20 的新兴经济体成员国与非成员发展中国家还没有得到充分组织,很难将代表他们的治理意愿加入到 G20 的讨论中。尽管世界各国间的矛盾和冲突仍然存在,但是在 21 世纪金融全球化的背景下,G20 仍是目前最合适的加强全球金融秩序治理结构的国际组织形式,只有加强"核心多边主义"的重要国家达成利益共识,才能使其重新成为全球金融事务的合作平台。随着以中国为代表的大发展中国家不断深入参与到全球经济金融治理的活动中,将促进和推动全球经济金融治理机制的改革与完善,朝着更为公平和有效的方向发展。

(三)金砖国家的金融合作实践。"金砖五国"(简称 BRICS)的成员为巴西、俄罗斯、印度、中国和南非。"BRICS"近年来的经济增长速度都高于全球平均水平,而现有国际金融体系被发达国家所主导,很难对发展中国家经济复苏和发展有所帮助。自 2008 年开始,"金砖五国"多次召开高峰会议,为稳定自身经济发展和全球经济稳定作出了贡献,主要体现在[②]:(1)协同一致获得了国际货币基金组织和世界银行的话语权;(2)发起成立"金砖五国"开发银行,拓宽了新兴市场获取资金的渠道;(3)达成应急储备安排协议;(4)签订双边和多边货币互换协议,并通过各国的开发银行间的合作,推进贸易和投资的本币结算,降低汇率风险以及对美元的依赖。总之,在金融危机之后,"金砖五国"在货币金融方面的合作日益加强,不仅促进了各自的经济发展,也提高了在全球金融秩序治理中的影响力。展望"金砖五国"未来的合作前景,货币金融的合作将面临很多挑战。尽管在"金砖五国"和其他发展中国家的呼吁下,世界银行和世界货币基金组织已经启动了改革,但掌控了金融特权的发达国家不可能放弃主控权,所以必须加强货币金融方面的深度合作,比如建立金砖国家开发银行,加强合作互信和贸易货币互换的领域,等等。

(四)"亚投行"的世界意义。2014 年 10 月 24 日,亚洲基础设施投资银

---

① 张礼卿、谭小芬主编:《全球金融治理报告(2015—2016)》,北京:人民出版社,2016 年,第 237 页。
② 同上书,第 306 页。

行在北京签约正式成立，21个国家加入，成为首批意向创始国，接着在2015年，英国、韩国和澳大利亚相继申请加入。对建构国际金融新秩序来说，"亚投行"的设立具有打破金融霸权，推行风险共担、利益共享的世界实践意义。"亚投行"的决策机制是必须获得75%的绝对多数票才能通过，尽管最大股份拥有者中国具有一票否决权，但是欧洲等亚洲区域外的国家联合起来一样可以拥有否决权，从而保障了区域外国家的正当权益。尽管"亚投行"的设立看似是对美国金融霸权一股独大金融秩序的挑战，但是这也正是加强国际金融合作的不同路径的尝试和探索，公平、公正和透明的合作原则，也正是"亚投行"建构国际金融新秩序的基本精神，相信合作共赢的"亚投行"将带来不一样的国际金融公共性秩序。

二、金融自由与法制：如何抑制全球性的"大而不倒"？

如何既能利用金融自由对全球资源配置的效用，又能用法治建设抑制"大而不倒"的金融机构的生成？这是留给全球金融监管的难题。在21世纪金融自由化背景下，参与国际竞争的资本金融机构用"大而不倒"的竞争策略获得了所在国家的隐性担保，而所在国政府如果对金融机构的"坐大"缺乏监管，最终必然导致在面临"道德风险"与经济崩溃的抉择时选择前者。寻求金融竞争的绝对垄断性是资本金融机构的必然选择，所以对资本金融机构"大而不倒"的制度抑制和监管限制将是全球金融监管的重要方向。

（一）探究"大而不倒"的深层原因。是什么让那些以风险管理为生的职业金融家放弃了风险管理的起码原则？有什么动力促使金融家敢于用高杠杆冒险？资本金融机构的"大而不倒"经营逻辑何以生成？就深层原因来说，应该说是人性的劣根性和规模经济效应的误导，即总认为规模足够大了效益就会增长，足够强大了企业就不会倒下，但事实并非如此，"美联储的研究发现，中等规模以上的银行并不存在规模经济效应"①。但是道德批判并不能解决实际问题，我们必须从资本金融逻辑的方向入手予以探究。资本金融的逻辑决定了资本金融机构必然追求做大做强，必然追求高杠杆高收益的风险溢价，必然偏好利用政府不得不救助的政策激励。大卫·哈维就指出："垄断力是资本运作的基本特征而非异常现象，而且垄断与竞争构成一种矛盾统一。……如果可以选择，多数资本家会希望垄断某个市场而非与别人竞争；他们也将持续努力，试图建立垄断势力，永不嫌多。"②因此，竞争的需要和资

---

① 〔美〕艾伦·格林斯潘：《动荡的世界》，余江译，第27页。
② 〔美〕大卫·哈维：《资本社会的17个矛盾》（定制版），许瑞宋译，第120页。

第三章 私向化与社会化的矛盾:"大而不倒"的有限责任制与国家公共性的无限责任化

本逻辑的内在原因,必然导致资本金融机构追求超大超强的规模性。

(二)是囚徒困境还是"视而不见"? 回顾金融历史,不难发现有很多类似2008年美国金融危机的"大而不倒"案例:"1984年美联储和联邦存款保险公司联手救助大陆银行、1985年英格兰银行挽救约翰曼特利银行家公司(JMB)、1994年法国政府拨款救助里昂信贷银行、1998年美联储拯救长期资本管理公司、日本政府曾长期实行拒绝金融机构破产方针,等等。"[①]可以看出,大型资本金融机构与政府的博弈并不完全是囚徒困境,而更多的是视而不见的对未来出现问题时必然会救助的"前见之明"的预设。这个预设也让金融市场投资者坚信,遇到麻烦的大型金融机构必然获得政府的救助和担保,这也正是格林斯潘发出的质疑:"一个最近才出手救助了若干银行的政府,怎么会允许具有系统重要性的机构倒闭?"[②]因此,如何借鉴并运用"建设性模糊"[③]概念,迫使资本金融机构承担是否会被救助存在的不确定性,并让资本金融经营者和所有者也承担一旦存在金融任性便应该承受的相应成本和风险,这样就可以一定程度上去除资本金融机构的"前见之明"预设。

(三)美国监管法规的反思与借鉴。20世纪初,为了反对企业绝对垄断,美国制定了反托拉斯法和反垄断法。1933年,美国颁布了《格拉斯-斯蒂格尔法》,规定商业银行与投资银行的业务不能混业经营。但是自20世纪70年代之后,随着资本金融业务的快速发展,谋求资本金融垄断力的欲求越来越强烈,金融自由化思想逐步渗透,最终导致金融监管为金融自由化让步。1999年11月,美国国会通过了《金融服务现代化法》,《格拉斯-斯蒂格尔法》所规定的分业经营不复存在,最终导致在2008年这一年投资银行纷纷倒下,为全球金融体系带来了崩溃性的危机。2010年,美国政府被迫出台了《多德-弗兰克华尔街改革和消费者保护法案》,用更为详尽的法律约束金融市场的贪婪,但是却没有用细节来限制银行借用政府的隐性担保去"赌博",毕竟继续对低效率的系统重要性企业的担保,只会导致"裙带资本主义"企业的大量繁殖,损害更多创新企业所能获得的有效融资能力。由此可以看出,正是由于美国政府对银行业的混业经营监管出现了"时分时混"的不同时期、不同政策的调整,时而高估金融系统风险,时而低估金融系统风险,才导致大型资本金融机构不一样的运营结果,出现了不一样的国际金融秩序。对大型国际金融机构的垄断如何用法规进行约束,值得国际社会进一步反思和借鉴。

---

① 〔美〕安德鲁·罗斯·索尔金:《大而不倒》,巴曙松等译,蒋定之推荐序。
② 〔美〕艾伦·格林斯潘:《动荡的世界》,余江译,第213页。
③ 可参见 Corrigan 在1990年提出的建设性模糊(constructive ambiguity)概念,即引入救助的不确定原则,让银行等金融机构不知道自己出问题了会不会被救助。

小　结

　　人性中私向化与社会化的矛盾一旦被放大到全球化的金融市场中,必然带来资本金融利益与政府职能公共性的矛盾。2008年9月,美国第四大投行雷曼兄弟公司没有被救助所带来的全球金融危机,已经充分表明"大而不倒"之危害。特别是资本金融机构的金融理性极致化所追求的杠杆交易或者举债,2008年之后连续采取的量化宽松政策,2020年疫情期间全球发达国家的"先救人还是先救市"所进行的无限量购买企业债的选择等,何以理所当然地成了政府或者央行的"或然债务"? 这些都令人深思。金融化语境下的国家自利性与全球治理的公共性之间必然存在很大的矛盾,在没有全球性政府的情况下,单一国家对全球市场力量的约制已经力不从心,要想积聚与金融市场同样当量的政治经济权力,必须寻求国际合作与国际协调,必然寻求人类命运共同体的合作方案。

第四章　稳定性与不稳定性的矛盾：资本金融收益的国际化与主权债务危机的区域化

如果说近代欧洲的启蒙运动开启了从欲望压抑到利益追求的理性思想解放，实现了"功利逻辑"的自我利益最大化的社会化运动，那么，金融追求不断波动的财富机运特征则是从热那亚金融资本主义萌芽时期就开始凸显的：从热那亚体系积累周期到荷兰体系积累周期，再到英国体系积累周期，以及后来的美国体系积累周期。费尔南·布罗代尔（Fernand Braudel）在《15至18世纪的物质文明、经济和资本主义》巨著中论证了他的观点："历史资本主义的基本特点在很长时间里——也就是整个生命周期里——一直是资本的灵活性和兼容性。"①这个金融资本主义的演化历史，正是金融资本流动性的财富机运与民族国家政治权力的博弈过程。从最初的热那亚的圣乔治商行的金融支票、汇票等票据的发明和通用，到后来的股票市场、国债市场，以及农产品期货、外汇期货、国债期货、股指期货、期权等金融衍生品的产生，无不是对不断波动的市场的适应性创新和风险性兼容。正如布罗代尔所说："资本主义的本质难道不正是通过变化而维持自己的存在吗？资本主义从变化中吸取养料，随时准备根据外界的条件而扩大或缩小自己命定的活动范围。"②为了应对政治不稳定，金融资本内生的适应性能力成为其存在的驱动力，"资本家阶层具有那种转移投资所需要的灵活性，能够不断把投资从面临赢利日渐减少的行业转向赢利不是日渐减少的行业"③。而人类政治社会从国家建立开始，就是为了保证国家地域内的居民享有财产人身安全，法律的公正、持久、具备连续性以及稳定的政治经济环境。就像霍布斯在《利维坦》

---

① 〔意大利〕杰奥瓦尼·阿瑞基：《漫长的20世纪》，姚乃强等译，南京：江苏人民出版社，2011年，第5页。
② 〔法〕费尔南·布罗代尔：《15至18世纪的物质文明、经济和资本主义》第3卷，施康强等译，北京：生活·读书·新知三联书店，1992年，第722页。
③ 〔意大利〕杰奥瓦尼·阿瑞基：《漫长的20世纪》，姚乃强等译，第9页。

中对国家性质的形容:"因为当人类最后对于紊乱的互相冲突、互相残杀感到厌倦以后,便一心想要结合成为一座牢固而持久的大厦。"①霍布斯为这个国家"大厦"预设了其政策、法律必须保持连续性和持久性的稳定特征,因为如果政策和法律制度等呈现频繁变动或者经常被推倒重来,则国家必定动荡不安,所以主权国家天然具备追求稳定性的政治禀赋。进入金融化时代,信用货币体系的成功建构释放了更多的流动性资产,目前全球金融市场已经接近800万亿美元的流动性金融资本成为控制人类经济社会的绝对力量。流动性金融资本追求的波动性财富机运与社会大众需要的公共福利稳定性之间的矛盾变得更加激化,让各国政府的执政党所追求的政治稳定性成为一种错觉,至少导致了政治理性的四种变异:政治合理性的变异、政治合法性的变异、政治权力关系的变异、政治治理结构的变异。这正是源自资本社会中资本金融的高流动特性与地域性主权政治追求稳定性之间的根本性冲突。

第一节　金融脱域性与主权政治的地区性

　　政治版图的无限扩张是人类历史上任何一个帝国曾经的政治野心。航海技术的发明、新大陆的发现,让摘取了工业革命胜利果实的大英帝国实现了对全球大部分地区的殖民,但随后在19世纪70年代建立起来的"民族自决原则"的国际新秩序下,甚至到"二战"之后的冷战结束,也没有任何一个帝国实现全球性的政治统一,反而是民族自治政权的纷纷建立。然而,金融文明自发端以来,通过对不断波动的财富机运进行把控,金融资本摆脱了任何束缚,一举占领了地理空间、政治空间、经济空间、文化空间和社会空间,实现了全球经济金融的一体化。"人类文明世界在经济上一体化的开端,是以葡萄牙人发明远洋帆船为标志的,它的完成则是1864年国际电报联盟和1875年国际邮电联盟的成立。到那时为止,人类已经变得依赖于经济上的全球一体化,但仍不愿在政治范围内放弃民族分立。"②历史学家汤因比所忧虑的,正是人类文明世界在经历着加剧分化的民族自治政治与技术、金融经济上已经全球一体化的矛盾冲突。金融全球化正是经济全球一体化的极致表达。

---

① 〔英〕霍布斯:《利维坦》,黎思复等译,北京:商务印书馆,1985年,第248页。
② 〔英〕阿诺德·约瑟夫·汤因比:《人类与大地母亲:一部叙事体世界历史》(下卷),徐波等译,上海:上海人民出版社,2012年,第626页。

第四章　稳定性与不稳定性的矛盾：资本金融收益的国际化与主权债务危机的区域化

一、金融脱域性与资本逻辑空间化的悖论

金融脱域性的表现特征正是从货币脱域特征开始演化的，它主要反映了金融资本追求经济空间扩张而别无选择的内在禀性。安东尼·吉登斯（Anthony Giddens）对社会系统的脱域问题进行了定义："所谓脱域，我指的是社会关系从彼此互动的地域性关联中，从通过对不确定的时间的无限穿越而被重构的关联中'脱离出来'。"①他将脱域机制分为象征标志的产生和专家系统的建立两个类型，而在象征标志类型的分析中，他恰好深入讨论了货币符号的脱域问题："货币允许任何东西之间的交换，而不管用于交换的商品是否与所交换的商品具有实际同等的质量。"②随后，他也运用了马克思关于货币的使用价值和交换价值的论点，因为货币所具有的"纯粹商品"的作用，最终使其所具有的交换价值的一般化功能实现成为可能。接着，他综述了凯恩斯的货币观点，把货币与时间关联的特征加以拓展，"货币以一种延缓的方式，在产品不可能直接交换的情况下，将债权和债务连接起来……因此也是将交易从具体的交换环境中抽托出来的手段"③。吉登斯接着又指出，格奥尔格·齐美尔（Georg Simmel）对货币空间含义的描述是对货币最恰如其分的评判："'货币跨越空间的威力能够使所有者和他的财产分得如此之远，以致于两者中的任何一方都能够在很大程度上各行其是，其程度大大超过了以往所有者和财产直接粘连在一起的时期，那时的经济契约永远是一种带有个人性质的事物。'同任何一种存在货币的前现代文明相比较，现代货币经济中的脱域程度要高得多。"④最后，吉登斯将其货币脱域观点总结为：货币作为现代性社会生活的一个重要组成部分，对现代经济生活总体上的脱域极其关键——"现代社会最具特色的脱域形式之一是资本主义市场（包括货币市场）的扩张，从其早期形式向现代国际性规模的发展"⑤。这就将货币脱域与现代金融资本市场的功能性脱域的关联性彻底表现出来了。可以看出，金融脱域性正是从货币职能蜕变而来的现代金融市场的多方位脱域之特征。

布罗代尔记载了从热那亚体系积累周期到荷兰体系积累周期，再到英国体系积累周期，以及后来的美国体系积累周期，金融作为社会经济的主要驱动力量，从对抗政治不稳定中谋求资本积累的财富机运。从热那亚资本主义

---

① 〔英〕安东尼·吉登斯：《现代性的后果》，田禾译，南京：译林出版社，2011年，第18页。
② 同上书，第19页。
③ 同上书，第21页。
④ 同上书，第22页。
⑤ 同上书，第23页。

的寻求摆脱地域限制,到荷兰资本积累周期的跨越全球范围,再到英国的金融资本与政治有效的结合,又到美国金融资本的全球多行业多领域最大化逐利的特征,无不充分展现出金融之脱域性特征。他认为:"以往的大商人从不专营商业,他们同时或先后兼营贸易、银行、金融、交易所投机、'工业'生产和包买商业务,在个别情况下,甚至开办手工工场。商业、工业、银行等多业并举,也就是说,几种资本主义形式同时共存,这在13世纪的佛罗伦萨,在17世纪的阿姆斯特丹,以及在18世纪前的伦敦都曾出现过。"①由此可见,脱域性是金融资本对经济空间占有的基本手段之一。另外,吉登斯还认为,所有脱域机制都要依赖信任,而信任正是金融功能不可或缺的基本条件之一,信任意味着事先知道风险的存在,金融的最大化收益正是建立在有信任的风险收益这一基础之上的。如果说现代性的主要特征是运用"历史创造历史",那么现代金融的特征正是利用信用创造信用,或者可以进一步引申为,金融的主要特征就是利用未来创造未来。

张雄教授在2006年撰文概括了资本脱域性的三个主要特点:"一是它集中地表现在资本的力量能够根除并摧毁以地方为限的地域忠诚和纽带。""二是资本能以抽象符号的形式从单纯的物质运动领域脱域到精神意识领域,从屈服现实的经济规律脱域到按心的规律读写的范畴形式。""三是资本构造了以资本为中轴的特定社会制度;激活资本的绝对界限,资本便成为绝对的存在。"②也就是说,资本既摆脱了国别的界限约束,也用符号的抽象脱离了物的规定性,用对"绝对界限的激活"实现了其脱域性的存在。由此可见,金融脱域性发源于货币的脱域性特征,实现于资本逻辑的脱域性实现过程,贯穿于金融理性最大化的整个进程中,不仅仅实现了对地理空间的占有、对政治空间的占有、对社会空间的占有、对文化空间的占有,更是实现了对未来历史空间的侵占。但是这样全方位的空间占有也为其自身发展带来了资本逻辑悖论。国内青年学者单许昌认为:"资本空间化从地理扩张、产业结构调整以及虚拟经济三个向度解决资本积累过程中的危机……蕴含着内在的逻辑悖论:资本既需要全球化的市场,又受制于本土化条件约束;资本既需要技术、组织方式创新构造新产业结构,又受制于路径依赖,面临固定资本贬值风险;资本既需要金融化创造的虚拟经济空间,又会面临金融脱离实业、催生金融泡沫的风险。"③也就是说,资本金融既需要其脱域性的否定表现形式,又离

---

① 〔法〕费尔南·布罗代尔:《15至18世纪的物质文明、经济和资本主义》第3卷,施康强等译,第723页。
② 张雄:《现代性后果:从主体性哲学到主体性资本》,《哲学研究》2006年第10期。
③ 单许昌:《资本的空间化危机与其内在悖论》,《上海财经大学学报》2013年第3期。

第四章　稳定性与不稳定性的矛盾：资本金融收益的国际化与主权债务危机的区域化

不开其资本路径依赖的固有本质；既需要对国别忠诚的否定形式，又受制于本土化的条件约束；最终金融虚拟化也同样受制于实体产业的绝对刚性需求对其内在的约束。

二、经济自由主义与政治保守主义之争

自从人类现代文明生成以来，一直是用国家来控制整个社会的稳定运行，而国家的类型通常都是地区性的主权国家。在工业革命之前，以地主阶级为统治者的封建社会阶段，是以农耕为主的农业社会，传统政府的两个基本职能就是一方面要维持国内法律和秩序的稳定，另一方面抵御外来敌人的侵略。当然，历史上存在的游牧民族国家是以逐水草而居的游牧方式为主要特点，但更普遍的社会状态和历史更久远的则是定居型的社会结构。所以，稳定的国内国外政治环境一直是人类历史中多数国家政府的最重要诉求。但是，自由的市场经济是资源配置的最有效手段，是社会发展的驱动力，它必然不同于保守的政治思想。同时，金融化背景下，资本金融的融资理念也必然不同于实体经济为主的筹资思想，金融创新的金融衍生发展必然不同于实体经济的经营理念，所以，"虚拟经济的发展不应滞后也不应超前"于实体经济的提议根本就是不现实的，它只是一个介于经济自由主义与政治保守主义之间的"度的难度"问题。

工业革命之后，强加于产业工人的机械化劳动与产业工人的贫困化，迫使政府不得不拥有了另外两项职能——提供就业和社会福利。应该说，现代政府为民族国家地域内的公民提供社会福利、保证就业岗位，这是人类社会道德进步的表现。但是在资源有限的背景下，为大多数人提供这两项福利必然要增加社会的税收，不可避免地对创造技术进步的少数超额利润的提供者征收更多税收，这将不利于社会的进步，所以受到了一些社会经济学家的诘难。他们提出，福利国家政策将会使受益人堕落。毕竟这样的普遍性的福利政策必然导致人类本性中懒惰特性的显现，不仅会使人类淡薄谋生的手段，不能促进社会的进步，而且"更为失败的是，生活平均标准的提高，却伴随着诚实正直标准的下降"[①]。但是，以私有制经济为主导的全球经济体系，不仅导致民族国家区域内部，而且导致世界范围内的贫富差距两极分化更加严重，如果没有民族主权政府与全球性的经济政策加以干涉，将导致民族国家内部与全球经济体之间的差距过大，从而出现政治的不稳定状态，这将是主

---

① 〔英〕阿诺德·约瑟夫·汤因比：《人类与大地母亲：一部叙事体世界历史》（下卷），徐波等译，第629页。

权政治与全球性的政治经济组织所不希望看到的。所以,如果说以私有经济为主导的国家政权、民族国家的区域性政治天生是保守性的,它必然也只能首先为了区域内的民族、组织和个人谋求利益最大化。这种发源于人类自私自利的自然禀赋,也同样是国家群体组织的自私基因。"二战"之后,各殖民地纷纷获得政治独立,更多的主权政治稳定诉求与更大的经济不平等,让民族国家的政治理想成为经济全球化的"时代错误",以致民族自决原则的实施带来的仅仅是人类自由意志的任性,而不是人类各族群间的和平相处。

目前世界上共有包括195个主权国家在内的220多个国家和地区,比20世纪70年代汤因比所统计的170个左右的主权国家数量不是少了而是更多了。我们不能武断地说主权国家数量的增多是文明的进步或倒退,但是却验证了汤因比对地区性国家的历史性判断:"地区性主权国家是一种并不合适的体制……它有发动战争的能力,却不能提供和平……人们今天已不能用野蛮的、毁灭性的军事征服的传统方式来实现人类文明世界的政治统一了……在人类拥有核武器的时代,政治统一只能是自愿的进行。"①这种区域性的民族主权政治虽然主观上需要谋求国内外的政治稳定,但在客观上既摆脱不了技术、经济乃至金融领域在全球越来越密切的相互依赖,也抵挡不了本区域内居民不断增长的物质文化欲求,更平抑不了剩余产品分配差异所带来的贫富差距两极分化。也就是说,这种区域性的主权国家政治格局虽然用技术、网络、信息等手段实现了经济的全球化,却存在国家区域空间的民族局限性与资本空间需求无限性之间的矛盾,并不能最终带来全人类的富足、和谐、和平。

三、浮动汇率制度与金融政策的主权禀赋

回溯浮动汇率制度的建立,我们不得不从布雷顿森林体系的建立和解体说起。"二战"之后,世界各国战后重建的经济发展诉求,让具备了全球60%黄金储备的美国的主权货币——美元——成为各国货币价值之锚,从而稳定重要货币的兑换关系以促进经济的复苏和发展,这就是建立布雷顿森林体系的目的。"布雷顿森林体系当时是一个完美的图腾,它代表着汇率稳定、支付自由,再抽象一点儿,代表着国际合作精神,甚至现在很多人仍这么认为。"②但依仗美元弹性的布雷顿森林体系,其内在的致命缺陷被经济学家罗

---

① 〔英〕阿诺德·约瑟夫·汤因比:《人类与大地母亲:一部叙事体世界历史》(下卷),徐波等译,第638页。
② 〔美〕保罗·沃克尔、〔日〕行天丰雄:《时运变迁:世界货币、美国地位与人民币的未来》(定制版),于杰译,北京:中信出版社,2016年,第31页。

第四章　稳定性与不稳定性的矛盾：资本金融收益的国际化与主权债务危机的区域化

伯特·特里芬(Robert Triffin)提出的"特里芬难题"所揭示——布雷顿森林体系是必须依赖美国贸易逆差的世界货币体系，而美国的贸易逆差的持续将对美元以及整个货币体系的信心造成损害，最终导致世界货币体系的不稳定。这样的不稳定系必然面临贸易顺差国对黄金储备的大量套取，美国为应对大量的黄金流失，以及带来的通货膨胀压力，最终必然宣布布雷顿森林体系的解体。解体后的国际货币体系重新回到了混乱的丛林法则所主宰的大波动货币兑换体系中，而全球金融体系对美元锚定黄金的直接依赖已经成为各国货币政策的习惯，美元因而重新成为信用货币时代的锚定货币，而汇率制度则转变为盯紧美元的浮动汇率制度。

脱离了布雷顿森林体系之后，从1971年的史密森学会协议(Smithsonian Institute Agreement)到1973年的牙买加浮动汇率体系确立，国际货币体系经历了一个试错的阶段，国际社会一直在寻求合适的汇率水平，从而保证经济的相对稳定。因为各国的通胀水平不同，导致汇率波动更加剧烈，历史经验表明，即使保持固定汇率制度也不可能成功应对这些冲击和失衡状态，而盯紧信用货币美元的浮动汇率制度，让世界各国发生的通胀及各种不确定性因素随时消化在汇率市场波动性的财富机运中。正像浮动汇率制度的支持者所宣称的前景："各个国家都可以按意愿行事，不需要担心国际收支、储备流失或提高利率以保卫平价，因为浮动汇率将平顺有效地调整国际波动。"①发生于1973年的石油危机彻底改变了全球资金的流动秩序，从而确立了浮动汇率制度的无可替代的地位。但是现实中的汇率波动并未产生其忠实的支持者所想象的那种外汇市场的稳定和有序，而是趋于更大的波动性。这样的巨大汇率波动，严重影响了全球开放经济秩序中比较优势的发挥。尽管当时各国间的贸易限制措施出现了明显的对抗性情绪，但主权国家的经济金融政策的制定只能是从有利于本国利益的目标出发，调整自身的金融政策来应对外部市场的冲击和内部挑战。尤其是美联储的货币政策，直接关涉全球金融资本市场的流动性洪流的去处，可谓牵一发而动全身，在信息传播速度加快的当今社会，一组经济数据、一段美联储官员的讲话都能引发市场的巨大波动，看似为了其国内稳定的经济政策，实则迅速影响了全球金融市场乃至主权国家的政治格局。

浮动汇率制度带来了国际合作组织的相继产生，五国集团、十国集团、二十国集团等国际合作协商机制相继出台，激发了国际主权国家间的政策协调

---

① 〔美〕保罗·沃克尔、〔日〕行天丰雄：《时运变迁：世界货币、美国地位与人民币的未来》（定制版），于杰译，第124页。

需求，这些组织可以通过干预、货币互换或者其他信用工具来应对外汇市场上的突发事件。但是缺乏统一主权政治背景的货币与政策的紧密协调，必然依仗各国间的汇率的灵活性，而控制汇率波动的失灵，以及两次石油危机的冲击带来的混乱局面，都让相继出现的国际合作组织的合作能力大打折扣。正如有发展中国家的财政部长所讥讽的那样："当基金组织与一个贫弱国家协商时，国家排队。当基金组织与一个强大国家协商时，基金组织排队。"①世界上的主要经济体在国内政策或区域发展目标的追求上，最终都趋向自我目标的实现。欧洲为了应对美元汇率的动荡之苦，在1979年建立了欧洲货币体系，并最终自1999年起欧洲联盟成员使用欧盟的统一货币。经济上的联合、货币的统一看似能够实现国家间利益的最大化，但主权政治各谋其政的禀性，也为其最终目标的实现埋下了隐患。

第二节 流动性金融权力与区域性政治权力的博弈

资本主义社会的发展历程一直伴随着流动性金融资本权力与区域性政治权力的博弈。流动性作为金融资本的主要特征，可以说是金融资本的生命力。"作为资本的货币的流通本身就是目的，因为只是在这个不断更新的运动中才有价值的增殖。因此，资本的运动是没有限度的。"②2008年的金融危机最初就是来自2007年法国巴黎银行旗下证券基金的限制性赎回，其公告宣称的就是"美国资产证券化市场中的部分交易或产品已经完全失去了流动性"③。金融资本不能没有主权国家政治的支持，尤其是在信用货币时代，金融资本更多地来自主权国家货币当局的信用授权，另外，流动性金融资本更需要后者为其提供自由市场竞争环境、经济空间；而主权国家一方面需要流动性金融资本作为其经济增长的驱动力，另一方面又要提防流动性资本的大进大出对市场带来的巨大冲击。流动性金融资本在全球范围内寻求利润增长点，哪里有超额利润，哪里有无风险套利机会，金融资本就会蜂拥而至，追求利润最大化是它的最大动力，追求绝对垄断力是它的内在诉求，追求投资效率是它的逻辑体现；而地区性主权国家在现实生活中通常追求的是稳定性

---

① 〔美〕保罗·沃克尔、〔日〕行天丰雄：《时运变迁：世界货币、美国地位与人民币的未来》（定制版），于杰译，第167页。
② 《马克思恩格斯文集》第5卷，北京：人民出版社，2009年，第178页。
③ 〔英〕默文·金：《金融炼金术的终结：货币、银行与全球经济的未来》，束宇译，北京：中信出版社，2016年，第24页。

第四章 稳定性与不稳定性的矛盾：资本金融收益的国际化与主权债务危机的区域化

和防御性，不仅需要对大型公共设施的投入和建设，而且必须规避汇率波动所带来的不确定性，还要应对各主权国家的贸易保护主义所带来的压力。地区性主权国家政治的贸易保护政策与自由浮动汇率制下20%～50%的汇率波动范围，都严重影响了跨国间的比较优势的充分发挥，从而带来了流动性金融资本与区域性主权国家政治之间的博弈，最终，流动性金融资本成为资本社会的主导力量。

一、流动性资本金融何以成为全球政治经济的主宰？

耶鲁大学金融史学家威廉·N.戈兹曼（William N. Goetzmann）等编著的《价值起源》，记载了历史上主权国家的国际影响力是如何通过金融市场的流动性资本筹措能力而取得的。比如通过罗斯切尔德财团（Rothschild Consortium）的担保，普鲁士在1818年发行了普鲁士债券，俄罗斯在1822年发行了以欧洲货币记名的俄罗斯债券，从而"创造了那些试图吸引国外资本的任何政府都可以模仿的两个模式"[①]——普鲁士模式（在伦敦付息的英镑债券）与俄罗斯模式（在国内国外两个市场付息的双货币债券）。由此可见，国家政权与金融市场结合创造并增强市场流动性是主权国家的政治需求。

资本金融生来就具备资本的人格化特点：一方面，资本金融生来就是谋求增殖的，它偏好波动性，因为只有在市场波动中、在经济危机中才能寻找到最佳投资机会。比如2008年金融危机之后的数年内，财富增长最快的就是拥有最多金融资本的最富有的1%阶层。另一方面，资本金融天生是厌恶风险的，具有忧患意识，不希望被固定投资所固化，风险规避特点也伴随着金融资本投资的整个过程。所以，资本金融对资产的流动性追求是资本社会运作的基本特征。仅仅因为全球流动性收紧而引起的主权国家濒临破产的危机比比皆是，比如对外资投资依存度极高的阿根廷的"货币危机"、一夜之间濒临破产的以金融为主业的"冰岛悲剧"、对外经济依存度极高的"韩国的忧患"等等。那么，流动性资本金融是如何从不能把握命运的投资媒介演变对全球政治经济生活的绝对控制主体的呢？从"二战"前后以摩根财团为代表的资本金融发展历史中可以看到，摩根财团从其最初的传统商业"绅士银行"的典范，充分利用美国的政治经济环境，在市场竞争中逐步发展成为一个充满着敌意兼并、垃圾债券和杠杆收购的咄咄逼人的投资银行新世界中的先锋。其中，罗恩·彻诺（Ron Chernow）的《摩根财团》一书，曾记载了摩根财团创始人

[①] 〔美〕威廉·N.戈兹曼等编著：《价值起源》（第2版），王宇等译，沈阳：万卷出版公司，2010年，第331页。

朱尼厄斯·摩根(Junius Morgan)的合伙人乔治·皮博迪(George Foster Peabody)对英国投资人说过的一段话:"只有向美国提供新的贷款,才能保证先前所欠的债务被偿还。"①这段话成为后来无数债务国引用来对债权国进行再次融资的游说词,它从侧面反映了历史上流动性金融资本所处的历史处境,其被动性的风险投资特征非常明显。从最初的承销国家债券业务到后来的投行业务、杠杆收购等新兴业务的发展,摩根财团等流动性金融资本逐步成为资本社会的主力军。流动性金融资产不仅仅是各国政府进行公共设施建设的重要需求,而且也是所有金融机构的最好资产。对大型金融机构来说,一旦流动性资产占其总资产的比例大幅降低,便意味着其风险敞口将会加大,将会爆发危机。英国经济学家、英国央行前行长默文·金(Mervyn King)在其著作中就提到:"在不到50年的时间里,英国各家银行持有的流动性资产占总资产的比例从1/3下降到了不足2％。在美国,危机爆发前的一刻,这个比例降到了1％以下。"②这个金融数据充分显示了流动性资产在金融机构、在各国资产中乃至全社会中所起的关键作用。

马克思在《资本论》第三卷中,分析了影响资本利润率的三个主要因素——货币的价值、资本的周转率和劳动生产率。在假定货币价值保持不变的情况下,资本的周转率与劳动效率成为影响利润率的主要因素,这个资本周转率的资本指的正是可变资本v,因为一旦可变资本v被固化为固定资本c,就可能不会再次成为能够带来资本周转率的可变资本了。所以流动的金融资本如果想谋求稳定利润又避免被逐步固化的风险,必须利用一切技术手段,将所有资本运动过程中的事物进行私有化、货币化、商品化、证券化。大卫·哈维认为:"持续流动是资本的首要生存条件:资本必须流通,否则将会死亡。资本流通的速度也很重要。如果我的资本比你流通的快,我将占有某种程度的竞争优势……我们可以看到,很多技术和组织创新的目的是加快事物的速度和减少物理距离造成的障碍。"③而且必须创造出这些货币化、证券化事物的可交易场所,即独立于地区性主权政治的风险载体场所,这个过程离不开国际金融市场的建立。国际金融市场的逐步建构,让流动性的金融资本逐步成为驱动整个资本社会的主力军。国际性的证券交易所、证券清算行、期货交易所等独立运营的机构纷纷建立,让风险资产证券化成为可能,而汇率因素的变化影响了货币价值的升值与贬值,从而让流动性金融资产游离

---

① 〔美〕罗恩·彻诺:《摩根财团》,金立群译,南京:江苏文艺出版社,2014年,第4页。
② 〔英〕默文·金:《金融炼金术的终结:货币、银行与全球经济的未来》,束宇译,第95页。
③ 〔美〕大卫·哈维:《资本社会的17个矛盾》(定制版),许瑞宋译,北京:中信出版社,2016年,第61页。

第四章 稳定性与不稳定性的矛盾:资本金融收益的国际化与主权债务危机的区域化

于地域性经济体的去与留的频繁选择中,进而影响了各个国家的政治经济生活,成为全球政治生活的主宰力量。

二、地区性主权国家的政治逻辑

国家是一种有边界的地域实体,是有地理景观的一个群体聚居的政治经济文化实体。"国家感兴趣的事情之一,是地域基础上的财富和权力积累。"[1]亚当·斯密在《国富论》中曾经提出,管理国家最好的方法就是在其领土上释放资本和利伯维尔场的力量,同时开放市场与其他国家开展自由贸易,让市场的无形之手发挥作用,从而带来国家地域内的财富增长和居民的普遍富足。所以大多数资本社会的主权国家大致奉行亲商政策,在激烈竞争的国际环境中增强自身的财富权力和国家地位。这也是流动性金融资本能够通畅进出地域性国家的前提条件。传统的金融资本在帮助地域性国家的基础建设、实体产业等发展的过程中,一般将导致固定资本的总量越来越多,而流动性金融资本是最害怕被僵化和被官僚约束的,因为这些条件限制了流动资本突破建构出来的实体世界而迅速转移的能力,但是发源于20世纪70年代的资产证券化,让流动性金融资本更加灵活。尽管国家的一些根本利益可能被金融资本所座架,比如房地产、股票、债券市场等关涉国计民生的领域,但金融资本的利益并不是地域性国家的唯一利益所在,国家还承受着来自国内外各种利益集团的压力,因而国家必须考虑综合的整体性利益。为了参与全球竞争的需要,地区性主权国家尤其是比较边缘的国家由此便越来越被动地受流动性金融资本所左右。一方面,流动性金融资本可以成就一些边缘化的主权国家,在历史上的几次石油危机中,流动性金融资本能够迅速涌向中东石油国家,让这些原来除了石油生产以外什么都处于边缘的国家能够迅速成为世界经济的关键,几次石油危机都导致了巨额的外汇储备流向了六个主要产油国。另一方面,流动性金融资本的大量撤离导致了一些原来存在经济发展优势的地区和国家迅速衰退,1982年墨西哥等拉美地区国家的经济危机、1998年亚洲经济危机,以及希腊、西班牙等国的欧债危机就是明证。这也正是金融化时代流动性金融资本收割波动性利润的最好手段。

地区性主权国家的政治逻辑必然考量区域内的发展需求。作为国际储备货币的美元既是全球货币又是美国主权货币的矛盾,无论是前几年三次QE的扩张期,还是2015年开始的货币收缩期,最终体现的都是美国国内政

---

[1] 〔美〕大卫·哈维:《资本社会的17个矛盾》(定制版),许瑞宋译,北京:中信出版社,2016年,第141页。

治经济的利益。近40年的几轮加息周期都带来了全球政治经济格局的重要变化。比如20世纪80年代初的美元加息带来了拉美危机爆发;80年代末的美元加息带来的是日本经济失去的20多年,导致日本至今仍未走出衰退;90年代的美元加息则造成亚洲金融危机,导致东南亚各国长期走不出经济衰退;而21世纪初的美元加息则带来了美国次贷危机,并引发了殃及全球的金融危机。2016年12月14日美联储主席耶伦宣布加息25个基点,这说明美元已经进入了加息周期,尽管还没有开始真正的连续加息。但在此之前,大量的流动性金融资本便已经纷纷撤离非美发达国家及新兴经济体,令这些发达国家及新兴经济体的货币都出现了大幅贬值,这些国家的经济也受到显著冲击。值得一提的是,如果出现金融资本撤离某个地区和国家,西方经济学的主流观点一般会认为,这是当地的政治经济环境不够自由和开放,或者是拙劣的政客用威权或者拙劣的政策逼走了金融资本,而不会从金融资本的内在否定性上寻求答案。根据这种逻辑,阿根廷、希腊等国的债务危机并不是资本的内在否定性在起作用,而是自身的改革措施没有跟上,导致不均衡的区域性主权国家的经济空间的发展不足,最终区域性国家越是专注于自己领域内的经济发展,越是得不到金融资本的青睐。美国所掌控的政治经济逻辑就是:美元加息导致世界储备货币收缩预期,金融资本迅速回流到以美国为中心的发达国家金融市场中,新兴经济体金融资本外逃带来新兴市场的主权货币大幅贬值,全球资产价格下跌,美国继续成为全球政治经济的引领者。

三、是主权国家驾驭资本金融还是资本金融座架主权国家?

尽管自资本主义诞生以来,反资本主义垄断运动就层出不穷,先是19世纪产业工人组成的工会组织的抗议和革命,再是20世纪30年代大萧条对垄断金融资本的政府管制,2008年金融危机之后,"占领华尔街运动"抗议用"金融救赎金融",但全球的经济增长在很大程度上仍是用对流动性金融资本的动员来服务地域性主权国家的过程。在开放的全球化浪潮中,金融资本的流动性特征,让其能够在短时间内迅速地从一个市场转移到另一个市场、从一个地区转移到另一个地区、从一个国家转移另一个国家,这也正是金融资本所想利用的不均衡地域发展优势,从而达到实现波动性财富机运的目的。近40年来的金融自由化思想影响深远,加上流动性金融资本的巨大影响力,以致多数主权国家投鼠忌器,不敢展开针对过度投机行为的干预和斗争。社会主义市场经济国家的理论界都提议要提高驾驭资本的能力,但是在全球存在不均衡的地域差别下,很难掌控和管理金融资本的任性走向,因为一旦对

第四章 稳定性与不稳定性的矛盾:资本金融收益的国际化与主权债务危机的区域化

资本进行管制,它就会迅速转移到其他地区和国家。就像格林斯潘说的:"流动性是风险厌恶水平的函数,当风险厌恶水平快速提高时,流动性随即蒸发。"①这个风险厌恶不论是对投资者还是对主权国家,都呈现了流动性资本对不稳定的避险性。最近数十年来,主权国家对金融资本的驾驭能力无疑受到了严重挑战,尽管这并不意味着国家失去了政治经济的管理权,但是主权国家的政治意志变得越来越依赖资本金融和债权人的意志。金融市场用脚投票的逻辑,用快速资本撤离的制约,成为左右主权国家政治的主要力量。如果说市场权力战胜政府权力是自然生存法则的胜利,那么如何抑制资本的任性发挥?如何避免市场失灵的崩溃状态?如何避免资本金融对国家权力的座架?都是我们必须面对的人类文明抗争自然法则的现实问题。

国家权力对金融资本权力是驾驭还是被座架,这是国家的政治理性如何建构的问题。自从社会主义国家制度创立以来,纯粹计划经济的尝试失败,说明要尽量避免行政干预取代市场化手段的管控方式,但是如何良好运用市场化手段,仍需在实践中总结和创新。而资本主义国家本质上就是代表资产阶级利益的,尽管在苏联等社会主义制度的压力下,美国等资本主义国家曾在"二战"后的重建时期实施了大众福利等国家政策,但是自20世纪80年代以来的新自由主义为了走出滞胀,已经将这样的福利制度基本废除掉了,一切公共福利都运用市场化手段来落实,而且因为曾经的滞胀历史,目前也没有再次被强烈的政治抗议了,有数据显示,2012年美国国内能够参与罢工的员工人数不到60年前的1/10。目前全球金融化的深度发展也出现了令人担忧的现象:"我们反而看到国家权力正与金融资本中掠夺性的部分组成邪恶联盟,创造出一种'秃鹰资本主义'。在这种资本体制中,同类相残和强制贬值,与达成和谐的全球发展一样重要。像对冲基金和私募股权基金这些秃鹰,为了觅食,必要时将不惜摧毁整个区域的生活方式。"②

作为中国特色的社会主义国家,必须认识到资本市场是经济发展的引擎,"资本力量是比政府权力更为广泛的社会关系力量……完全由政府权力来配置经济,在大多数情况下使政府官员承担了与其能力不相称的责任,不可能保证所有政府官员的道德水准与经济发展的驾驭能力都能适应这种权力的要求"③。在市场化的运营中需要用其看不见的手之调节作用,为市场

---

① 〔美〕艾伦·格林斯潘:《动荡的世界》,余江译,北京:中信出版社,2014年,第25页。
② 〔美〕大卫·哈维:《资本社会的17个矛盾》(定制版),许瑞宋译,第146页。
③ 鲁品越:《社会主义对资本力量:驾驭与导控》,重庆:重庆出版社,2008年,第46页。

提供资源配置和高效率运营,尤其是金融创新作为人类"自由意志的定在",不仅为社会经济的发展提供了各种直接融资模式,汇集了社会各种资源提高了效率,而且为实体经济创造了良好的金融对冲工具。同时我们必须看到,金融资本只有在有利可图的时候才会参与并创造再就业,所以要善于用货币政策与财政政策引导整个资本市场的投资取向。况且,一旦金融资本进入股票市场、外汇市场、期货市场、房产市场等投机性的行业,很难再次回到初级的产业链中来,这个从实体到商业再到金融市场的投资路径是不可逆的,只有加强政府的政策,对收入的二次分配和多次分配进行调控,然后借助税收政策的引导作用以及财政再投资的政策引导,才能实现对流动性金融资本的吸引和导控。

第三节 金融的通约性与政治的变异性

马克思曾形象地把货币比喻为在商品经济社会中人与外部世界联系的"牵线人","货币有着某种特权,即一种特殊商品与其他一切商品相对立而获得代表或象征它们的交换价值的特权。正是这种特权,似乎使人们感觉到作为符号的货币才是真实的存在,是实实在在的实体"[①]。由货币衍生发展成为货币资本,这是一种支配与被支配的社会经济权力关系,再由货币资本演变为金融资本,演变为一种抽象化的信用制度下的支配与被支配社会关系。金融资本同样具备了对外部对象化世界的通约与侵占特征。如果说人的价值与货币符号存在着通约性的辩证关系,金融化世界的金融资本则用符号的幻化实现了更加广义的金融通约性的经济空间表达。金融通约性的表达离不开金融意志主义的任性,离不开对人类整体主义精神的"酸蚀",离不开金融理性的极致化。而金融意志主义的彰显是对客观世界人类理性存在的挑战,整体主义精神的"酸蚀"带来了人类自我信仰的缺失,金融理性的极致化直接导致政治理性自身多元异质性的价值分离。简单地讲,就是金融理性的极致化必然导致政治的非理性变异。

一、金融的通约性

货币的发明为人类的劳动价值找到了一个持久的保存方式,正像最初用耐用的物件或者金银换取易腐烂的货物一样,"货币使人得以扩大了他们的

[①] 张雄:《货币幻象:马克思的历史哲学解读》,《中国社会科学》2004年第4期。

第四章 稳定性与不稳定性的矛盾:资本金融收益的国际化与主权债务危机的区域化

所有物,货币使一个人'拥有比自己能用其产品的土地更多的土地成为有利可图的事情'"①。货币作为中介把没有关系的商品连通起来,使劳动产品的交换成为可能,成为了通兑一切劳动产品价值的工具。如果说货币转化为货币资本(产业资本),将传统社会人与人之间的自然血缘关系简单化为经济社会外化物的联系,那么后来的货币资本到金融资本的转变,恰恰是利用了建立在信用货币基础上的标准化契约,实现了人与人经济关系的通约性。如果说传统的货币仍有锚定的物的形式存在,那么信用货币到资本金融的质变,则实现了用信用交换信用的价值观之思想跨越。如果说国际信用货币将地域性的社会关系变为全球性的人类普遍交往关系,那么金融的全球化则是实现了人类世界全方位的价值通约。因此,金融的通约性发源于货币的通约性,经历了货币资本到金融资本的转变,具备传统货币的通约性又超越于一般货币的符号化功能。金融资本"犹如穿上了灰姑娘的魔鞋",可以通兑一切价值的存在,在市场规则的运算中用数字化的简约方式表达对一切经济利益的最大化,导致人类开始追求永无休止的数据化增长模式,患上了通兑一切交换价值的"扩张强迫症"。

金融通约性从货币的通约性演化而来,经历了货币资本到金融资本、再到资本金融的多次转换实现"蝶变",这就是 21 世纪金融化世界的金融炼金术,即民众相信自己所获得的信用货币能够随时根据自己的需求在生产生活中兑换成有着内在价值的商品或服务。正是这样的对象化转变,这样的金融"炼金术",使金融行业从社会经济生活中的从属地位逐步转变为主体地位。早期资本主义阶段单个银行被挤兑所引发的羊群效应,在当代经济社会中,因为国家中央银行制度的诞生,已经基本不复存在。央行作为主权货币的发行者,成为金融行业之"定盘的星",也成为国家经济权力的主角。1873 年,英国沃尔特·白芝浩(Walter Bagehot)在《伦巴第街》一书中,最早提出了在应对金融危机的时候,国家央行要充当最后贷款人角色。这个理论也成为现代经济学教科书的常识,而且央行释放流动性也成为 20 世纪各个资本主义国家应对金融危机的主要货币调控手段,直至这种手段也落实在了 2008 年的全球金融危机及"欧债危机"的应对措施上,从而实施在各国量化宽松政策上。进入金融化时代 40 多年来,全球的金融资本规模以几何级数增长,与 40 年前的货币资本流通量相比,目前的数据可谓天文数字。巨大的金融资本流通量是影响全球经济的主要引擎,这也正是金融行业成为社会经济主角的印证,以

---

① 〔美〕列奥·施特劳斯、约瑟夫·科罗波西主编:《政治哲学史》(第三版),李洪润等译,北京:法律出版社,2009 年,第 492 页。

致每次金融危机都用更大的流动性释放来解决短期混乱性的金融状况。

金融的通约性使金融理性的极致化充盈在整个人类的生活世界中,生存世界的金融化是金融资本带给人类社会生活范式的伟大变革,是现代性社会生成过程中的最极致状态。在这样的金融化过程中,如果主权国家不能实现从传统货币到货币资本再到金融资本的质变,必然被历史所淘汰。比如,苏联在产业资本阶段是相当有竞争力的一个国家,但是互换贸易的"经互会"体制成为其推进货币化进程的障碍。当时西方发达国家已经从1971年布雷顿森林体系解体发展到1973年牙买加体系建立,再到1980年开始的金融资本化阶段,用新自由主义的经济政策重构了国际经济秩序,而苏联及东欧体系仍然停留在产业资本的发展状态。金融的通约性演变不仅将丰富多彩的生存世界,用财富的符号化抽象转化成数量化的货币符号世界,而且使人类的生存世界呈现为资产证券化,似乎能够自我增殖,并全方位地自我膨胀其生存的经济空间。在这样的资产证券化世界中,一方面用初始预付金不断生产出剩余价值并转变为金融资本,另一方面把越来越广泛的生活世界货币化并卷入金融体系进行高效率的自我运转。因此,生存世界的金融化正是金融资本实现其通约性的蝶变进程。

二、政治内涵的变异性

古希腊哲学家亚里士多德关于"人是政治的动物"的观点,预设了人的社会性存在,定义了人的自然政治性;而荷兰哲学家雨果·格劳秀斯(Hugo Grotius)也将人定义为"人生来就是一个理性的社会性动物"[①];相对于动物属性的自然一致性,霍布斯认为"人只能通过人为的信约才能建立足以威慑个人的公共权力,从而实现持久稳定的一致"[②],也就是说,人与人之间不可能凭借自然的规定方式,而必须借助人为的契约,建立具有威慑力的公共权力来实现人类意志的统一性;洛克将这个政治社会公共权力的立法权赋予了人民,行使权赋予了国家政府;而马丁·路德(Martin Luther)将国家定义为:"上帝在尘世中的仆人与佣人。它之建立是表达上帝对人民的关怀,是为了惩恶扬善,也是为了教会的福祉。"[③]他推定世俗的国家政府是上帝用来为

---

① 〔德〕列奥·施特劳斯、约瑟夫·克罗波西主编:《政治哲学史》(第三版),李洪润等译,第385页。
② 李猛:《自然社会:自然法与现代道德世界的形成》,北京:生活·读书·新知三联书店,2015年,第65页。
③ 〔德〕列奥·施特劳斯、约瑟夫·克罗波西主编:《政治哲学史》(第三版),李洪润等译,第326页。

第四章 稳定性与不稳定性的矛盾:资本金融收益的国际化与主权债务危机的区域化

人类服务的,但这个政府却恰恰是人类群体理性智慧的结晶;黑格尔认为国家的目的即是普遍的利益本身;现代性的国家就是在对人的社会性、政治性及自利性的理性反思中建立起来的,目前仍处于"地区性的民族主权国家"阶段。步入21世纪的金融化的时代,金融理性最大化导致国家政治内涵至少出现了四大变异。

(一)政治合理性的变异。古希腊以来的西方政治哲学思想认为,国家政治是来自人类政治共同体的政治合理性,是人类能够借助于统治与被统治关系来完成的共同政治活动,"而且,能够依托统治关系的建立,形成一个政治共同体特有的生活方式规定'什么是好的生活'。政治共同体关心的并不是当下的好处,而是着眼于整个生活"[1]。这里就特别明确了什么是政治的合理性概念:既是统治与被统治者的关系平衡,也是当下与未来的利益平衡。仔细分析这个表述可以发现,它至少包含了政治合理性的三层含义:其一,是依托统治关系而建立起来的共同政治活动;其二,对于规定"什么是好的生活"关心的并不仅仅局限于当下的好处,而是主要着眼于未来发展的整体性;其三,要达到政治的合理性必须运用智慧和理性有规划地来把握长远利益。黑格尔把合理性抽象定义为"普遍性和单一性相互渗透的统一","具体地说,这里的合理性按其内容是客观自由与主观自由两者的统一"[2]。所以,政治的合理性正是未来的普遍利益与当下的特殊利益之客观统一。但是,马克思认为"特殊的东西与普遍的东西之间的调解从未真正的发生过"[3],因为现代社会中政治的合理性变成了财产关系中的一种理性化。透视当下的金融化时代,政治的合理性已经深度变异,至少出现了三个主要异化特征:第一,政治合理的普遍性已经让位于金融理性最大化的特殊性,即金融自由发展就是政治自由的合理性。第二,民主政治的任期制度让每一届政治领导人更加重视任期内的短期计划,而忽略了未来的长期规划,或者战略规划让位于战术措施。比如2008年的量化宽松政策是用流动性挽救流动性、用金融挽救金融的短期行为,延缓或者将导致未来更大的危机发生。第三,将"好的生活"的普遍性标准简化为符号化的信用货币数量之特殊性,失去了对人类追求生活质量及绝对精神的整体性引导。

(二)政治合法性的变异。自启蒙以来的西方政治思想家都把政治权力的制衡机制作为政治合理性乃至合法性必由之路。政治合法性正是来源于

---

[1] 李猛:《自然社会:自然法与现代道德世界的形成》,第53页。
[2] 〔德〕黑格尔:《法哲学原理》,范扬等译,北京:商务印书馆,2009年,第289页。
[3] 〔以色列〕阿维纳瑞:《马克思的社会与政治思想》,张东辉译,北京:知识产权出版社,2015年,第20页。

人民的意志体现、实现公民的自由、保证国家各种权力的协调性统一。洛克就认为,人们放弃自身在自然状态下拥有的各种权力,用契约精神的约定而组成的社会国家,目的"只是为了人民的和平、安全和公共福利"①,因此,人类对于政治的合法性定义出自立法权如何建立,并且保持所制定的法律经常有效的连贯性,而不是被拍脑袋的临时命令所取代,因此,制定法律的权力只能来自人民,否则就不具备政治的合法性;孟德斯鸠认为"立法者的主要美德必是节制","他强调了为治国之术所要求的深思熟虑的技巧——它需要决定应用什么样的法律,需要理解构成法的精神的关系之网以及这些关系与社会复杂的具体细节的联系"②;黑格尔认为,国家的本性"不在契约关系中,不论它是一切人与一切人的契约还是一切人与君主或政府的契约"③,人生活在国家中是以人的理性所规定的而不是简单的以任性为前提的契约,国家是一个集中了传统、习俗、文化与抽象法权的统一体。如果说国家的目的就是为了实现国家成员个体自由的目的,那么,国家就不能"为了实现某种自私的或者特定的目标而将公民用作工具"④,否则就失去了政治的合法性基础。而金融化的世界,在政治合法性的伦理共同体之中的所有环节都已经被金融范式所主导、所"酸蚀"、所异化。比如,美国制定的反托拉斯法和反垄断法,初衷是为了打破垄断以免公众受害。大萧条期间的美国颁布了《格拉斯-斯蒂格尔法》,规定了商业银行与投资银行的业务范围,即不能混业经营,这是为了保证商业银行规避来自证券市场的不确定性风险。尽管银行的分业与混业经营的优点和缺点同样明显,但是这个法规至少表明了一个立场:"银行不能拿政府的担保去赌博。"⑤但是自20世纪60年代后期起,随着金融业的高速发展,银行业对证券市场的依赖、对金融垄断力的诉求越来越强烈,金融自由化思想的逐步渗透,导致政治合法性为金融自由化让步,加上格林斯潘与罗伯特·爱德华·鲁宾(Robert Edward Rubin)的影响力,最终在1999年11月4日,美国国会两院通过《金融服务现代化法》,《格拉斯-斯蒂格尔法》的限制作用被废弃。于是投资银行的高杠杆资本逐利性为整个金融系统带来了毁灭性的灾难,以致2010年美国推出了2300多页的《多德-弗兰克法》,试图用详尽的法律约束金融非理性的贪婪。但是受金融立法者的影响,这个法案

---

① 〔英〕约翰·洛克:《政府论》(下篇),叶启芳等译,北京:商务印书馆,1995年,第80页。
② 〔德〕列奥·施特劳斯、约瑟夫·克罗波西主编:《政治哲学史》(第三版),李洪润等译,第532页。
③ 〔德〕黑格尔:《法哲学原理》,范扬等译,第94页。
④ 邱立波编译:《黑格尔与普世秩序》,北京:华夏出版社,2009年,第138页。
⑤ 〔美〕路易吉·津加莱斯:《繁荣的真谛》,余江译,北京:中信出版社,2015年,第183页。

第四章　稳定性与不稳定性的矛盾:资本金融收益的国际化与主权债务危机的区域化

既没有再次明确限制银行业的分业经营,也没有明确表明政府的信用不能为银行的过失埋单。为大多数人谋求幸福的立法基础成为少数人的立法基础,为多数人实现经济自由的执法目标成为少数人实现金融自由的执法目标,政治的合法性已经被异化。

（三）政治权力关系的变异。政治的本质是权力关系的"平衡实现"。霍布斯认为,政治权力是解决社会混乱问题的一种方法。人们之所以拥护国家政治权力,是因为国家权力可以保障安全,解决生活必需品,保障实现未来美好的幸福生活。从政治哲学的角度来看,如果政治权力过度集中,将导致暴政;但如果政治权力过分分散,又将会导致无政府状态。因此,人类一直在探索政治权力关系的制约机制。对公共设施等方面的自然垄断,亚当·斯密曾建议政府加以管制,避免恶性竞争或者垄断者收取过高的价格,损害公众利益,但是"自十八世纪末起,自由主义政治经济学家发起运动,反对国家干预市场定价,也反对垄断力"①。目前在大多数现代国家,各类政党是主要的政治组织,执政党拥有实质性的组建政府并进行治理的执政权力,同时受到其他政党的挑战和立法机构的监督,这成为当代政治权力关系的制约体制。但是自20世纪80年代以来,一方面因为苏东剧变,全球政治对抗性的意识形态被边缘化,谋求大多数人共同利益的诉求让位于个人主义崇尚的主体性经济自由思想,黑格尔所定义的"政治情绪"即爱国心本身,已经开始偏离甚至失去对政党所代表的国家意志之信任基础,"在大多数国家,民意调查显示,政党的声誉和价值在他们所服务的民众看来一直在下降,有些甚至降至历史最低水平"②,而一些非政府组织,乃至民族主义激进组织却得到了公众的更多信任;另一方面,金融自由化以及与新自由主义思想相伴生而来的金融全球化,导致金融部门的垄断权力成为统治全人类的主要力量,政治家若不能满足金融市场的要求,则必然被金融市场报复。前几年,原希腊政府就曾因为拒绝金融市场的要求进行经济改革而被拉下马来。金融脱域性攻克了传统势力的壁垒,实现了金融的全球化,同时也重新构建并强化了流动性金融资本对全球权力结构的控制和主导。陷入囚徒困境的大金融机构为了竞争优势,用加大杠杆率的竞争方式座架了国家政策的制定者,"国家的各种权力和做法,越来越倾向满足企业和债权人的需求,往往不惜牺牲公民的利益"③,全球经济金融的繁荣发展带来的是国与国之间、各个国家内部不同群

---

① 〔美〕大卫·哈维:《资本社会的17个矛盾》(定制版),许瑞宋译,第118页。
② 〔委内瑞拉〕莫伊塞斯·纳伊姆:《权力的终结:权力正在失去,世界如何运转》,王吉美等译,北京:中信出版社,2013年,第288页。
③ 〔美〕大卫·哈维:《资本社会的17个矛盾》(定制版),许瑞宋译,第143页。

体之间的更加不平等,以致曾经出现了"99%反对1%"的"占领华尔街运动"在全球的抗议声。所以,大多数国家的执政党既要应对大众福利问题和财政赤字问题,又不得不屈服于金融资本的金融自由和减税诉求,以致处在两难境地的任何执政党对国家政治的掌控能力严重削弱,导致政治非理性的民粹主义在全球蔓延。另外,2016年年底美元加息所导致的全球金融市场大波动,也说明了在全球金融权力已经成为垄断性的金融霸权,美元不仅是全球最主要的信用交易货币和储备货币,美国还用所谓的"长臂管辖"规制着全球各国的企业交易行为,全球政治金融秩序的领导权仍然控制在具有国际主要储备货币美元发行权的美国手中,也就是说,政治的权力关系已经变异受制于全球金融霸权。

(四)政治治理结构的变异。国家政治体制的治理结构是为了承担达成社会共识和社会凝聚力的社会发展任务。自英国建立君主立宪制以来,资本主义国家治理结构的基本路径是将限制国家专制权与个体自由的发挥有机结合,美国的三权分立更是分散了国家机关的专制权。但目前存在的居高不下的政府及民间债务问题、借债成本的压力,逼迫拥有绝对金融经济权力的各国央行一再压低市场利率,以致全球发达国家的市场利率连续6年在几乎为零的水平上,这看似为了避免整个经济进入萧条,其实带来的是全球政治治理结构的不合理。比如美国政治家曾多次承诺要想尽一切办法消除巨额的国家财政赤字,且绝对不用增加税收措施。但是治理方法却极度缺乏,目前的方案,要么是采取财团、银行家的建议,即依靠金融创新的货币特权,把有毒的金融衍生工具作为创造性破坏的解决方案;要么借国家安全为名,发动局部战争,或者用贸易保护对商业并购行为实施政治干预。例如,美国等发达国家一方面要求发展中国家经济自由化,一方面对商业并购进行政治化干预。按说若是正常的商业并购案,就应遵循商业原则和市场规则进行实施和履约,但是很多正常的商业活动已经被赋予了更多的意识形态含义,被经常性地政治干扰。据路透社报道,2016年12月"美国总统贝拉克·侯赛因·奥巴马(Barack Hussein Obama)已经宣布禁止中国福建宏芯投资基金收购德国半导体制造商爱思强(Aixtron)在美国的业务。这是逾25年来美国总统第三次以国家安全风险为由否决商业交易"[①]。另外两个案例是:2012年9月的禁止三一重工在美国的收购和2016年1月飞利浦宣布的停止向中国投资者出售其核心业务。更不用说后来时任美国总统的特朗普针对

---

① 新浪财经:《中企收购德企 为何逼美国总统罕见动用否决权?》,http://finance.sina.com.cn/stock/usstock/c/2016-12-03/doc-ifxyiayr8921897.shtml。

华为等非美国企业所实施的"长臂管辖"了。这些都是因为担心中国或其他国家获取所谓核心军事技术或者科技领先优势而采取的政治干预措施。在政治的治理结构上,一方面为了激活经济活力,为了挽留金融资本的大量撤离,减税的承诺与政策落实成为各国政治的必然措施;另一方面,对"大而不倒"金融机构的救助与底层人民的社会福利诉求,必然让财政赤字继续不停地无限累积。

三、资本项目的高流动性与经常项目的民族主权性

一般来讲,在每个国家按复式记账法编制的国际收支平衡表中,经常项目下主要记录的是与实体经济贸易相关的相互间转移的账户收支;资本项目下主要记录的是对外权益性资产或负债的变动状况。对于各经济体而言,吸引和引领全球金融资本进入其国内进行投资和建设,获得资本项目下的增量,将会带来就业率的提高、国民经济的繁荣。同时,流入各国资本项目下的金融资本,其一般特征是高流动性和谋求安全稳定的收益率,而且一般都是处于绝对垄断地位的金融寡头控制着资金的流向,而国际评级机构对各个主权国家的评级,就成为一种引领国际金融资本走向的特权。但是,这里存在一个不可解决的矛盾,那就是一个主权国家既要吸引大量的资本项目下资金的流入投资,用贸易顺差解决其国内的就业问题,又要考虑保证来本国投资的金融资本的货币不会大幅贬值,具有增值潜力。比如在 2009 年年初美国财长盖特纳就表态说"强势美元符合美国利益",而与此同时又表示了"美元走软将有利于美国的出口贸易,从而解决就业问题"[①]的观点,表明美元所处的两难的境地。吸引资本项目下流动性金融资本进入可以带来就业岗位的增加,但同时可能带来通货膨胀;而经常项目下盈余即保持贸易顺差,虽然是增强市场信心的良好手段,但是强势货币一般不能获得很好的贸易盈余,所以贸易保护措施让经常项目下的盈余具备了民族主权性特征。比如美国强大的工会组织能够影响美国政治顺应其扩大就业、增加福利的社会诉求,从而制定并实施贸易保护主义措施,达到对民族工业的保护。

(一)金融资本高流动性的善与恶。"1980~2010 年,外国直接投资占世界经济的比例从 6.5% 增至可观的 30%。1995~2010 年,单日国际货币流动额增长了 700%。2010 年,每天都有超过 4 万亿美元的资金在国际间转

---

① 高海红等:《国际金融体系:改革与重建》,北京:中国社会科学出版社,2013 年,第 273 页。

手。"①而自金融化以来,掌握了大量流动性金融资本的国际对冲基金,成为影响国际金融市场的重要力量,因为国际对冲基金瞬间就可以将他们数百亿美元乃至数千亿美元的资金,迅速撤离那些金融政策不为他们充分信任的国家。因此,资本项目下引入的金融资本自由地在全球化市场流动,既是天使也是魔鬼。总的来讲有四个特点:第一是高流动性的风险偏好。大部分流入资本项目下资金(所谓热钱)都是追求高风险、高效率、高收益的。第二是任性与随机性。在资本项目可兑换的开放金融市场条件下,市场参与主体会基于资产的风险管理或资产组合的投资需求,在不同金融产品和不同币种之间进行交易,市场主体经常基于"动物精神"对其投资标的负责。第三是高频率性。资本项目下跨境资金的流动呈现"快进快出"特点,不会追求固定投资的长期回报,追求的是一种不受约束的自由流动财富机运。第四是大规模性。有投资机会时蜂拥而至,趋之若鹜,深度参与金融市场的并购重组、野蛮人收购等,而一旦有风险时,迅速撤离,出现羊群效应,为所在国经济带来巨大风险。这些风险性、随机性、高频性的大进大出的流动性特点,让很多发展中国家都对资本项目下流入的金融资本实行管制措施。对高流动性的资本项目下金融资本善与恶的评价,离不开如何看待金融投机者的问题。金融投机是恶与美的化身?"投机的幽灵是无政府主义者,不敬神明,不奉等级。它喜欢自由,讨厌伪善的说教,憎恶限制和束缚。投机的本质仍然是一种乌托邦式的理想,渴望自由和平等,以平衡现代经济制度下单调乏味的理性主义和物质主义,打破不可避免的财富不平等。"②一方面有人说,投机是受贪婪和恐惧驱使的寄生虫、利己主义者、欲望的奴隶,如果说金融市场是赌场,那么金融投机者就是赌徒,必须把投机的"恶的野兽"关进笼子中;另一方面有人说,从根本上讲投机是良性的,是资本主义不可或缺的,能够起到管道作用,形成"鲇鱼效应",实现市场发现价格的功能,因而"抑制投机会让资本主义失去活力"。

(二)经常项目盈余的投资收益难题。不像资本项目金融资本投资那样追求高效率高回报,经常项目的盈余与直接投资都是相对缓慢的,但是安全与稳定性是必然要求。可控的经常项目下的收入来自本国贸易顺差的积累,而顺差的积累当然是靠本国居民的劳动产品和服务的出口换来的。当贸易顺差比较大的新兴经济体储蓄过剩的时候,一个比较奇怪的现象出现了,需

---

① 〔委内瑞拉〕莫伊塞斯·纳伊姆:《权力的终结:权力正在失去,世界如何运转》,王吉美等译,第75页。
② 〔英〕爱德华·钱塞勒:《金融投机史》,姜文波译,北京:机械工业出版社,2013年,第25页。

第四章 稳定性与不稳定性的矛盾:资本金融收益的国际化与主权债务危机的区域化

要流动性金融资本投资的新兴经济体,因为其率先发展以储蓄方式积累起来的劳动剩余价值,将远远超过该经济体自身投资的需要,进而将这些获得的外汇资产投资到流动性好、金融市场完善的发达国家。尽管一些发达国家如美国是财政高赤字国家,其国债收益率是很低的,但是因为发展中国家为提高本国金融抗风险的能力,不得不进行大量外汇储备并寻求保值投资安全的渠道。自社会主义国家计划经济重归市场经济以来,以中国为代表的新兴经济体已经创造了全球大量的就业岗位,也为新兴市场的汇率盯紧美元创造更多外汇储备奠定了坚实的基础。英国前央行行长默文·金曾感慨道:"中国凭一己之力创造了7000万个制造业就业岗位,如果以2012年为时点计算,欧美创造的制造业岗位仅为4200万个。"①所以,中国用20年的劳动价值创造实现了经常项目下盈余3万多亿美元。这也是中国外汇储备的主要来源,即劳动产品国际贸易顺差实现的盈余。但对中国的大量外汇储备来讲,符合安全性和流动性的投资标的选择较少,美国国债和房地产债券是主要标的。前美联储主席本·伯南克(Ben Shalom Bernanke)就认为,新兴市场国家的储蓄过多与发达国家消费量之间的失衡是造成全球经济低迷的原因,但他忽略了正是新兴市场国家的经常项目下盈余,才让美国国债能够融到全球最低成本的资金,而且大量廉价的商品也是美国物价稳定的保证。

(三)如何看待全球失衡下的中国的双顺差及未来演变。美国经济学家保罗·萨缪尔森曾提出了国际收支的生命周期理论,即"成长中的债务国""成熟债务国""新债权国""成熟债权国"四个阶段。自20世纪80年代以来,美国经常账户逆差不断扩大,而资本账户顺差的融资量也不断增加,使美国成为国际金融资本的最大利用国。美国的经常项目逆差和资本项目顺差符合萨缪尔森的周期理论,但是中国自20世纪90年代以来,在保持长期的经常项目顺差的同时,也吸引了资本项目下的大量资本流入,形成了双顺差模式,成为国际收支的生命周期理论的例外,即"双顺差之谜"。对于这个现象,国内学者王宏淼在其《全球失衡下的中国双顺差之谜》一书中认为,中国的内资、外资两部门差别性政策所带来的不对称套利机会,导致了很多内资也通过各种途径外流,经过迂回披上了FDI(Foreign Direct Investment)的外衣,重新流回国内,以求实现制度性套利机会,以致"为应对双顺差造成的外汇储备激增、货币增长过快压力,稳定经济,也为了提高外汇收益,政府在相当长的时间内作为本国唯一的国际金融中介,不得不向国外输出部分美元,购买国际债券,为发达国家提供融资,其结果却是发达国家FDI的再次流入和近期

---

① 〔英〕默文·金:《金融炼金术的终结:货币、银行与全球经济的未来》,束宇译,第16页。

非 FDI 资金的规模膨胀"①。这个观点尽管揭示了内外政策不对称是资本项目顺差的主要原因,但是他不仅忽略了这个时期中国境内外的较大利息差吸引了部分寻求无风险套利机会的国际金融资本,而且他主要忽略了中国作为资本项目还没有开放的国家,对于资本项目下的大量金融资本流入和流出必须做出限制,否则将会被国际金融资本快进快出的巨大落差带来金融危机。进一步讲,经常项目顺差的盈余是中国劳动人民辛勤劳动的结晶,中国政府暂时不把人民币作为自由货币进入国际市场,就是保持其不被国际信用货币迅速稀释并具有真实购买力的一面,从而暂时缓解了经常项目下的劳动价值创造与资本项目下的信用价值创造大量流入的冲突,这就是资本项目的高流动性与经常项目的民族性问题。

第四节 欧债危机的启示

人类社会发展史表明,政治统一曾是货币统一的前提。比如中国秦朝统一全国后,为了巩固了集权统治,维护国家统一,用秦"半两"货币统一了全国钱币市场,减少了交易成本,增强了全国各地的经济联系,促进了贸易交换的发展。现代经济社会以来,政治联盟是货币联盟成功的先决条件,也是最初目的。事实表明,货币的"创造"(包括铸币、纸币和电子化货币)和发行总是与区域性的主权国家的信用分不开的,以至于在20世纪初出现了"货币国定论"观点。但在20世纪30年代之后,奥地利学派的经济学家路德维希·海因里希·艾德勒·冯·米塞斯(Ludwig Heinrich Edler von Mises)、哈耶克等人提出了"货币非国家化"的理论主张。"最优货币区域"理论的提出者罗伯特·蒙代尔(Robert A. Mundell)使"货币非国家化"的欧元区成为可能,因为这个突出贡献,后来获得了1999年诺贝尔经济学奖,也让欧洲货币一体化成为事实:1999年1月1号欧元正式启动,德国、法国、比利时等欧洲11国率先放弃自己的原有货币,统一使用欧元作为结算货币。因为英国、瑞典和丹麦三个国家暂不加入欧元区,到2015年,使用欧元的国家为德国、法国等19个成员国,约3.2亿以上的人口数量。欧元区的正式运行,为各成员国带来了内部币值稳定、对外货币统一的同时,也潜藏了各成员国财政收支并不统一的巨大隐患,直到2010年欧债危机爆发,乃至后来的"意大利公投"事件、2020年2月的"英国正式脱欧",让人们开始重新审视货币统一体与财政分

---

① 王宏淼:《全球失衡下的中国双顺差之谜》,北京:中国社会科学出版社,2012年,第11页。

第四章 稳定性与不稳定性的矛盾：资本金融收益的国际化与主权债务危机的区域化

权之间的核心矛盾问题。

一、欧元生成的历史过程及其优势

"二战"之后，欧洲大陆几乎一片废墟，使得战后的欧洲人更加向往平静的社会政治经济生活，在社会主义政治思想的影响下，大部分欧洲国家也都步入了福利社会国家状态。尽管政治家们都试图实现政治版图的统一，并且稳定的政治环境也是经济一体化和经济繁荣发展的先决条件，但是第二次世界大战的残酷战争历史记忆使得欧洲的政治家们，一方面不得不重新考虑各国不同的民族之间的差异化基础，另一方面开始谋求统一的经济共同体发展战略，欧洲经济与货币联盟就是在这样的指导思想下，才开始实现对欧洲大陆国家和地区大范围的经济与货币的统一。

欧元区的形成是一个历史过程。最初从20世纪50年代的欧洲煤钢共同体（ECSC）开始，到1958年《罗马条约》的正式实施，由此成立了欧洲经济共同体。1969年，在海牙召开的六个创始国首脑会议决定建立"欧洲经济货币联盟"，其后由卢森堡首相皮埃尔·维尔纳（Pierre Werner）主持起草的《维尔纳报告》在1970年出台，由此拉开了欧洲货币一体化的序幕，旨在消除汇率波动、汇率平价不可调整等问题，后来发展为应对布雷顿森林体系解体所带来的影响，随后的汇率联合浮动制为欧洲货币体系（EMS）奠定了坚实的基础。欧洲货币体系的宗旨是达到更加紧密的货币合作，在欧洲形成一个货币稳定区。1992年2月，欧共体成员国在1991年欧共体《欧洲联盟条约》草案即《马斯特里赫特条约》的基础上，正式签署了《欧洲联盟条约》，欧洲经济和货币联盟（Economic and Monetary Union），简称欧盟（EMU），正式成立。随后按照《马斯特里赫特条约》的规定，经历了三个阶段，逐步要求盟国满足相应的趋同原则，"欧元区十一国从1998年6月起有了一个统一而且独立的中央银行即欧洲中央银行"[①]，并且在1999年1月确定了欧元汇率，自此欧元正式诞生。欧元区的建立意义重大，它是一个以多边条约的法律来保证的区域性货币一体化探索，甚至可以说是一次全球货币一体化的实践，为欧元区各成员国带来了很大的便利，至少有四大优势：其一，由于简化了主权国家间的企业会计制度，不仅降低了联盟各主权国家内部的外汇持有额，而且简化了各国间的银行支付，从而降低了欧元区各国之间的间接交易成本；其二，摆脱了欧元区各国间的汇率波动之不确定性风险，稳定了各联盟国间的经济贸易

[①] 冯兴元：《欧洲货币联盟与欧元：历史沿革、现状、前景和经验》，北京：中国青年出版社，1999年，第2页。

的增长;其三,促成欧元区国家之间的价格稳定和趋同性,欧元区内的通货膨胀率被有效控制;其四,欧元的设立让欧盟各国货币形成合力,将对美元这一主要国际储备货币提出有力的挑战,避免原来分散的国际竞争力。

欧元区理论的缔造者蒙代尔认为,20世纪60年代之后,全球经济的一个显著特点,就是在开放的经济体系中,单一国家用于宏观调控的货币政策与财政政策的效果已经被外部环境的变化所制约。更为重要的是,他论证和比较了浮动汇率制度和固定汇率制度下实施货币政策与财政政策的不同效果。所以,创造欧元区的目的正是为了规避欧元区主权国家受到外部的冲击,消除全球流动性金融资本进出欧盟在各个国家带来汇率大幅波动及其所导致的市场风险。这不禁让人联想到了《三国演义》中赤壁之战的"铁索连舟":曹操为了回避北方将士不习水战的战船颠簸,采纳了庞统的"铁索连舟"之计,导致最后的大败而归。那么,在欧元区货币统一而各国财政不统一的状况下,什么是其优势？什么是其劣势？有没有让其崩溃的"东南风"之大火？若是有的话,这个巨大风险可能是什么？是欧洲难民问题,还是民粹主义的崛起？

二、货币统一而财政政策分立的根本矛盾

欧元的统一为欧元区内各成员国带来优势的同时,也制约各成员国不能出台单独的货币经济政策。也就是说,如果某成员国连续出现经常项目下逆差即国家财政赤字时,不能用货币贬值的方式转移和调整其国内外贸易的不均衡状态。默文·金曾指出:"固定汇率制使得某些国家的债务负担变得更为沉重,1999年欧洲成立货币共同体之后,许多欧洲经济体的活力被消弱,变得越来越没有竞争力。"[1]尽管极少数北欧国家如丹麦和瑞典,曾实现了既有国家竞争力又具备福利社会的特例,但是对于欧洲大部分成员国来说,福利社会的现状必然导致国家竞争力的下降和财政赤字的发生,比如希腊、西班牙等"欧洲五国"在2010年所面临的债务危机状况。况且,在欧洲许多国家的民主竞选中,其选票结果也跟各自国家所采取的财政赤字支出金额正相关,这样就会出现这些国家政治与财政赤字总额的"道德风险"。因为"二战"之后,欧洲社会各界对社会政治经济稳定的期待所催生出来的欧盟货币政策,其主要目标是维护物价的稳定,所以,在对各成员国经济状况的协调上,货币数量和通胀率成了主要的监控中介目标;而各成员国独自实行的财政政策的主要目标又是处理本国的宏观经济问题,保持本国国内外经济的平稳发

---

[1] 〔英〕默文·金:《金融炼金术的终结:货币、银行与全球经济的未来》,束宇译,第13页。

展以及社会福利。这样就带来了欧盟货币政策与各成员国财政政策的矛盾冲突。总之,欧元区货币政策性的统一性与各国财政政策的分散化是最主要矛盾。

从欧元区成立20多年来的状况来看,主要弊端有三个:其一,一刀切的财政政策。各成员国的财政赤字和公共债务与GDP的比率分别不能高于3%和60%。其二,各成员国的财政政策更多的是一种顺周期操作,而不是一般国家财政政策的逆周期操作。这样的财政政策不利于国家的政治理性发挥作用,不能让成员国财政政策起到自动稳定器的作用,反而跟随并助推了金融市场的非理性冲击。其三,应对"非对称冲击"的货币政策失灵问题。在应对"非对称冲击"时,忽视了人们的货币幻象带来的影响,即某特定地区需要削减实际工资的时候,这个地区就会遭遇到就业难题。蒙代尔曾提出,为抵消这些因素的干扰,劳动力市场需要具有较高的流动性。

货币统一而财政不统一的矛盾隐患,导致欧元区一旦出现金融危机或者经济危机,必然带来欧共体救助债务困难成员国的两难困境:救助必然助长财政困难成员国的举债风险偏好,不救助或者救助不力必然带来欧元区的整体性风险。而且,欧元区内德国等经济较好的国家,既不能倾尽全力去救援经济落后国家(对比政治统一的美联邦政府对各州政府的救助),又必然让财政状况差的国家紧缩开支。理论上,对欧元区内财政困难的国家来说,最好的方式是渐进式地整顿财政问题,避免引起通缩的负面效应,但是这些国家的执政党不仅有政治选举压力,必须满足保持和增加公共开支的需求,而且必须适应民众在繁荣期享受惯了的高福利社会欲求,最终必然导致这些国家的民众对欧盟政策的抗议,引发欧洲各国的政治危机。

三、欧盟财政一体化抑或欧元的解体?

欧元区货币政策与财政政策的矛盾在最初不会显现出来,因为在其成立之初,欧洲经济恰好进入高速发展期,为欧盟各成员国扩充税基、提高社会福利提供了良好的机会,从而改善了成员国自身的财政状况。但是一旦全球乃至欧洲经济进入衰退期,各成员国的财政政策将与欧盟《稳定与增长条约》的规定发生冲突,从而成为欧元区内部根本性矛盾之一。在萧条期,仍能保持良好贸易顺差的国家(比如德国)对货币政策与财政政策的综合调整不是那么紧迫,但是对于欧元区大多数贸易逆差国来说,财政政策的调整举步维艰,它们的经济发展前景不容乐观。大卫·哈维就认为:"考虑到国际纪律机构强加在希腊、葡萄牙、西班牙和意大利身上的限制,这些国家绝对没有机会像"二战"之后的德意志联邦共和国和日本那样,从颓败中崛起,重振资本体制的活力。"①因此,当各成员国面临现实经济问题挑战时,由于货币政策制定权的丧失和受制于欧洲央行统一的货币政策,必然导致成员国使用财政政策进行调控时的政策组合缺乏效力。可见,欧盟的具体化财政约束严重损害了各贸易逆差国自身调节经济运行的能力。

2016年6月24日英国的"公投脱欧"事件成为点燃欧元区分裂的"民粹之火"。在宣布公投和最后脱欧的这一段时间里,"公投脱欧"曾多次引起全球货币市场乃至金融市场的巨大波动。英国本来就没有加入欧元一体化,在欧盟预算里,英国缴纳的比例约为1/8,按其额度计算排在德、法之后的第3位。但英国的一些舆论认为,德、法等主要成员国利用其有利地位获得了一定的竞争优势,相反,英镑由于在欧元区外,英国并未得到与其相称的好处。其实英国一直想再次实现自己的大国梦,一直未加入欧元区和申根区,本就想在欧盟中扮演"独行侠"的角色。英国一些脱欧派人士甚至认为,英国向欧盟让渡了部分国家主权,这让英国不再是一个自我主权的国家,因而他们还是想让英国复原为一个独立自主的国家。孔子曾指出"不患寡而患不均"的思想,在国与国之间的合作中一样存在这个"患不均"问题,这在经济一体化而财政分权的情况下,最终必然导致欧盟内部的民族矛盾激化。因此,英国不可能为了欧盟的整体利益而置自身的经济增长于不顾。

欧盟欧元区的建立和运行,是人类追求天下大一统政治理想的产物。欧元区的货币一体化发展需要未来财政一体化的进一步落实,但由于地区性的民族主权国家性质,更加上历史上的文化差异、宗教冲突与民族矛盾,整个欧元区的发展现状矛盾重重,进一步的财政一体化基本上难以实现。民族问题也是进一步财政一体化的根本矛盾之一。阿拉伯半岛的紧张趋势,导致大量的移民涌入欧洲各个成员国,没有民族认同感的新移民将成为原有国民的"心腹之患"。另外,没有独立预算而推行福利国家政策也必然陷入困局。欧盟主席容克在2016年9月就不无忧虑地说,欧盟目前"从未有过如此多的分裂和如此少的共同性"。因此,欧元区的未来前景至少有三种可能性:其一,政治经济统一欧洲共同体。如果能够实现在货币一体化基础上的政治联盟,那么就将完善货币与财政一体化,最终实现大一统的强势欧洲经济体。其二,欧元区分裂为核心区和边缘区。保留欧元区少数核心成员国的先进经济共同体,同时财政收入较弱的诸多国家将成为边缘区经济体。其三,欧元区解体,各国回归原有的主权货币国家状态。从目前发展状况来看,因为外部大量难民涌入欧洲造成的民族认同感的缺乏与经济低迷的现状必然导致民

---

① 〔美〕大卫·哈维:《资本社会的17个矛盾》(定制版),许瑞宋译,第146页。

第四章　稳定性与不稳定性的矛盾：资本金融收益的国际化与主权债务危机的区域化

粹主义盛行，极有可能让欧盟重新回归各个民族国家的货币金融体系中去。无论如何发展，未来的欧洲共同体对外部世界必须有自身明确的政治意识。正所谓"谁一旦企图用地球的'一'来化解世界的'多'，谁就不会简单地谈论没有主语没有宾语的全球化"①。

小　结

在当代浮动汇率制度下，脱域性的资本金融在各国开放资本项目的背景下必然要求充分流动，寻求效率最大化、利润最大化。那些拥有储备货币发行权的国家，可以根据自身国家的经济发展需要，利用信用货币的发行量来缓解税率的降低与国家财政赤字增加之间的矛盾；而对于不拥有储备货币的民族国家和地区来说，为了稳定自身的政治经济发展，则不得不存储大量的美元、欧元、英镑等国际储备货币资产，其目的是为了能够抗击未来可能出现的全球市场经济中的不确定性风险。这样一来，居于中心地位的储备货币发行国的资本金融机构便可以通过将在货币核心国所获得的廉价资金，再次投向全球利润率高的国家和地区，实现金融利润最大化，从而用金融的不平等造成新的主权政治的不稳定。金融不断波动的财富机运带来了资本金融对全球经济政治权力的控制力，带来了全球族群间更大的不平等，也对各主权政府稳定社会族群的执政诉求构成了挑战。最终，追求利润的金融资本在波动中实现了全球一体化，并获得了相对稳定的收益；而追求政治经济稳定的民族国家，却在固化的官僚体制中被更严重的不平等、偶然性所分裂，成为更多的民族自治政治体，或者至少是自治经济体。金融波动性与政治稳定性的冲突是现代社会进一步发展必须要解决的根本矛盾。苏联等威权政治经济体实验的失败与当下欧洲经济共同体的举步维艰表明二者无法解决这一矛盾。同时，它也说明，绝对的计划经济与绝对的自由市场经济都不是最适合的人类政治经济体制，即无论是主权政治凌驾于金融资本，还是金融资本座架了主权政治，都不是真正的人类理性的绝对精神之最高实现。也许只有把充分利用人类经济理性的金融资本的流动性活力作为人类文明进步的驱动力，使之融入全人类诸民族精神的政治实体中，实现经济理性与政治理性的矛盾统一中，才能真正实现马克思主义意义上的人类社会发展第三个阶段。

---

① 邱立波编译：《黑格尔与普世秩序》，第7页。

第五章　中心化与边缘化的矛盾：金融叙事中心化与整体主义精神边缘化[①]

自1971年布雷顿森林体系解体以来，随着以完全信用货币即脱锚的美元为中心的自由浮动汇率市场、主权债务市场、证券市场、金融衍生品市场为主要特征的全球金融市场体系逐步生成与完善，随着发源于文学修辞学的叙事学思想发展成为"诱发大众合作"的金融叙事范式，21世纪呈现出金融化时代全方位的金融叙事中心化：资产收益远大于劳动收益的居民投资唯资产市场导向论，资产证券化造就的上市公司诉求市值最大论，主权国家的货币价值处在浮动汇率制下的综合实力论。人类经济社会正式进入自由浮动汇率下以金融叙事为中心的完全信用货币时代，人类财富观也从物质存在走向"化蝶幻象"的财富观，即金融叙事中心化带来的五种"强引力"财富幻象：货币幻象、债务幻象、杠杆幻象、市值幻象、对冲幻象。21世纪的今天，只有直面全球经济秩序的金融叙事中心化与人类"整体性自由"精神的矛盾激化，剖析整体主义精神边缘化的内在原因，立足于马克思主义政治经济学的经济哲学基础，结合中国实践，探索并制定出恰当的宏观经济政策及国际政治经济战略，才能既把握住金融化创造的历史性机遇，促进国民经济和国民福利可持续增长，同时又有效防范全球金融动荡的冲击，创建具有人类整体主义精神的制度文明。

第一节　从货币起源到完全信用货币时代

人类从以物易物的商品交换开始，逐步产生了特殊商品——货币。"货币的起源同时是价值的起源，也就是说，在货币出现之前，虽然'东西'有价

[①] 参见申唯正：《21世纪：金融叙事中心化与整体主义精神边缘化》，《江海学刊》2019年第1期。

第五章 中心化与边缘化的矛盾:金融叙事中心化与整体主义精神边缘化

值,但因为没有跨越'东西'的通用价值度量衡,而无法得到具体的度量。"①货币的产生,极大地促进了商品贸易的发展和社会大分工的产生。在商品货币的演化过程中,贵金属中的黄金和白银逐步成为主要的货币中介,集交换媒介、价值尺度、支付手段、价值储藏于一身。从早期的实物货币、商业货币到当代的信用货币,都是适应人类经济社会发展的自然选择,这个选择过程至少经历了三个重要阶段。

一、实物货币阶段

这个阶段是从人类有剩余产品开始的,是传统货币阶段,货币本身就是一种特殊商品。此商品经济阶段正是马克思所揭示的 W-G-W,货币(G)是商品(W)流通的交易媒介,贵金属货币承担了主要的交易媒介功能。"自古以来,中国的货币体系就完全不同于中地中海地区和西亚地区的传统。"②在对货币价值的理解上,中西方也存在根本的不同,西方认为充当货币的贵金属价值具有同所交换的商品内在相等的价值,或者成比例;"相反,中国的哲学家和政治家断言,货币是由最高统治者创造的,赋予货币价值的是统治者手中的印章,而不是货币的内在价值或者交易价值"③。商业的蓬勃发展,改变着最初的货币作用,尤其随着 16 世纪欧洲进入重商主义时代后,金银等贵金属成为财富真正的象征。重商主义主张由政府管制农业、商业和制造业,发展对外贸易垄断,通过高关税率及其他贸易限制来保护国内市场。"然而自然界为黄金和白银的供应设定了上限——人们不能无中生有。"④人类的每一个社会阶段都受到了这个自然法则的约束。经济交往中的大量贵金属货币流通需求与实物贵金属供给的短缺必然带来替代货币的产生,正像凯恩斯指出的:"在传统上被认为是使黄金特别适合于充当价值标准的特点,即它的供给缺乏弹性,最终恰恰成为造成问题的根源的特点。"⑤这就为下一步更大范围内的纸币与汇票的产生和对它的替代留下了创新的可能性。

---

① 〔美〕威廉·N. 戈兹曼等编著:《价值起源》(第 2 版),王宇等译,沈阳:万卷出版公司,2010 年,陈志武序,第 8 页。
② 同上书,第 70 页。
③ 同上书,第 71 页。
④ 〔美〕彼得·L. 伯恩斯坦:《黄金简史》(第 3 版),黄磊等译,上海:上海财经大学出版社,2013 年,第 51 页。
⑤ 〔英〕约翰·梅纳德·凯恩斯:《就业、利息和货币通论》,高鸿业译,北京:商务印书馆,1999 年,第 245 页。

二、商业货币阶段

商业货币阶段也是锚定货币阶段,金本位的货币金融体系是其主要特征。爆发于18世纪的工业革命大幅度提高了生产力的发展,在大量工业产品国际贸易中,黄金成为主要价值度量衡。每个国家发行的货币都以黄金含量为锚定。进入19世纪,大英帝国正是在更大的殖民统治地区,用更大的经济空间重塑了全球的资本主义经济体系,"到了1908年,除了中国、普鲁士和少数中美洲国家继续实行银本位制之外,金本位制成为世界货币体系的标志,实际上就是英镑本位制"①。进入资本主义货币经济阶段,除了上述转化形式之外,增加了另一个具有不同特点的形式 G-W-G,此阶段的货币(G)已经不再是前一个形式中单纯流通的货币,而是作为资本形式的货币,"资本一出现,就标志着社会生产过程的一个新时代"②,自此商品经济正式过渡到货币经济时代。在商业时代和工业时代,各主权国家开始按一定的贵金属比例发行纸币,但是金本位、银本位甚至复金本位仍然是纸币的"价值之锚",这样的价值基础一直是人类找寻的最后价值或者绝对价值之度量标准。在西方发达国家中,英国一直试图维护着金本位的纯正地位,英国对"高质量的货币"的迷恋,也为其带来了沉重的代价。金本位制作为卡尔·波兰尼(Karl Polanyi)《大转型》一书中所描述的19世纪人类四大支柱的最关键支柱,恰恰满足了第一次全球化浪潮的国际自由贸易需求,每个国家都以黄金为价值基础和价值储备,货币价值跟黄金含量相关联,一国的黄金储备多少,自动调节着一国的贸易顺逆差的平衡关系。但是,第二次世界大战让国际货币体系分裂成几个相互竞争的货币集团,参战各国对货币的需求,导致纷纷脱离金本位,各国货币竞相贬值,动荡不定。第二次世界大战结束之后,由英美两国提议重构国际货币体系,建立了布雷顿森林体系的准金本位制度,在这样的制度下,美元锚定黄金,其他国家与美元挂钩,实行可调整的固定汇率,奠定了美元与黄金同等的国际货币储备地位。美元处于像黄金一样高的储备地位,也为1971年布雷顿森林体系的解体埋下了伏笔。

三、完全信用货币阶段

布雷顿森林体系下的全球经济度过了27年的相对平稳期,但是在20世纪60年代,两个主要事件导致美国的黄金储备大幅度减少:一个是随着二战

---

① 〔英〕尼尔·弗格森:《帝国》,雨珂译,北京:中信出版社,2012年,第212页。
② 《马克思恩格斯全集》第23卷,北京:人民出版社,1995年,第193页。

第五章 中心化与边缘化的矛盾:金融叙事中心化与整体主义精神边缘化

后德国和日本在技术等方面不断赶超的经济发展速度,越来越多的美国资本投入到这两个国家,分享高增长的收益;另一个是美国深陷越南战争,开支巨大,从较大的财政盈余耗费为很大的财政赤字,对各个国家的贸易扩张本来就不利的货币体系,在为美国自身带来特权的同时,也消耗掉了大部分美元储备。加上后来美国通货膨胀的加剧,迫使布雷顿森林体系最终解体,宣告全球货币体系真正进入完全信用货币时代。美元终于摆脱了黄金的羁绊,像没有锚定的航船,自由地"漂浮"在外汇市场上。而黄金也彻底不受美元的约束,脱离了货币属性,还原为特殊的商品。以美元计价的黄金价格经历了从1968年的每盎司35美元暴涨到了1980年的850美元,到2011年的1920美元,再到目前的1360美元附近。尽管中间有人无数次呼吁恢复金本位,但正像瑞士专家伯恩斯坦所指出的:"黄金已经失去了它的货币功能……重返金本位制已是不可能的了。"[①]美元终于经历了"凤凰涅槃",成为信用货币时代主要锚定货币及特别提款权SDR(亦称纸黄金)主要成分货币。

当今的货币(G)正式成为金融信用资本,呈现出 G - G′ 的快速转变,即在以世界贮备货币为锚定货币的浮动汇率制度下,利用主权国家的信用直接发行,就可以成为通约全球的金融资本。国内经济学者向松祚将全球金融资本主义的起点确定为1971年8月15日布雷顿森林体系崩溃之日,不无道理。他认为:"布雷顿森林体系固定汇率体系的崩溃,将人类货币体系与物质商品的最后一点联系连根拔起,彻底摧毁,人类第一次真正进入完全信用货币(fiat money)时代和无锚货币(unanchored monetary)时代。"[②]完全信用货币即无锚货币,如脱缰的野马奔入新的沃野,脱离了刚性金本位的定在约束,真正开启人类经济体系崭新的篇章,并宣告了全球金融化时代的正式到来。信用货币赋予主权国家央行操纵货币的巨大权力,并彻底释放出巨大的市场动能,让人类经济进入史无前例的加速发展阶段。全球可交易的流动性金融资产开始远远超过实体产业的增长速度,可交易的信用资产似乎创造了更多的财富,激发了更大的市场活力和效率。这样的金融创新,应该说像新石器时代的工具对农业的促进一样、像内燃机对工业革命的驱动一样,触发并激活了现代社会的巨大经济潜能,但在满足了人类对货币数量的各种欲望之后,为整个社会带来的也是巨大的不平衡和系统性的风险与不确定。

[①] 〔美〕彼得·L.伯恩斯坦:《黄金简史》(第3版),黄磊等译,第359页。
[②] 向松祚:《新资本论》,北京:中信出版社,2015年,第139页。

第二节　金融叙事中心化的五种"强引力"幻象

进入完全信用货币时代,全球金融体系的四大价格信号——利率、汇率、股市、大宗商品价格,将决定每个经济体的资源配置、经济结构及财政政策。而利率、汇率、股市、大宗商品价格,像很多基本经济变量一样都是相对主观变量,都决定于参与者的主观预期,反映着决策者的主观判断、心理预期乃至动物精神。在这样一个具有内在不稳定性和不确定性的变量体系中,每一个变量的重要变动都来自市场参与者对主观叙事能力的把握程度:谁的叙事性符合市场预期,金融资本就引领社会大众趋之若鹜,呈现羊群效应;谁的叙事性差,若经济预期再转弱,金融资本便会逃之夭夭。这种超越物的功能性存在的金融叙事,正是让·鲍德里亚(Jean Baudrillard)所指出的"物远不仅是一种实用的东西,它具有一种符号的社会价值"[①]。如果说符号的社会价值是对物的功能性的超越,那么金融叙事中心化则是对符号化功能性的进一步超越。于是,人类经济体系真正导入了金融叙事中心化的五种"强引力"幻象即货币幻象、债务幻象、杠杆幻象、市值幻象及对冲幻象之中。全球货币金融体系在一个没有锚定、没有定在、没有限制的非理性精神的想象中与它自身的叙事相关联,来自现实又脱离现实,来自物质又脱离物质,来自符号的功能又脱离了符号的功能,通约着整个对象化的世界。

一、货币幻象

货币作为人类经济社会的交易媒介,自出现之日起就成为"一切价值的公分母",但同时也使人对客观世界的价值评判出现了名义价值和实际价值的双重标准。1928年,美国经济学家欧文·费雪(Irving Fisher)提出了"货币幻觉"(money illusion)一词,反映了人们对货币所表达的名义价值与实际价值的认知偏差。

(一)具有重要影响的西方经济学几个流派的货币思想。(1)凯恩斯对货币幻象的肯定和利用。凯恩斯恰恰是发现并利用了人们的货币幻象,提出通过货币政策的手段继续保持人们的货币幻象状态,避免人们信心的跌宕起伏,来解决周期性经济危机。而且凯恩斯明确地指出失业问题就是源自货币幻象的破灭,明确提出中央银行应该用货币政策调控货币供给量,维持并保

[①] 〔法〕让·鲍德里亚:《符号政治经济学批判》,夏莹译,南京:南京大学出版社,2009年,第2页。

第五章 中心化与边缘化的矛盾:金融叙事中心化与整体主义精神边缘化

证人们的货币幻象状态:"失业之所以出现,原因在于,人们意图得到像月亮那样得不到的东西……唯一的解决之道是说服公众,使他们理解,纸币也是货币,然后,建立一个由国家控制产量的纸币工厂(即中央银行)。"①这里面至少包含了三层含义:其一,失业的原因之一是货币短缺;其二,人们想得到更多不现实的东西;其三,纸币是因为中央银行的信用才赋予了内在价值。这正是货币幻象的金融叙事中心化体现。(2)奥地利学派的代表人物哈耶克却认为,试图维持货币幻象进行货币扩张,企图能够进一步扭曲生产结构,是不可能治理危机的。"如果以为总有一天能够用货币政策来把工业的波动完全消灭,这也许只是一个幻想。"②(3)货币主义的创立者弗里德曼也不认同凯恩斯的方法,强烈反对国家干预经济,主张实行一种"单一规则"的货币政策,即把货币存量作为唯一的政策工具。但是,曾任美国国防部金融高级顾问的詹姆斯·里卡兹认为,"从根本上讲,货币主义之所以不足以作为一项政策工具,不是因为使用了错误的参数,而是因为参数太难以控制。货币流通速度是消费者信心或担忧的一面镜子,会大幅波动。从基础货币到银行贷款的货币供给传输机制,会因为贷款人和借款人缺乏确定性和信心而瓦解"③。

(二)马克思及国内部分学者关于货币幻象的哲学思想。马克思指出,"因为货币作为现存的和起作用的价值概念把一切事物都混淆了、替换了,所以它是一切事物的普遍的混淆和替换,从而是颠倒的世界,是一切自然的品质和人的品质的混淆和替换"④。上海财经大学资深教授张雄对马克思著作中的货币幻象进行了细致的梳理和研究,他指出:"货币幻象主要指货币在观念中所彰显出的过溢的权力张力,或指各种未能把货币量值符号同真实量值区别开来的现象。"⑤并且,他还针对马克思对货币幻象的分析,对包括人的内在关系、符号的实体化、货币幻像剥夺价值的实质性和价值的通约性等四个方面做了概述及扩展性论证。另外,国内学者乔洪武、李新鹏在2015年《哲学研究》上发表的文章⑥中,从价值通约特性下货币幻象形成、货币经济条件下人的异化、货币形式掩盖资本的剥削实质及资本主义货币伦理问题的出路等四个方面,对马克思与当代西方经济学的货币伦理思想的异同点进行

---

① 〔英〕约翰·梅纳德·凯恩斯:《就业、利息和货币通论》,高鸿业译,第245页。
② 〔美〕哈耶克:《物价与生产》,滕维藻等译,上海:上海人民出版社,1958年,第100页。
③ 〔美〕詹姆斯·里卡兹:《谁将主导世界货币:即将到来的新的一轮全球危机》,常世光译,北京:中信出版社,2012年,第164页。
④ 《马克思恩格斯文集》第1卷,北京:人民出版社,2009年,第247页。
⑤ 张雄:《货币幻象:马克思的历史哲学解读》,《中国社会科学》2004年第4期。
⑥ 乔洪武、李新鹏:《形同而质异:马克思与当代西方经济学的货币伦理思想比较研究》,《哲学研究》2015年第7期。

了细致的比较分析。

（三）信用货币的大膨胀——金融化赋予货币幻象信用空间。每个人都有财富收益增加、资产增值的需求，但在原有的锚定货币时代，金本位刚性兑付的定在限制了货币的发行量，人们的货币幻象并不能完全满足，也限制了人们的消费信心，从而带来了周期性的繁荣与萧条更替。欧文·费雪曾经在《繁荣与萧条》一书中，将货币数量因素作为决定经济陷入萧条的九个主要因素中最重要的因素。他认为，除了债务因素外，带来经济萧条的其余7个因素都是由"货币病"引起的连锁反应，而货币数量不足带来的货币病是可以避免的，因为"人类拥有或者本就应该拥有对自己的货币的控制能力"[①]。后来的全球央行的货币主义政策正是费雪理论的延续。所以，完全信用货币的金融化时代到来，正是迎合了人们对货币数量的需求。从个人到企业再到主权国家，无锚货币彻底开启了货币信用供给空间，逐步膨胀而且愈来愈大的供给量再也不受约束，从而带来了全球货币金融体系一直加速膨胀的货币数量。但是，货币创造机制并不简单等于信用创造机制，即货币供应量并不能简单等于信用扩张量，哪怕已经处于完全信用货币时代。日本连续二十多年的"量货宽松"并没有带来企业和消费者的信用等量增长就是明证。根据国际货币基金组织的统计数据，作为完全信用货币的全球储备货币总量，从1971年的不到500亿美元增长到了2013年的接近13万亿美元，增长了近300倍。从各国央行到企业再到个人，都以为无限增量的货币与无限延期的债务就能满足人类货币幻象的需求，并能带来信用需求的扩张。但是信用货币数量并不等同于市场信心，并不等同于真实购买力，并不等同于绝对兑换能力。因此，货币财富无限增长的人类欲望与货币能够随时兑换成购买力的盲信促成了当代货币幻象。

二、债务幻象

债务幻象源自人类对货币收益的乐观预期，机敏的个人和企业作为债务人，若具备对交易机会的良好把握，带来的是财富效应；而政府用国家信用为担保，从民间或者国外借债用于急需的财政开支，约定用未来财政收入来偿还。但任何类型的债务都有可能成为过度负债，发展为债务幻象。我们这里讨论的债务，正是欧文·费雪所说的能"产生收益（productive）的债务"[②]，而不是不能产生收益的债务。正是人们对未来货币收入逐步增长的希冀与自

---

① 〔美〕欧文·费雪：《繁荣与萧条》，李彬译，北京：商务印书馆，2014年，第29页。
② 同上书，第47页。

信,让更多的个人、企业乃至国家,包括那些未来偿还能力很弱的主体都成为新的债务人、巨债企业、大赤字国家。尤其在繁荣期,"随着通货再膨胀减轻了债务的实际负担,很多债务人包括一些新的偿还能力较弱的借款人,都被引诱去进一步扩张他们的企业;为了达到这一目的,他们会借入更多的债务,这进一步稀释了货币的价值,因此也进一步减轻了实际的债务负担,而这又会诱使商业世界中更多的人(包括一些新的偿还能力更弱的借款人),去借入更多的债务"①。直至新的一次萧条期到来。合理的债务能扩展经济空间,促进经济繁荣发展,但是过度的债务就会成为债务幻象,最终走向违约与破产的结局。2008年爆发于美国的全球金融危机,正是由大量的不具备偿还能力的个人(家庭)的过度房产信贷为基本组成的次级抵押贷款所引发的,从而引发美联储随后执行了三次QE(Quantitative Easing)货币宽松计划:2008年11月～2010年3月实行的QE1政策,美联储总共购买了12 500亿美元的抵押支持证券、3 000亿美元美国政府债券以及1 750亿美元政府资助发行的债券;2010年11月3日美联储宣布实施的QE2,2010年8月底至2012年6月总共购买了6 000亿美元的美国长期国债;2012年9月14日,美联储宣布推出第三轮量化宽松政策,截止2015年10月结束的QE3措施,让美联储资产负债表规模扩大了1.66万亿美元。大量的流动性被投放到了市场。

尽管美国的"败家子"名声由来已久(当代金融史所描述的美国19世纪的数次债务危机),尽管恰巧从1971年的金融全球化开始,连续近40年的经常项目贸易逆差带来的是美国财政悬崖,一次次地提高债务上限,尽管2008年的全球金融危机是源自美国的次贷危机,尽管2011年8月5日,国际评级机构标准普尔将美国政府债券的评级下调一个等级,但是美国国债仍然是当代全球最安全的投资标的,国际国内投资者仍然趋之若鹜。是什么让全球债券投资者对美国国债这么信心满满?是什么让美国这么有底气地特立独行成为例外?曾任IMF官员的普拉萨德的《即将爆发的货币战争》揭示了这个"美元荒唐剧"的金融叙事缘由。他认为,全球各主权国家为防范金融危机的大量外汇储备需求即它们对全球最安全资产的大量配置需求是主要原因。尽管作者认为对美国国债的强劲需求是"寄托于美元保值的滑稽剧"②。虽然美国逐年上升的财政赤字是导致美国国债的发行量越来越大的主要内在原因,但他认为美国国债的发行成本越来越低,却是世界货币美元霸权制度

---

① 〔美〕欧文·费雪:《繁荣与萧条》,李彬译,第45页。
② 〔美〕埃斯瓦尔·S.普拉萨德:《即将爆发的货币战争》,刘寅龙译,北京:新世界出版社,2015年,第42页。

带来的。他认为,"在全球金融体系中,美国之所以能特立独行,并不是因为其经济规模,而是因为其培育起来的一系列制度保证,如民主政府、公共机构、金融市场以及法律体系。尽管这些制度并不完美,但依旧是其他国家效仿的标准"①。美国有"弱不禁风的政治平衡"机制,而美元是这个世界上价值储备的最佳选择,因为美国强大的国家综合实力增添了投资者的无限信任感,尽管这也是一种幻象。

2008 年之后的后金融危机时代,2020 年之后的后疫情时代,全球各国尤其是各发达国家政府债务总额都巨幅增长。所以,我们想强调的正是货币主义理论主导的国家债务膨胀所带来的债务幻象。马克思说:"公债成了原始积累最强有力的手段之一。它像挥动魔杖一样,使不生产的货币具有了生殖力,这样就使它转化为资本,而又用不着承担投资于工业的风险,甚至都用不着承担投资于高利贷时所不可避免的劳苦和风险。"②美联储印制出来美元纸币或者电子美元,只有通过发行美国国债,让全球的投资者购买并使用,才具备全球信用货币的价值功能,才赋予这些绿色钞票及电子货币以价值内涵。马克思指出:"随着国债同时产生的,有国际信用制度,国际性制度常常隐藏着这个或那个国家原始积累的源泉之一。"③

"赤字财政和债台高筑是当今世界各国政府共同面临的另一个普遍性危机,它既是金融危机和经济危机的原因,又是结果……本质上,赤字和债务正是西方福利和民主制度的顽症,金融资本主义的崛起为赤字财政和债台高筑提供了非常便利的条件,让许多国家长期饮鸩止渴。"④同样是发达经济体并拥有储备货币发行权的日本和欧盟,就没有像美国这么好的机运与效果。大多数发达国家都陷入了一个债务黑洞,面临人口老化、人口增长缓慢的现实,未来的金融叙事缺乏想象,不能给予投资者信心。尽管日本是量化宽松政策最早的实施者,多年来也一直奉行扩张性财政赤字政策,但是金融叙事性想象力的缺乏,让多年来的刺激经济增长和追求适度通胀的方式一直没有大的效果,甚至"负利率"操作也没能使日本走出紧缩的困境。日本企业界乃至全球投资者对日本金融政策的叙事化带来的债务幻象心知肚明,即使再大规模的量化宽松仍然是收效甚微。欧洲几个贸易逆差的国家因为公共债务形式的进一步恶化,引发了近几年的欧债危机,也是他们在金融叙事上缺乏想象力

---

① 〔美〕埃斯瓦尔·S.普拉萨德:《即将爆发的货币战争》,刘寅龙译,北京:新世界出版社,2015年,第 33 页。
② 《马克思恩格斯文集》第 5 卷,北京:人民出版社,2009 年,第 865 页。
③ 同上书,第 866 页。
④ 向松祚:《新资本论》,第 326 页。

导致全球投资者对它们的资产安全性产生了怀疑。目前,大部分发达国家国债的负收益率(相对于通胀率)现象为债务幻象的制造者和追随者敲响了警钟。

三、杠杆幻象

杠杆幻象与债务幻象都是源自货币无限增长的财富幻象,两者有一定的相似性,但这里所说的杠杆幻象强调的是发源于当代金融衍生品所内生的脆弱性,是因杠杆率过大引发的金融叙事化杠杆幻象。到20世纪80年代初期,外汇期货、股指期货等金融衍生品的逐步创立和发展,是金融资本实现资本工具性全球化的第一步。这些外汇期货、国债期货、股指期货、商品期货及期权等金融衍生产品自生成那天起,就是金融市场的有效组成部分,但其具有天生的杠杆效应与内在脆弱性。这些创新的金融衍生品所具备的高杠杆率,使资本金融的经济空间在全球金融市场得到高度扩展。资本市场的杠杆效应是放大了的金融叙事性:一方面在人性恶——趋利性的基础上,按亚当·斯密在《国富论》提出的"无形的手"概念,立足于利己,达到了利他的社会效应;另一方面,在放大的杠杆效应背景下靠讲故事,制造海市蜃楼、镜花雪月的美好景象,呈现了人性恶的恐惧和贪婪,隐含了货币金融的系统性风险。没有杠杆效应就没有金融市场,但杠杆比过高就必然产生较大风险。现代金融市场的很多创新都是想尽办法把杠杆效应放大,层层叠叠的杠杆效应导致整个金融系统就似"多米诺骨牌"的环环相扣,以至于稍有风吹草动,就能产生"蝴蝶效应",金融体系的"大厦"就会崩塌。格林斯潘就曾指出:泡沫与金融机构的杠杆水平密切相关,尤其是在投资回报期限长于债务期限的情况下。而且他还认为,正是因为适度的杠杆率才让美国经济从1987年的股市崩盘和2000年的网络泡沫中迅速恢复,也正是过分膨胀的杠杆率导致2008年的严重金融危机[1]。前英国央行行长默文·金也指出,控制商业银行风险主要是对其杠杆率的控制,其中英国的北岩银行恰恰是因为杠杆率高达60～80倍才造成了随后的破产,另外,默文·金还用英国央行对116家大型跨国银行进行的有针对性的研究结果(即其中74家存活、42家倒闭),证明了控制杠杆率是应对未知风险的关键[2]。

马克思认为:"如果说信用制度表现为生产过剩和商业过度投机的主要

---

[1] 〔美〕艾伦·格林斯潘:《动荡的世界》,余江译,北京:中信出版社,2014年,第51页。
[2] 〔英〕默文·金:《金融炼金术的终结:货币、银行与全球经济的未来》,束宇译,北京:中信出版社,2016年,第141页。

杠杆,那只是因为按性质来说,具有弹性的再生产过程这里被强化到了极限。"①在当代信用制度高度发展的金融市场中,用金融衍生品标的价值的10%或者5%、2%甚至1%,就可以享有该标的物未来价格变动的收益,当然同时也承担着未来不利的波动性风险。所以,这个金融标的之历史波动范围和波动率都是对这个金融产品设定保证金标准的尺度,而金融衍生产品的保证金制度、每日无负债结算制度,以及逐日逐时风险控制制度,都是保证此类杠杆产品的核心金融风险控制制度。风险存在于未来,而杠杆效应的"支点"恰恰是以根据过去信息而能得到的所有信用为基本假设。

信用作为金融杠杆产品的"支点",至少具有四个方面的技术维度:脆弱性、波动性、反身性与非线性。纳西姆·尼古拉斯·塔勒布(Nassim Nicholas Taleb)的《反脆弱》为我们勾画了人类社会中脆弱性与反脆弱性的概念,强调了当代金融市场所具有的高负债、高杠杆的脆弱性本质,描述了作为信用"支点"的评级机构信用评级的脆弱性:"相当多的次级抵押贷款都是被'AAA'评级粉饰过的有毒垃圾。要知道,AAA级意味着安全性接近于政府债券。无辜的人们就这样被误导着,将自己的储蓄投进来——此外,监管者还要强迫投资经理使用评级机构的评估。"②大多数人对风险是厌恶的,喜欢依赖稳定性与线性发展。为此,经济学家们根据经济发展的线性规律设置了层层风险控制体系。如果金融市场的发展是线性的,或者是确定概率的风险可能性,那么层叠的风险控制管理体系,将根据质押物等信用"支点"的市场价值来按比例增减信用额度。但是,对金融市场的发展影响更大的是非线性的不确定性因素。比如我们可以经常观测到,在金融市场,上涨期间一般是稳定的线性波动特征,而下跌期间的特征更多的是非线性的断崖式。例如,2015年1月16日瑞士法郎在外汇市场的剧烈波动,瞬间引起了近40%的波动,那么对2%甚至1%保证金的外汇交易市场的冲击可谓巨大,其中持仓量较大的福汇集团(FXCM)曾经是全球首屈一指的外汇交易平台提供商,瞬间损失达到2.25亿美元。这就是高杠杆率的金融衍生品上演的一幕杠杆幻象。所以杠杆产品的非对称性的波动特点也决定了这个信用"支点"具有不可量化的非线性,进而会引发这个信用"支点"的崩塌。尽管一个好的金融叙事能够带来辉煌的杠杆效应,但一个偶然的因素就可以导致整个金融杠杆体系的崩溃,并进而影响经济体系的系统性整体。

---

① 《马克思恩格斯文集》第7卷,北京:人民出版社,2009年,第500页。
② 〔美〕纳西姆·尼古拉斯·塔勒布:《反脆弱》,雨珂译,北京:中信出版社,2014年,第336页。

四、市值幻象

随着 19 世纪的现代企业制度在英美等发达国家的萌芽和发展,有限责任公司与股份有限公司逐渐成为经济社会主要的参与主体。同时,纯粹的金本位和银本位也逐步被金汇兑本位所替代,各种商业票据和有价证券的金融股票市场也逐步发展并活跃起来。但真正现代意义的资产证券化下的上市公司,却是从财富不再用贵金属作为货币符号的表达开始的,即从 1971 年之后脱锚的完全信用货币时代开始的。物的财富理念向符号化财富观念的演化,加上掌握了大量资本的新兴投资银行与风险投资基金的偏好,都影响并决定了上市公司的新时代特征。金融化时代的上市公司,其市盈率、股价、公司市值成为主要衡量指标,"一切为了股东价值最大化,一切为了市值最大化"成为上市公司管理团队最大的追求目标,购买这些股票的投资人也不再那么关心公司的产品和服务甚至短期的分红,而主要关心的是能够影响股价和市值的主要因素,这些因素则是能勾画并影响股价走势的金融叙事的市值最大幻象的几个主要特征。

(一)"宁做鸡头不做凤尾"。做大市值可以实现同行业兼并收购,体现赢家通吃的马太效应,所以投资银行与风险投资基金永远都在寻求任何行业的第一名,因为行业第一名可以获得绝对垄断地位,享受到的是比同行业其他公司高得多的市盈率、股价、市值、社会名望及商业谈判能力。如果实在不能找到第一名的龙头企业,很多风险投行也会将后面几名有实力的跟随者兼并重组,变通地实现行业老大的目的。一切为了追求行业第一、市值最大。首席执行官的薪酬与股票市值密切正相关,在全球市场上一个正确的决策和一个合适的决策之间的差别,有时候甚至可能达到数亿美元的差别,导致最佳市值首席执行官的竞争更加残酷,因此,不能保持行业老大或者不能为公司创造市值增加的 CEO 和经营团队将会被淘汰。

(二)从市盈率到"市梦率"。金融市场高度发达的今天,众多投资者普遍不满足于短期的分红,而主要关心股价能否溢价或升值。因为公司利润的相对高低并不会变化太快,而市盈率的高低却直接决定了上市公司的市值大小,所以市盈率成为金融市场主要关心的指标之一。"股东价值和市值=利润×市盈率,则成为全球金融资本主义时代最神圣的价值公式……市盈率决定一切,市盈率成为衡量每家公司在资本市场成败的试金石。"[①]本来个股市盈率是以单位时间内的盈利为分母、即时股价为分子计算出来的

---

① 向松祚:《新资本论》,第 58 页。

未来股价想象力,但发展到21世纪高科技网络股的疯狂时代,出现了很多并无利润甚至亏损较大的公司,我们知道分母为负值,则市盈率是没办法计算的,就出现了看似崇尚成长性作为投资理念的"市梦率",其实只是强调梦幻般的金融叙事想象而已,当初美国纳斯达克网络科技股泡沫的破灭,就彻底呈现了"市梦率"只是一种梦幻的特征。2015年上半年中国股市许多负利润甚至负资产股票连续暴涨,"市梦率"演变为"市胆率",甚至是"市疯率"。

（三）管理层收购（Management Buy-Outs）与股权激励的内在动力。自从现代企业制度创立以来,股份制公司的创新在于所有权和经营权完全分离,所有人和代理人成为一种雇佣和代理的关系。所以所有人和代理人的共同利益如何最大化,成为现代市场制度要解决的首要问题。作为规模相对不大的企业,MBO可以让管理层未来对公司实施并购计划,在公司利益最大化上达成一致。而随着越来越多大型公众公司的上市,股权、期权激励成为主要市场激励机制,所以能带领管理层实现股价与市值最大化的CEO,将获得股权、期权的激励,而CEO的任职时间是有限的,如何快速盈利、快速做大市值的金融叙事能力也成为公司高管的必备素质。在这里,市值已经失去了它本真的意义,不是为了最初的投资项目开展社会融资,而是为了本身的市值最大进行炫耀性的市值竞赛。托斯丹·邦德·凡勃伦（Thorstein B. Veblen）在《有闲阶级论》一书中指出:"真正的动机是竞赛……占有财富就博得了荣誉;这是一个带歧视性意义的特征。"①正说明了市值最大化的现象不是简单的实体性产业的最大化竞争需要,而是为了炫耀性地获得垄断地位的市值幻象。鲍德里亚指出:"简单说来,物从来都不存在于他们所发挥的功能之中,而是存在于他们的过剩之中,其中凸显了威望,他们不再'指认'这个世界,而是指认拥有者的存在以及他们的社会地位。"②那么上市公司做大市值不是仅仅为了竞争的需要,而更多地是为了凸显在金融化世界中的威望和地位,更何况利用这种地位能够获得更多的廉价公共资源和政府信用担保。

五、对冲幻象

金融化时代正是金融衍生产品的创造时代,很多金融衍生产品比如期货、期权、CDS（Credit Default Swap）、金融套利、高频交易、资产证券化等,都是为了对冲或者转嫁市场风险而设计的。但是金融市场天生是脆弱的,这些

---

① 〔美〕凡勃伦:《有闲阶级论——关于制度的经济研究》,蔡受百译,北京:商务印书馆,1964年,第23页。
② 〔法〕让·鲍德里亚:《符号政治经济学批判》,夏莹译,第5页。

产品在对冲风险的同时也具有天然的内生脆弱性。风险价值之病毒、高评级债券组合之病毒、程序化交易之病毒就是几种能带来对冲幻象的重要因素。

（一）风险价值（VaR）——金融经济学之病毒。风险价值是华尔街及全球对冲基金都在使用的风险管理方法。它是用来衡量整体投资组合风险的，即一个买入头寸对应于一个卖空头寸的对冲组合，用风险价值的评价，风险将远远低于单独持有这两笔头寸，这是对冲工具的主要优势。在金融市场线性发展的稳定时期确实是没有什么问题的低风险组合，但是一旦遇到了非常时期，这样的对冲组合风险就将释放出巨大的破坏能量。1987年的大股灾、1998年的美国长期资本管理公司（LCTM）的破产以及2008年的金融危机，一旦哪怕小部分头寸出现违约或者无法兑现，带来的便是整个金融体系的连锁反应。这是因为"风险价值模型为更高的杠杆和资产负债表之外的大规模风险解除了警报"①。

（二）最高评级的AAA级非相关债券的评级标准之病毒。被华尔街三大评级机构包装出售的美国抵押资产债券，是比美国国债还要优良的债券产品，高达90%以上的比例都是投资级的债券。但是清楚其评级及风险评估机制的人都知道，这样的债券高等级评估令人质疑。"假设两个原始资产违约率（比如为10%）完全不相关，那么两个原始资产同时违约的概率立刻降低为1%（10% * 10% = 1%）！新发行的优先级债券违约率急剧下降，信用级别自然立刻大幅提升。假如资产组合里包含3种资产，且违约概率互不相关，那么优先级违约概率则神奇的降为0.1%。"②可以想象，在具有连锁反应的金融市场中，这样的债券风险对冲组合即使有高级别的评级，风险来临时也只能是一种对冲幻象。

（三）程序化交易产品的纯粹理性对冲之病毒。随着电脑软件智能化的提高，金融市场从20世纪80年代末期就引进了程序化交易系统，这样的系统可以将交易策略的逻辑与参数在电脑程序中用过去的数据测试后，将优化的交易策略运行在计算机上，用来克服人性弱点，并可以用计算机来捕捉市场瞬间即逝的无风险套利机会，应该说这是人工智能的金融创新。但是这样的纯粹理性工具，犹如沉浸在金融市场的"对冲病毒"一样，在很多时候将是市场的巨大"杀手"，两个已发生的事件可以充分说明其巨大影响力。2010年5月6日美国市场发生的瞬间性崩盘事件和2013年8月16日发生的光

---

① 〔美〕詹姆斯·里卡兹：《谁将主导世界货币？》，常世光译，北京：中信出版社，2012年，第173页。

② 向松祚：《新资本论》，第106页。

大证券"乌龙指事件"都是程序化交易工具的"杰作",为套利交易而进行的对冲交易最后变成了极大的风险事件。

第三节 财富幻象背后金融叙事属性的三大"核心组织"①

看似迷幻的符号化财富幻象,金融叙事属性的主要掌控权是处于金融权力之巅的三大金融叙事"核心组织":美联储、三大信用评级机构和五大投资银行。三大核心组织"代理人"用他们的个人好恶,编导整个金融市场的叙事景观。他们秉持自然发生论的"渗透效应"价值观,以双重标准主观干预和引导全球金融预期,从而导致经济社会一再走向危机。

一、信用货币的缔造者——美国联邦储备银行

美国联邦储备银行(美联储)的设立历程可谓曲折。在1914年美联储产生之前,美国建立中央银行的尝试超过百年。两次尝试都因为没有得到展期而中断,主要是由于经济学界对国家金融权力的过度集中存在不信任。直到后来,"确切地说,是在1906年旧金山地震的瓦砾堆和1907年大恐慌的金融废墟之上,人们开始齐心协力地建立一个新的中央银行"②。从1908年到1913年经过多次的协商,《联邦储备法案》终于被通过,于1914年11月生效。美联储不是一个单一的实体,而是地方性储备银行的联合体。在成立之初,美联储就成为全球货币金融体系的主要参与者。尽管当时英镑仍是主导货币,但是随着第一次世界大战的打响,英国被深度卷入战争,大批量黄金流入美国,带来了美国金融市场的空前繁荣。尽管1929年的股市大崩溃让来美国的投资者铩羽而归,并导致全球经济的大萧条,但是,美元从此彻底替代了英镑。随后,布雷顿森林体系的建立使美元成为全球货币体系的本位货币。自此,全球货币金融体系的权力传导路径是:美元作为主要储备货币的发行量和利率水平,将决定着全球其他国家的货币利率及国债收益率。美联储实际上在用美国国家信用的金融叙事协调着全球经济运转,但美联储是一家主权货币央行,首要考虑的是其国内需求。受制于国内"弱不禁风的政治平衡",美联储并不像有些分析人士批评的那样,是一个滥印货币的中央银行,

---

① 参见申唯正、李成彬:《反思"新蒙昧主义"金融范式:金融叙事属性背后的危机与不平等》,《海南大学学报(人文社会科学版)》2016年第6期。
② 〔美〕詹姆斯·里卡兹:《谁将主导世界货币?》,常世光译,第46页。

但是连续数十年的财政赤字积累,让美联储不得不加大印钞机的印钞速度。"美元货币供应量则取决于美国首都华盛顿特区宪法大道上那座著名神庙里12位'神父'的一念之差,尤其是取决于'神父'之首——美联储主席的个人判断和决策。"①美联储基于过去线性数据的判断所制定的政策,带来的是金融叙事的预期效应。它深刻影响了全球市场投资者的主观判断、心理预期乃至感性冲动,从而主导着未来市场的预期走势。

二、市场信心的掌控者——三大国际信用评级机构

穆迪、标准普尔和惠誉是全球前三大国际信用评级机构。在完全信用货币时代,市场信心决定一切。1975年,美国证券交易委员会SEC认可穆迪、标准普尔、惠誉为合格评级组织(简称NRSRO)。自此,全球三大评级机构掌握了金融市场信心的裁决权,在全球所有参加信用评级的银行和公司中,三家评级机构拥有着绝大部分的市场份额。国家和企业机构若要发行债券,信用评级越高,付出的利息就越低,融资能力就越强;反之,债券利息就越高,融资能力就越弱。"三大国际信用评级机构掌控了国际金融市场的命门,往往具有极强的威慑力,尤其是在关键时刻……谁能够决定一国主权债券的信用级别和债券市场的价格水平,谁就站到了整个金融市场乃至整个经济体系的权力之巅。"②三大评级机构的评级模型是依据美国债券市场和资本市场的运作经验构建的。多年来,三大评级机构只要有一家宣布某个国家的信用等级调降,该国就将陷入崩溃边缘。比如,1997~1998年亚洲金融危机期间,标准普尔对泰国的信用评级下调,同时对韩国的信用评级下调,就直接造成对这两个国家及亚洲地区的恶性冲击;2010年,标准普尔将希腊的主权债务信用直接降低了三个等级,并展望为负,致使希腊不足3000亿美元的债务带来全球股市数万亿美元的市值蒸发。从市场信心上讲,本已捉襟见肘的债务国经济,面对信用评级机构的落井下石,它们的经济状况将更加恶化,不利于问题的解决。三大评级机构若站在客观的立场上,评估并警告风险,担当经济的"温度计"角色,为全球投资者预估债务国的信用级别本无可厚非,问题是他们的信用评级常持有双重标准,有选择地充当市场不安情绪的"鼓风机"。尽管它们的参照标准是美国评估模式,但对美国信用评级却另眼相看。比如,2008年金融危机期间,美国多家金融机构被政府接管,美国史无前例地三次QE。连续数十年的巨大财政赤字不断积累,"截至2013年3月,美国

---

① 向松祚:《新资本论》,第35页。
② 同上书,第101页。

联邦政府的债务总额已达到16.8万亿美元,净额为12万亿美元"①。如果世界上其他任何一个国家出现此种情况,信用评级早就大幅降低了。但是,直到2010年,标准普尔才唯一一次下调美国主权信用评级,在多数时间仍然维持AAA的最高等级。另外,在资产抵押债券上,经他们授信的一些投资银行利用金融创新规则将很多较大风险的金融产品,通过交叉持有并精心包装后,就成为高等级甚至AAA级的金融评级债券,"相当多的次级抵押贷款都是被'AAA'评级粉饰过的有毒垃圾"②,直到2008年美国次贷危机爆发,才被《纽约时报》爆出评级机构用"金钱魔术"所制造的惊天骗局。由此看出,掌握全球金融市场信用评级的三大机构,并不是客观的旁观者或者公正的裁判者,而是作为利益相关方深度介入债券发行之中,它们依靠金融权力地位在全球金融市场中牟利,彰显了金融权力的滥用状况。

三、金融叙事化的"编导者"——五大投行

高盛银行(Goldman Sachs)、美林银行(Merrill Lynch)、摩根士丹利银行(Morgan Stanley Bank)、雷曼兄弟公司、贝尔斯登公司(Bear Stearns)是全球前五大投资银行。投资银行是现代证券金融市场和现代企业制度的产物,是发达金融市场的重要组成部分,更是作为"人类追求自由意志的定在"的金融创新的主要推动力量。投资银行不仅能够沟通资金供求、促成企业并购、达成产业集中和规模经济,也是发明创新金融衍生产品、提高市场杠杆效率、优化资源配置、资产证券化的践行者,更是金融化世界用金融叙事来制造市场神话的"编导者"。1933年美国通过的《格拉斯-斯蒂格尔法案》,在商业银行和投资银行之间设立了一道"防火墙"。法案规定商业银行不得从事投资银行的业务,投资银行也不得从事商业银行的业务。摩根士丹利正是在此法案的影响下,从摩根财团分离出来的一家投资银行。美林是世界最著名的证券零售商和投资银行之一,也是全球最大的金融管理咨询公司之一。高盛集团是全世界历史最悠久、规模最大的投资银行之一。雷曼兄弟公司尽管在2008年金融危机中因巨额债务破产,并成为美国建国以来规模最大的破产案例,但其曾经的光辉金融叙事并购案例仍令人称奇。贝尔斯登在2008年被低价收购,也曾是全球盈利最高的投资银行。自20世纪80年代起,随着美国商业银行不满足于低利润的银行零售业,开始向投资银行渗透。在它们的影响下,克林顿政府于1999年通过了《金融服务现代化法案》,从而废除了

---

① 〔美〕埃斯瓦尔·S.普拉萨德:《即将爆发的货币战争》,刘寅龙译,第41页。
② 〔美〕纳西姆·尼古拉斯·塔勒布:《反脆弱》,雨珂译,第336页。

《格拉斯-斯蒂格尔法案》有关条款。这在法律上清除了银行、证券、保险机构在业务范围上的边界,其结果是商业银行大规模从事投资银行的活动。在众多投行对新型金融衍生品的低风险叙事渲染下,巨大的利润驱使美国混业经营的金融机构相互持有抵押贷款资产的次级债,这使得它们逐步陷入自导自演的金融灾难,尽管这些投行的"金融巨头们深信他们创造的不仅仅是利润,更是一种放之四海而皆准的新金融模式"[①]。2008年金融危机的爆发,让这五大金融叙事的编导者们自身也纷纷落入他们营造的"叙事陷阱"之中。高盛和摩根士丹利相继转型为商业银行,美林被美国银行并购,雷曼兄弟公司宣布破产,贝尔斯登公司被摩根大通收购。"美国式金融工程是全球最佳黄金准则的观点不攻自破"[②]。

四、金融叙事属性的弊端与超越路径

2008年金融危机证伪了"新蒙昧主义"所膜拜的西方完全自由放任的金融范式;美联储对"大而不倒"金融机构的救助显示了新自由主义的虚伪本质;皮凯蒂作为资本主义制度的"体检医生",从技术向度"诊断"了追求经济利益最大化的发展模式,他在《21世纪资本论》中指出,这种模式只会带来"富者更富、贫者更贫"的社会危机。因此,美国自由主义的金融范式受到现实和理论层面的双重批判,三大"核心组织"通过金融叙事的逻辑对全球金融市场进行任性操作,已经显现出其在全球金融市场中人为制造的不平等和危机。

第一,"代理人"从利己主义出发行使金融权力,必然带来深刻的不平等。在他们的心理天平上,一个地区或主权国家的金融稳定和经济繁荣抵不过他们私人之间的经济回报。在"核心组织"代理人那里,利己主义的原则并不是洛克所谓"开明的自利",而是完全舍弃了人性当中的社会化维度,陷进了私向化的单一向度。美国学者克莱顿、海因泽克认为:"基于利己主义原则的经济和政治体制是一种低级的劣等体制。……如果我们人类就是这样一种动物,为什么还要再用一种政治体制把我们变得比先前更自私呢?"[③]我们人类的政治体制只能是追求整体性自由的经济共同体,而不是强化人性的利己主义倾向的经济共同体。

---

① 〔美〕安德鲁·罗斯·索尔金:《大而不倒》,巴曙松等译,北京:中国人民大学出版社,2010年,第4页。
② 同上书,第3页。
③ 〔美〕菲利普·克莱顿、贾斯廷·海因泽克:《有机马克思主义——生态灾难与资本主义的替代选择》,孟献丽等译,北京:人民出版社,2015年,第19—20页。

第二,"代理人"以任性的操作行使缺乏有效制约的金融权力,隐含着深层次的系统性风险。当他们以金融叙事的方式将全球金融市场玩弄于股掌之间,对整体性的经济正义缺乏敬畏的时候,金融风险便成为常态。他们以超越常人的创新热情,不断地通过识变、应变、策变的升级,人为制造"行情",即便预期到风险的存在,多方博弈的最优选择也是无视风险,继续制造将全球金融市场推向悬崖的泡沫。

由于金融叙事的主体对经济正义缺乏敬畏,仅仅将金融风险视为牟利的"行情"必然带来巨大的不平等和风险。要克服金融叙事属性的根本缺陷,经济理性需要向政治理性升级,将个人的私向化动机和行为纳入社会化的框架之内。这需要理论和实践两方面的努力。(1)从理论上来说,马克思的政治经济学批判所导引的理论传统是认清金融叙事属性背后的资本逻辑的理论武器。马克思已然指出,资本主义制度自身是导不出经济正义的。《资本论》用市民社会的整体性特质分析与对资本逻辑的批判,表明了不同于西方经济学对政治与经济关系的立场。马克思的新政治经济学与马克思的唯物主义历史观是一体的,"没有唯物史观,政治经济学批判就会误入庸俗经济学的窠臼"[①]。"整个所谓世界历史不外是人通过人的劳动而诞生的过程,是自然界对人说来的生成过程。"[②]这是马克思在研究了人类政治经济历史之后,对人类历史的科学总结,是在先进社会实践基础上的理性思考,会伴随着科学和实践的发展而丰富。我们必须看到,"对《资本论》的形而上学解读方式,才是马克思主义政治经济学理论长期处于被压抑状态的内在原因"[③]。马克思主义政治经济学让位于西方金融经济学,多数经济理论实践界人士只相信金融数量化和金融叙事化,而不相信社会整体性的公平正义价值观,从而,西方经济学统领了当代经济学,成为"新蒙昧主义"所崇尚的信条。(2)从实践上来看,在金融领域的国际竞争中,货币战争和金融战争中的发达国家不会自缚手脚,对于其缔造的不平等和风险操纵机器,我们必须在根本认清其逻辑的基础上,积极构筑我们自己的金融话语权和针对全球金融风险的防范能力,从而进一步提倡并构建一种共商共建共享的国际金融体系。

面对未来社会将会发生什么,人们有很多的不确定性忧患意识。为了回避和转嫁市场风险与不确定性,金融资本市场创新了名目繁多的金融衍生品,创立了期货、期权等金融杠杆衍生工具,设计了各种各样的金融产品来对

---

① 张雄:《政治经济学批判:追求经济的"政治和哲学实现"》,《中国社会科学》2015第1期。
② 《马克思恩格斯文集》第1卷,北京:人民出版社,2009年,第196页。
③ 张雄、鲁品越主编:《中国经济哲学评论:2015政治经济学批判专辑》,北京:社会科学文献出版社,2016年,第58页。

冲风险,提高确定性。层叠的金融创新产品都是在为现代性的风险、不确定性寻求转嫁方式。但是金融衍生品多了,杠杆足了,风险就能一定能够转嫁给市场了吗?谁来承担?常规金融理论认为是冒风险的投机者来承担。但是人们忽视了金融杠杆建立的基础是一层层的信用担保机制,最差的信用人群也就是支付能力最差的"支点"却在承担着市场的整体性风险。金融衍生工具的创新创造了市场的对冲功能,但这样的风险转嫁功能已经使其脱离了本来的作用,携带了各种危害市场的病毒,用制造大波动的对冲产品为牟利而对冲,对冲的手段变为了赢利的目的。因此,追求金融叙事中心化的杠杆效益最大化很容易步入风险转嫁的对冲幻象。

第四节　金融化的生成与人类整体主义精神的三次决裂

马克思认为,社会存在决定社会政治意识形态:"物质生活的生产方式,制约着整个社会生活、政治生活和精神生活的过程。"①所以,"对于任何社会政治文化的把握都不能停留在政治文化或抽象的政治生活这一层面上,而应深入到社会物质生产和社会关系的领域中去"②。从历史向度看,金融叙事中心化是与源自资本主义精神的经济理性到金融理性的现代性深度演化分不开的,是与个人经济理性的利益最大化追求一脉相承的,甚至可以说是相同资本逻辑下的另一个"体系积累周期"③的主要特征之一。贯穿整个资本主义发展历程的,是国际社会各种政治权力对不动产所有权和流动资产使用权的争夺。金融叙事中心化正是从发源于资本主义初期的欲望到利益的引导,再到经济利益最大化,又到金融利益至上的深刻转变后的产物。"应当说,逐利的金融意志主义蔓延,在全球金融体系的框架中,必然使个体生命的'金融内化'与人类精神持有的'整体性自由'发生严重冲突。……显然,生命'金融内化'的严重后果在于:它直接导致人类对生命意义及价值认知的颠倒,金融转让价值似乎永远高于生命价值。"④金融化从商业资本主义的经济利益最大化追求,到工业资本主义对大自然的宣战,再到金融资本主义谋求的金融绝对垄断,带来的个人主义自由与欲望的深度关联、人类中心主义理

---

① 《马克思恩格斯文集》第 2 卷,北京:人民出版社,2009 年,第 591 页。
② 王沪宁主编:《政治的逻辑》,上海:上海人民出版社,2004 年,第 344 页。
③ 〔意大利〕杰奥瓦尼·阿瑞基:《漫长的 20 世纪》,姚乃强等译,南京:江苏人民出版社,2011 年,第 4 页。
④ 张雄:《金融化世界与精神世界的二律背反》,《中国社会科学》2016 年第 1 期。

性与主体性的彰显、金融叙事中心化与财富的"化蝶幻象",最终必然导致其与人类的"整体性自由"决裂。

一、货币化与传统信仰、品德、秩序的决裂

中国与西方很早就有重农抑商的思想,轻利重义也是重要的社会伦理思想。马克斯·韦伯(Max Weber)曾在其《新教伦理与资本主义精神》一书开篇就追问,为什么这种在伦理上最多也就是得到宽容的商业活动,在经受了数百年的谴责之后,成为一种职业的荣誉了?也就是说,现代性的资本主义精神是如何演变而来的?

(一)从传统的整体主义到利益追求的自由释放。自古以来,个体与群体、个人与社会的关系都是贯穿整个人类文化的一个永恒的根源性的矛盾问题。罗素(Bertrand Arthur William Russell)认为,"自古以来的哲学家们可以区分为希望加强社会约束的人与希望放松社会约束的人"①,正说明了整体主义与个人主义的矛盾之争。应该说,中世纪的神学思想是早期蒙昧的整体主义思想,文艺复兴是个人从整体主义束缚中突围的准备阶段,"真正对整体主义在理论上的突破,是从近代自由主义思想体系的建立开始的"②。从洛克的天赋人权政治思想,到孟德斯鸠和卢梭发展了的社会契约论,再到亚当·斯密《国富论》的经济个人主义思想,将从"原子式"个人出发的个人主义引向极致,功利主义成为个人主义的极致升华。作为现代功利主义理论的创始人边沁和密尔都认为,人类的行为基本上是以追求即时的快乐或避免痛苦为出发点的。功利主义认为,社会仅仅是一个虚构,个体利益才是唯一值得追求的现实社会之根本利益,所谓"最大多数人的最大幸福"最多也就是个体利益的简单加总,而全球金融化的"功利逻辑"就是能带来自我利益最大化的,就是自我的最大的"善"与快乐的彰显。贯穿金融叙事中心化的叙事能力深化了功利主义思想的社会化趋势,国家的唯GDP思想、上市公司的唯市值论、个人的唯金钱至上等思想都是当代功利主义盛行的重要表现形式。但这样的单向度的经济利益追求,只是聚焦财富等物质文明,只是彰显了作为人的内在本性之一的物质占有欲望,经济利益成为社会生活的单一目的,因而也就宣告了与人类自身整体性发展的背离。

(二)以热那亚为金融中心的经济权力与政治权力分离。历史悠久的商业活动之所以能够蜕变为早期货币化的商业资本主义,是与早期欧洲的

---

① 〔英〕罗素:《西方哲学史》(上卷),何兆武、李约瑟译,北京:商务印书馆,1963年,第22页。
② 刘晓虹:《整体主义与个人主义之争:西方哲学的一条重要线索》,《学术界》1999年第6期。

第五章 中心化与边缘化的矛盾:金融叙事中心化与整体主义精神边缘化

社会动荡和政治危机分不开的。易攻难守的热那亚地理位置,带来的是政权频繁更迭,但这样的不利条件,也促成了经济利益与政治利益的分化。"正是在那个世纪无休止的社会和政治危机之中,热那亚成为这样的城市:在那里,资本主义'以各种形式,以确切的和现代的技术得以发展;在那里,资本逐渐控制每项经济活动;在那里,银行逐渐占据非常重要的地位。从而在那里很快形成了一个富有的强大的商人阶级,他们同时或相继参与金融、商业和工业活动;总而言之,形成了一个现代意义上的大资本家阶级'。"①从这段话我们可以看到热那亚的商业资本主义是如何产生的,而且热那亚为了应对政治危机对商业利润的严重侵蚀,"随着1407年圣乔治商行的成立,它创建了一个由私人债主控制国家财政的机构"②,这个商行的成立,标志着权力二元性的分离,它用经济权力的相对稳定对抗政治的不稳定。与意大利其他的城市国家的传统立国路径不同,"热那亚的资本主义都是朝着建立市场方向,朝着日趋'灵活的'积累战略和结构的方向发展"③。尽管最终不能让热那亚政治稳定,但是热那亚却用创新的支票等方式,找到了一种稳定的现成的记账方式,拥有了相对充足的支付手段。另外,热那亚资本家阶层也尽可能地让保护成本"外部化"。总之,金融创新带来了商业资本对原有国家政治治理秩序的偏离。布罗代尔记载了热那亚以资本为中心的营生模式,在遭遇了无数次的风险洗礼后,逐步实现了用金融对意大利的统一。热那亚用稳定的金融支付手段,实现了其经济权力对世俗的政治权力的相对分离。

(三)趋于货币化的阿姆斯特丹鼎盛时期。政治动荡而商业发达的欧洲,存在大量的已经移居到不属于自己原有城市国家的资本家集团,"葡萄牙的犹太教徒对荷兰的兴旺更作出了特殊的贡献"④。他们掌握有跨国各种货币的流通资产商业网,并发展创新了一种金融支付手段——汇票,"有了汇票,组成'国家'的银行家就能够把在某个时刻,不同地方的意见在同一地方相互之间的货币差价化为利润"⑤,加上大批来自欧洲各地的移民,阿姆斯特丹的城市规模迅速发展壮大起来。荷兰商业贸易和金融的兴旺发达与当时他们拥有的大规模船队是分不开的,他们所建造的大船成本费用相对低廉且

---

① 〔意大利〕杰奥瓦尼·阿瑞基:《漫长的20世纪》,姚乃强等译,第123页。
② 同上。
③ 同上。
④ 〔法〕费尔南·布罗代尔:《15至18世纪的物质文明、经济和资本主义》第3卷,施康强等译,北京:生活·读书·新知三联书店,1992年,第200页。
⑤ 〔意大利〕杰奥瓦尼·阿瑞基:《漫长的20世纪》,姚乃强等译,第144页。

实用。最重要的一点是,来自世界各地的荷兰商人已经去除了主权归属,没有对荷兰民族国家的忠诚度,始终重视和维护的是商业利益,"商业利益高于一切,压倒一切,为宗教感情或民族感情所望尘莫及"①。布罗代尔还转述了一些资料记载,荷兰商人不仅用他们的资金资助荷兰东印度公司的竞争对手比如英国、丹麦等国的东印度公司,而且还曾资助了劫掠荷兰同胞的法国的私掠船,甚至"荷兰商人还与在北海行劫的柏柏尔海盗串通"②,这充分说明了商业利益至上的经济权利大于民族主权属性,唯利是图高于传统的人际关系属性,而且跟随民族国家忠诚度丢失的还有历史传承下来的传统美德,以致对商业资本主义大加赞扬的孟德斯鸠也曾不无遗憾地说:"商业会导致一切人际关系的金钱化,导致好客以及其他'使人们不总是刻板地讨论自身利益的美德'的消失"③。

二、工业资本化与大自然的决裂

人与自然的关系是古今中外哲学家们探讨的主题之一,既有来自西方神学的上帝之手造就了包括大自然和人类的万物世界以及文艺复兴之后的"人定胜天"主体性盲目人文主义,也有来自中国古代的混沌生万物到天人合一的纯粹自然主义思想,但是两种思想都是处于极端的价值态度。正像张立文教授所指出的:"中国的'天人合一'没有科学基础,虚无缥缈,难落实处。西方的'人定胜天',缺少人文的制约,为非作歹难以调适。"④我们这里主要论述来自西方的"人定胜天"工业主义与大自然的整体性决裂。文艺复兴之后的重商主义浪潮带来的是对获取商业利润的技术手段的促进,蒸汽机的发明创造引爆了工业革命,二元论的"祛魅"哲学思想盛行,它把整个世界抽象为一个孤立的客观存在,而人类也由此成了原子化个人的简单加总。工业重商主义的盛行,征服大自然的雄心,完全忽视了主体间性的存在,完全丢弃了古典思想中的世界整体观点。

(一)重商主义的变体——工业重商主义。发明创造带来了人类生产力的革命,工业化所带来的工业重商主义是在大量工业产品基础上对重商主义的变异:"从1720年左右起,一种新颖的工业重商主义的浪潮实际上席卷整

---

① 〔意大利〕杰奥瓦尼·阿瑞基:《漫长的20世纪》,姚乃强等译,第221页。
② 同上。
③ 〔美〕阿尔伯特·赫希曼:《欲望与利益:资本主义胜利之前的政治争论》,冯克利译,第75页。
④ 张立文:《和合学概论:21世纪文化战略的构想》,北京:首都师范大学出版社,1996年,第632页。

个大陆,这是荷兰世界贸易体系在18世纪二三十年代决定性地走向衰落的根本原因。"①英国工业的极度发达吸引了来自阿姆斯特丹以及各国的大量剩余资本来此寻找投资机会。在百年英法战争中,"英国新近获得的在欧洲巨额融资领域里的主导地位,转变成它追求权力过程中的一种实际上无限的信用就贷款"②。这样,英国就利用公共债务与公共支出的爆炸性增长,再利用独特的地理位置,逐步获得了国内工业的长足发展和国际贸易的巨大扩张优势,在19世纪初期一举取代了荷兰金融中心的地位,但在促进其经济发展的同时,也给欧洲及世界各地带来了生态环境的破坏。

(二)人类对大自然的宣战。从培根的知识就是力量的思想开始,"人类的知性为自然界立法""人定胜天"的人类中心主义导致"祛魅"的哲学思想盛行,大自然被看作是僵死的孤立的存在,是由纯粹的物体构成的。对大自然的"祛魅"导致人与自然的那种亲切感丧失,导致对客体即客观世界的无尽索求,导致一种更加贪得无厌的人类出现。这样的人类主体经济思想所提倡的人类生活的全部意义就是无尽地占有,就是越来越嗜求得到超过其需要的东西,使得人类成为对地球资源只求索取、一味掠夺的偏执族类。商业资本和工业资本联合起来追逐工业化带来的经济利益,而与贵族政权在政治上的妥协,带来了经济的长足发展和对全球自然资源的大掠夺,宣告了资本主义工业化与大自然和谐关系的彻底决裂。

三、金融化与人类整体主义精神的决裂

如果说英国用金本位货币体系下的工业化资本发展路径代替了荷兰的商业资本主义发展模式,那么美国则利用布雷顿森林体系下的美元货币体系与后来的浮动汇率制度下的全球信用货币体系彻底成为全球的金融定价中心。就这样,金融资本替代了产业资本,资本金融替代了货币金融。从利润最大化的经济理性到追逐金融理性的脱域性发展,个人、企业、国家乃至整个社会都被金融化,成为金融化生存世界的特有范式。个体的特殊性偏离了整体普遍性的类本质意义,符号化的财富幻象与生命的本真相背离,"金融内化"的单向度追求背离了人类精神的自由伸张。人就是人的本真目的,而不是达到任何目的的手段。好的社会的建构离不开对金融化的反思,离不开对人类整体主义精神的追问。

(一)个体的特殊性与整体的普遍性背离。赫希曼曾指出,在资本主义

---

① 〔意大利〕杰奥瓦尼·阿瑞基:《漫长的20世纪》,姚乃强等译,第158页。
② 同上书,第180页。

精神发育初期,思想家们在引导人类的贪欲走向整体利益时,论证了如何用贪欲抑制贪欲以达到整体利益的目的,而"'整体性自由'来自人性中高度私向化行为受阻而被迫产生的'利他主义'道德原则"①,这就是说,从私向化的欲望到整体利益的追求是人类的本性能量的释放,而高度私向化受阻所产生的"利他主义"道德原则是人类经过理性反思的整体性诉求。个人、企业、国家及社会各种组织的追求所呈现的金融内化、个体(群体)的特殊性与人类整体(包括自然界生物圈)的普遍性之间具有辩证关系。一方面,"没有因个人私欲、利己动机引发的金融活动中的一切癖性、一切禀赋、一切冲动、一切激情,整体主义的普遍性就会成为毫无生命、毫无真实存在的空洞幻想。另一方面,特殊性应当接受普遍性的规制和导引,唯有'受到普遍性限制的特殊性,是衡量一切的特殊性是否促进它的福利的唯一尺度'"②。这里面至少包含了三层含义:其一,促使社会发展的动力正是来自个人欲望中的"恶";其二,从个体欲望到整体利益的彰显离不开普遍性的整体化规制;其三,受到普遍性限制的特殊性才是衡量能否促进社会总体福利的唯一尺度。

(二)单向度的物欲性追求与精神自由的丰富性背离。发源于经济理性的金融原本是为经济、社会的发展服务的,"正是在为人类所有的活动提供帮助的过程中,也就是为一个拥有为所有成员所分享的富饶和多元化的合约的人类社会服务的过程中,金融才体现出其最真实的美丽"③。但是金融的这一功能在现实过程中却被异化了,服务经济的功能性工具手段变成了单向度的逐利本能,狭隘的逐利目的,极端的敛财手段,甚至不道德的金融欺诈,成为金融化背景下单向度物欲追求的特征。金融逐利的特性与人性的贪婪相结合,形成了人类个体(群体)精神向度的单一化发展,金钱至上、唯利是图、利益第一的单向度物欲性追求,恰恰完全与人类整体性精神自由的丰富性、多向度相背离。

(三)符号化的幻象与生命的本真相背离。对物质的追求发源于人们最初的生存需要,维持生计是人类最初劳动的真实原因,精神自由则是人类的本真追求。随着社会大分工促进了生产力的大发展,剩余产品成为财富的主要形式,剩余产品的交换带来了商品货币的出现,私有制的社会里,对财富的占有成了炫耀性的动机,信用货币的最终生成促成了符号化的财富幻象。托斯丹·邦德·凡勃仑的《有闲阶级论》描述了社会有闲阶级的财富积累动机:

---

① 张雄:《金融化世界与精神世界的二律背反》,《中国社会科学》2016年第1期。
② 同上。
③ 〔美〕罗伯特·希勒:《金融与好的社会》,束宇译,北京:中信出版社,2012年,第195页。

第五章　中心化与边缘化的矛盾：金融叙事中心化与整体主义精神边缘化

"所以要占有事物,所以会产生所有权制,其间的真正动机是竞赛……这一竞赛动机依然活生生的存在着,占有了财富就博得了荣誉;这是一个带有歧视性意义的特征。"①在私有制社会中,获得财富、占有财富、积累财富是"有能力的公认标志",能够博得声誉和尊重。于是,当代社会充斥了市值、市盈率、股价等符号化的财富衡量指标。看似有闲阶级自身炫耀的符号性欲求,恰恰成为炫耀的个体被象征性符号,即拉康定义的"大他者"所强暴和奴役。

康德强调,要把人的发展视为目的而不是手段,必须肯定人有意志的自由,他所关注的,"是人的内在的动机和自主性,而不是外在规范约束和行为的社会后果"②。黑格尔论证了社会整体利益与个人利益之间的辩证关系,他认为,"社会是一个有机的事例,社会整体利益不可简化为个别、特殊利益的相加,同时他又肯定个人的自主性,并且认为这种自主性不应当消融在社会整体之中"③。马克思在康德与黑格尔等前人思想的基础上,从人的生成发展思想出发,将人类历史分为三个阶段:即人对人的依赖、人对物的依赖与人的全面发展阶段。马克思不仅从根本上批判了对人的社会性的忽视,也充分注意了人的存在的个体性作用,提出只有在扬弃了人对人的依赖的异化及人对物的迷恋的异化之后,人才能真正成为自由的主体,成为真正的人。马克思的科学社会主义理论正是为了扬弃这两种异化而提出来的,如果人类财产的私向化与生产的社会化矛盾得到解决,就可以在社会实践中扬弃个人主义和整体主义,进而走向真正的人类生活。

小　结

蜕变于20世纪70年代的金融化,开启了以自由浮动汇率制为标志的完全信用货币时代,宣告了人类财富观从物质存在走向"化蝶幻象"。金融叙事中心化带来五种"强引力"财富幻象:货币幻象、债务幻象、杠杆幻象、市值幻象、对冲幻象。全球货币金融体系处在一个没有锚定、没有定在、没有限制的非理性想象中。它与自身的叙事性相关联,来自现实又脱离现实,来自物质又脱离物质,来自符号的功能又脱离符号的功能,通约着整个对象化的世界。尽管2008年的全球金融危机,已经宣告了将西方经济思想教条化的"新蒙昧

---

① 〔美〕凡勃伦:《有闲阶级论——关于制度的经济研究》,蔡受百译,第23页。
② 刘晓虹:《整体主义与个人主义之争:西方哲学的一条重要线索》,《学术界》1999年第6期。
③ 同上。

主义"的破产,但是毫无约束的完全自由竞争、金融自由化理论仍然在全球各国盛行。马克思曾深刻批判的资本主义社会的"商品拜物教",在21世纪金融化时代已经演化为对信用货币财富的"数字崇拜"。这个时代的财富,不仅仅是琳琅满目的商品、土地,更多的是国家、公司和个人通过信用创造出来的的符号化财富,用金融叙事化蝶演变出来的虚拟财富。主权国家经常项目下的贸易顺差所得到的财富积累,已经远远比不上资本项目下金融资本洪流带来的财富效应,因为金融叙事中心化的"强引力"将引导全球金融资本的走向,引导全球的财富走向。主权国家的货币价值处在浮动汇率制下的综合实力叙事论中——一旦货币崩溃,国家将全面衰退;资产证券化造就的上市公司处在唯市值论中——若没有未来想象空间,公司就迅速陷入深渊;"嫌贫爱富"的信用资源分配带来的财富极端分化,也导致居民投资导向的唯虚拟市场论——低储蓄率带来的是信用基础的极大脆弱性。虽然支配人类政治经济体系的整体主义精神所具有的历史禀赋趋于边缘化,然而,"一旦人们发现不是所有价值皆可量化,不是所有东西都能用金钱买到,而且钱买不到的还是必要,甚至是唯一必要的东西,基于市场的秩序便受到可能动摇根基的挑战。"①我们不能继续沉迷于金融叙事中心化营造的虚构迷幻中。好的社会离不开对"金融内化"的反思,离不开对人的"整体性自由"的追问,离不开对人的本真生命意义的深思。只有深入研究全球金融化的金融经济学哲学基础及其发展路径,只有重新认识马克思主义政治经济学,重新回到马克思的唯物史观,才能深刻认识到当下的货币金融世界所带来的金融叙事中心化给人类造成的巨大灾难,才能扬弃不受约束的完全金融自由化世界所带来的全社会政治经济危机,才能消解财富幻象,回归社会整体性的公平正义价值观,才能探索人类整体主义精神的共有制度文明,借助金融化超越金融化,实现金融对美好社会的助益,从而达到人的自由、企业的创新、国家的正义、社会的共享。

---

① 〔美〕大卫·哈维:《资本社会的17个矛盾》(定制版),许瑞宋译,第254页。

第六章　中国实践：探索金融化与金融本质的合一

21世纪金融化呈现的特征是金融理性的极致化，这样的金融范式实现了对政治、经济、社会、文化等全方位价值原则的通约和"酸蚀"。2008年的金融危机证实了"大而不倒"的金融机构秉承的金融理性所带来的社会危害性；2010年的欧洲主权债务危机使许多欧洲主权国家纷纷陷入主权债务困局，进一步带来了对全球金融秩序的思考：全球金融理性何以偏离了金融本质？社会媒体及大众曾经一度把危机的原因归结为按揭贷款人的不诚信、相关金融机构的利欲熏心，或者归结为美联储前主席格林斯潘的错误政策，但是仅仅停留在道德批判向度来分析和判断问题，是解决不了发源于人类本性的单向度欲求的，这是一种从经济理性到金融理性的利益最大化欲求。寻求从金融理性到金融本质实现的超越之路，必须回溯经济理性到金融理性极致化的发展路径，辨明其思想源头，揭示其导向的偏离，还原金融本质的原意。就像大卫·哈维所说的，在"修好引擎"还是换上"不同设计的引擎"之前，"我们最好能知道旧引擎哪些地方运作良好，哪些地方有问题，以便我们能保留旧引擎的优点，同时避免复制它的缺陷"①。美联储前主席保罗·沃克尔(Paul A. Volcker)认为："当下金融不再被视为公共产品，它就是纯粹的商业活动。金融公共性的丧失，并不仅仅对经济领域的行为准则问题有着重大的影响。今天的世界是一个单一的金融市场，被一个巨大且复杂的交易网络所覆盖，纽约次级债券市场的沦陷，瞬间就会波及世界其他地区，并导致信用紧缩和全球范围内需求的崩溃。"②2008年的金融危机已经证明了这一点。在全球化的今天，一旦有金融危机，必将波及所有国家和地区的经济秩序。"用金融挽救金融""用流动性挽救流动性"的金融自由化范式，已经陷入不可持

---

① 〔美〕大卫·哈维：《资本社会的17个矛盾》（定制版），许瑞宋译，北京：中信出版社，2016年，"绪论"第XIX页。
② 〔美〕保罗·沃克尔、〔日〕行天丰雄：《时运变迁：世界货币、美国地位与人民币的未来》（定制版），于杰译，北京：中信出版社，2016年，第355页。

续的困境中。国际金融秩序的重构是时代诉求,呼唤着不同路线的探索。

第一节 探索实现金融本质之中国道路的世界意义

皮凯蒂的《21世纪资本论》用历史大数据证伪了"库兹涅茨曲线","认为不加制约的资本主义加剧了财富不平等现象,而且将继续恶化下去"[1]。"库兹涅茨曲线"所反映的正是新自由主义经济学所主导的经济理性极致化对经济正义的背离,也是金融自由化主导的金融理性对金融本质的背离。进入21世纪以来,2008年发生的国际金融危机、美国"占领华尔街"运动、欧债危机、美国特朗普政府发起的"贸易战"、英国成功"脱欧"等事件,正说明了这是西方资本主义制度所积累的不可解决的根本性危机。若想从根本上解决世界两极分化问题、解决金融资本市场的"失灵"问题、解决金融理性对金融本质的背离问题,数百年无数次资本主义经济危机、金融危机的实践证明,简单的金融体系内改造已经无法解决其根本性矛盾,必须寻求不同于自由资本主义的发展道路。马克思所提出的科学社会主义,正是为了克服资本主义不可解决的根本性矛盾。经过百年的社会主义道路实践探索后,中国特色社会主义的道路、中国模式脱颖而出。尤其是美国次贷危机与欧债危机之后,中国当下的金融实践之路愈来愈成为全球政治经济界所关注的焦点,如何实现从金融理性到金融本质的超越式回归,中国道路至关重要。

一、金融功能的有效性是中国特色社会主义生产力发展之保障

社会主义与资本主义同属于马克思所说的"人对物"的依赖阶段,都需要大力发展生产力,而市场经济规律与金融化生存世界的资本主体属性也存在很大的相通性,即资本主义社会的资本金融职能也是社会主义发展生产力必需的主要市场功能,因此,中国特色社会主义建设也需要大力发展金融市场,推动金融创新,用金融功能的有效性保证市场在资源配置中起到决定性作用。金融资本市场的发展对中国道路尤其重要,就像罗伯特·希勒提到的,"中国经济如果要持续增长,其金融业的体量需要极大地增加,直接或间接参与金融业的人数也要大幅度增加。……中国可以借助金融目标构建这个手段实现许多国家层面的目标。"[2]也就是说,中国特色社会主义的市场经济更

---

[1] 习近平:《在哲学社会科学工作座谈会上的讲话》,北京:人民出版社,2016年,第15页。
[2] 〔美〕罗伯特·希勒:《金融与好的社会》,束宇译,北京:中信出版社,2012年,中文版序言。

需要金融功能对经济的辅助作用,而不是用行政手段抑制金融市场的发展。但我们必须同时看到资本主义金融功能异化所带来的周期性金融危机之后果,因此,如何抑制金融功能的异化正是中国特色社会主义需要克服的主要问题之一。

如果说科学社会主义理论指导下的社会主义制度,就是为了克服资本主义制度不可克服的基本矛盾创建的,那么,对资本主义条件下产生的国际金融范式的扬弃、对金融理性极致化之危害的扬弃、对"富者更富"资本逻辑的金融权力过度集中化的扬弃,将是中国特色社会主义道路发展金融的天然职责所在。同时这也是一个克服金融资本主义根本矛盾的历史实践过程,需要不断的金融创新、需要金融功能的持续建构、需要不断的监管创新,从而在金融产品的生成过程中实现金融的本质。但这既不是政府的大包大揽式的统揽全局就能简单实现的,也不采取放任的"原始丛林"般的自由市场经济模式。社会主义经济并不惧怕金融理性的最大化,经济的发展需要经济理性发挥作用,但关键是要有一个合理的金融市场运行机制,合理的金融监管模式,合理的信用分配制度,才能让金融功能得到有效的实现。

二、实现金融本质需要好的社会制度作为保障

希勒《金融与好的社会》一书的主要观点之一就是金融要实现对大众服务的功能必需要有好的社会制度作为保障。他指出:"导致现有金融体系出现问题的诱因很多,如果我们不通过改造现有体制解决深层次的问题,那么我们将错失解决问题的关键,也将错失纠正错误的时机。"[1]尽管部分西方媒体对中国特色社会主义制度还存在许多歧视,制造一些诸如"中国专制论""中国威胁论"或者"中国崩溃论"等论调,但是中国用连续40多年的经济高速增长、用全球贸易量的大幅增长、用金融市场规模的逐步建构,表明了中国特色社会主义经济制度的独到之处。

首先,社会主义经济制度与资本主义经济制度相比,其至少存在三点不同:其一,"资本主义市场经济的社会轴心是资本,中国的社会主义市场经济的社会轴心是'人民性'。对于国家来说,一切财富都要转化为人民性的财富。这是最大的不同。"[2]其二,资本主义市场经济以资本增殖为目的,一切服从赚钱的资本逻辑,而社会主义市场经济是以服务整个国家和社会为主要目标,也就是以满足人民大众的日益增长的物质与精神需要为目标;其三,资

---

[1] 〔美〕罗伯特·希勒:《金融与好的社会》,束宇译,"前言"第 XXVIII 页。
[2] 张雄:《重新认识市场经济模式》,《上海财经大学学报》2014 年第 4 期。

本主义经济是以私有经济为主体的经济社会,而中国特色社会主义经济是以公有制为主体的混合所有制经济社会。在经济新常态背景下,目前仍然按照较高速度稳步运行,这主要得益于以公有制为主体、多种所有制经济共同发展的社会主义经济制度优势。

其次,中国具有和平发展的优秀传统文化基因。中国数千年的文明发展史表明,中国具备和平发展的文化基因,从古代的儒家的"和而不同""己所不欲勿施于人"等和合思想,道家的"道法自然",墨家的"兼爱非攻",到新中国的"和平共处五项原则"与近期的"合则两利　斗则俱伤"等外交思想,都是和平发展的优秀政治文化思想。当代社会主义的中国也是和平发展优秀传统文化基因的重要传承者,"和平崛起、和谐世界"的发展理论与2011年发布的《中国和平发展道路》白皮书都表明了中国和平发展的大政方针,习近平主席也指出:"中国发展绝不以牺牲别国利益为代价,我们绝不做损人利己、以邻为壑的事情,将坚定不移做和平发展的实践者、共同发展的推动者、多边贸易体制的维护者、全球经济治理的参与者。"①中国改革开放以来以及加入世贸组织之后的数十年,用中国广大劳动人民的勤劳创造,用名列前茅的巨大国际贸易量,用3万多亿美元外汇储备的廉价资金对世界各国经济的贡献,让全球众多国家的政府、生产商、贸易商和消费者从中受益达到共赢,就是和平发展的明证。正如以色列前总统西蒙·佩雷斯(Shimon Peres)所言:"中国选择了不同于西方的发展道路,这是中国对人类历史的重大贡献。……中国将是人类历史上第一个和平崛起的大国。"②

再次,后发优势。尽管相对于欧美发达国家,在金融体系的建立、金融市场建构、金融产品的创新、金融监管的方法等方面存在巨大差距,尽管在资本项目下开放、利率市场化、资产证券化、衍生品的开发等领域没有取得突破性进展,但是人民币国际化等诸多方面的逐步建构与开放,正是中国道路的后发优势。通过分析发达国家的经济发展道路,可以有前车之鉴、后事之师的作用,结合中国国情有针对性的扬弃和超越他们走过的弯路。比如通过对日本、韩国等国家在经济自由化、金融市场化的过程中所遇到的问题进行分析和研究,就可以用制度创新和法律设定的方式,用市场化手段限制金融投机的盛行和金融短期化趋势,避免金融资本恶意炒作而背离了为实体经济服务的金融市场本质。进一步积极参与国际宏观经济协调,参与二十国集团国际协作,"亚投行""RCEP"等全球金融体系的重新建构,推动国际多边贸易组织

---

① 《习近平谈治国理政》第1卷,北京:外文出版社,2014年,第249页。
② 李景源:《哲学研究与学术独立》,《理论视野》2016年第9期。

的共商共建共赢,促进经济全球化和区域经济一体化,从而把握珍贵的历史发展机遇期,成为世界经济格局新制度模式的重要引领者。中国作为有着整体性自由精神的多民族国家,所建构的正是不同于资本主义私有制度的以公有制为主体的中国特色社会主义制度,可以吸取发达国家金融理性极致化所带来的经验教训,在金融体系的建构过程中,既要借鉴其发展资本市场的积极作用,又要摒弃其影响宏观经济的放任原则,从制度的合理性、合法性和政党的人民性、先进性相一致的政治理性框架建构出发,驾驭金融资本市场走向正确轨道,使金融自由化的发展能够规制在好的制度下进一步演进,使金融功能得以充分发挥,实现金融本质。

最后,要正确认识中国特色社会主义市场经济概念的内涵。如果说,布罗代尔所定义的资本主义和市场经济的区别是代表大资本的托拉斯是"垄断部门",代表基层的中小企业是"竞争部门",前者是塔尖上的垄断资本主义,而后者则是代表基层的市场经济①;那么恰恰不同的是,中国特色社会主义的市场经济,正是代表全国人民利益的大型国有企业成为国民经济的"压舱石",除了国防、航空、高铁等尖端科技的创新能力外,也以必需品的有效供给保证了国民经济的稳定发展,而市场经济基层的中小企业则是多种所有制的"竞争部门",为市场的创新发展增添更多的活力和驱动力。这正是"看不见的手"与"看得见的手"相互作用的社会主义市场经济的内涵。习近平指出:"使市场在资源配置中起决定性作用和更好发挥政府作用,二者是有机统一的,不是相互否定的,不能把二者割裂开来、对立起来,既不能用市场在资源配置中的决定性作用取代甚至否定政府作用,也不能用更好发挥政府作用取代甚至否定使市场在资源配置中起决定性作用。"②在政治制度上,"三个代表"理论的提出,表明中国共产党仍是代表广大人民群众利益的党,是中国特色社会主义道路的坚实政治保障。被西方多数媒体所抨击的中国共产党一党执政的弊病,恰恰是政治制度的优势所在,这不仅是历史的选择,也是数千年大一统民族传统的中国所具备的历史禀赋,而且已经随着国际政治思想变革,在逐步完善和发展适合于中国的政治体制。具有悠久历史文化的国家需要统一思想的国家制度为保障,才能快速追赶世界发达国家的工业化、金融化发展步伐。

---

① 〔法〕费尔南·布罗代尔:《15至18世纪的物质文明、经济和资本主义》第3卷,施康强等译,第732—733页。
② 《习近平谈治国理政》第1卷,第117页。

三、回归金融本质的诉求与中国道路之机遇

20世纪70年代之后在全球兴起的金融化浪潮,用美元主导的国际信用货币体系创造出全球巨量的过剩资本流动,用周期性的金融大波动影响着全球各国的经济盛衰,在推动数十年全球经济金融大繁荣的同时,也造就了全球财富鸿沟的进一步扩大,造就了产能过剩与需求不足的贸易保护主义,造就了民粹主义盛行的政治非理性。2008年的大危机所引发的全球各国相继出台的货币宽松政策与积极财政政策,造成了全球流动性进一步过剩,形成了"用金融挽救金融"、创造更大的流动性去挽救因流动性过剩所造成危机的悖论。这样一套缺乏自发平衡机制的国际货币金融体系,已经具备了自我衍生、自我膨胀、自我毁灭的基因,它呼唤着国际货币金融体系的重构,呼唤着规范的全球金融秩序,呼唤着金融本质超越式的回归。

1978年中国改革开放后,经过30多年的快速增长,基本实现了工业化,航天、高铁、核电等技术已经基本处于全球领先地位,尽管很多高新技术仍待进一步提高,但基础工业产品的产能过剩已经成为主要矛盾,这进一步考验着中国后工业时代的产业转型与升级。尽管实体产业的繁荣发展仍然是中国经济的关键所在,但是在金融化时代,建设繁荣发达的全方位金融市场,无论对内对外都显得更为紧迫:对内,实体经济的发展需要金融市场为其提供直接融资渠道、提高经济效率和增添经济活力;对外,迎战国际金融资本流动的冲击更需要资本金融市场的全面完善。难以想象拥有巨额贸易量与大量国际货币流动的中国,不能够拥有对全球资源配置具有绝对影响力的金融资本市场!自改革开放以来,中国的资本金融市场得到逐步发展和完善,股票市场、期货市场、国债市场、保险市场相继设立,经过30多年的稳步发展,无论从直接融资规模和还是从交易量来说,中国的资本金融市场都达到了空前的规模。人民币的国际化使命正在逐步推行,贸易人民币、"一带一路"人民币、"金砖国家"人民币、"大宗资源类(石油、铁矿石等)"人民币等离岸人民币之路值得期待。但面对全球流动性泛滥与有效需求不足之矛盾,全球金融衍生品的产权转移、价格发现、分散风险等金融功能,越来越成为全球资本金融用金融理性追逐利润最大化的牟利手段,从而引发了一系列金融危机,而这也正是中国进一步全面发展金融市场的机会和挑战所在。作为接近中等发达国家水平的超大级发展中国家,如何运用中国智慧参与并引导国际金融体系的重新建构尤为重要。如何利用全球资本金融为中国经济建设服务的同时避免流动性过剩造成的投机过度风险?如何让资本在社会主义阳光下最大化运行?如何实现中国精神与资本金融的融合与互动?这些都在呼唤着

中国在21世纪建构一种追求人类普遍理性进步意义上的金融创新模式,从而把经济"理性人"的财富观提升到人民大众的财富观,实现金融本质的扬弃式回归。中国特色社会主义的金融本质实现之路,才是金融化世界未来的最好愿景。

第二节 金融自由化与金融功能实现的辩证关系

金融化世界的到来是与金融自由化理论思想的引导分不开的。金融自由化概念是在第二次世界大战之后提出的。"二战"结束之后,众多实现民族独立的发展中国家开启了工业化进程并努力发展经济,发达国家的金融资本需要寻求高投资收益,而发展中国家为了保护其国内经济发展所采取的行政干预则影响了国内外金融资本的正常流动。1973年,美国学者罗纳德·I.麦金农(Ronald I. Mckinnon)在其《经济发展中的货币与资本》[①]一书中强烈抨击发展中国家对其国内金融市场的干预导致资本效率低下,尤其指出凯恩斯经济学不适合于发展中国家,提出发展中国家应该放松货币政策,通过市场机制实现利率的吸引力,增强市场货币的保有量,从而用国内的资本积累逐步实现内部再融资,而不是政府对外资的强烈依赖,从而实现"渠道效应"的良性循环;同年,爱德华·S.肖(Edward. S. Shaw)出版了《经济发展中的金融深化》[②]一书,他也强调政府干预将带来资本市场的低效率,认为不能用行政干预影响持有货币的实际收益,因为这将抑制货币市场中介功能的良好发挥,不能实现金融市场对经济的良好辅助功能。两位学者的观点都强调了金融抑制是国家经济良好发展的重要障碍,这为金融自由化思想的进一步传播奠定了理论基础。市场自由与市场约束一直是经济实践中的难题,而在全球金融市场已经成为世界各国经济主导力量的情况下,如何处理金融自由与金融功能的关系尤为重要。

一、金融功能与投机者的关系

国际公认的当代金融市场的四大主要功能是风险转移功能、流动性增强功能、信用创造功能、股权创造功能。四大功能如何良好发挥作用是经济金

---

① 〔美〕罗纳德·I.麦金农:《经济发展中的货币与资本》,卢聪译,上海:上海三联书店,1996年。
② 〔美〕爱德华·S.肖:《经济发展中的金融深化》,邵伏军等译,上海:上海三联书店,1988年。

融良好运行的关键,而众多市场投机者在其中充当了重要角色。对于市场投机者在当代金融市场中的作用,有两种截然对立的评价:一方面,有人认为投机者是受贪婪和恐惧驱使的"寄生虫",是利己主义者,是欲望的奴隶,必须把投机的"恶"关进笼子;另一方面,有人认为投机根本上是良性的,是资本主义不可或缺的发挥着重要的管道作用,投机能够发现价格,"抑制投机会让资本主义失去活力"[①]。这样对立的观点和争论可以说充斥了整个金融发展史。在金融危机时,投机者被大众指责为麻烦的制造者,要严加管制;在经济萧条时,经济学家呼吁市场需要放松管制,需要投机者的参与,并让其成为市场功能的实现者。正所谓"一放任就乱,一管控就死"。就这样,在左右摇摆的金融实践中逐步催生了当代金融制度,但是新的创新就会衍生出新的麻烦制造者,从而继续着两个极端的争论。应当说,有众多活跃的投机者参与市场交易,能够保证有足够的流动性,实现信用创造、股权转移、风险分散,这正是金融市场发挥其功能的重要手段,但放任而过度的金融投机则是市场的顽疾。如何让更多的短期投机者成为更长期的投资者,则是用市场手段来解决这个顽疾的有效方法。关于投机者与投资者的细微差别,熊彼特认为,"投机者与投资者之间的差别,可以定义为是否存在交易的意图,即是否打算从证券价格的波动中获利"[②]。那么,熊彼特的意思应该是指从短期波动中获利的意图大小决定了投机者与投资者的区别。投机者的首要目的是快速大幅赢利,而投资者则是以保值增值为目的。因此,对主动性制造大波动的投机进行限制,是引导理性投资、消解金融市场投机性泡沫从而实现金融功能良好发挥的重要手段。

二、金融理性极致化对金融本质的四大背离

金融市场需要在金融利润最大化的发掘过程中发挥发现价格、信用融资、风险转移、或有权转让的功能,但竞争市场的极致化让这样的金融理性演化路径与金融本质出现了四大背离:其一,从发现价格到制造价格的背离。古典经济学的有效市场理论认为,市场是能够自我调节的,众多的买卖双方能够在竞争中达到供求平衡,这是金融市场发展的基础性理论。暂且不论这个有效市场理论正确与否,先来看一下价格发现功能的演化路径:从开始的众多投机者与风险对冲者开始参与市场的充分竞争状态,到具备资本实力的

---

① 〔英〕爱德华·钱塞勒:《金融投机史》,姜文波译,北京:机械工业出版社,2013年,"前言"第Ⅴ页。
② 同上书,"前言"第Ⅵ页。

国际金融大鳄对羊群效应的大众投资者的支配,最终演化为绝对垄断投机力量为了实现自我利润最大化而成为市场价格的制造者。从这一演化路径可以看到,价格发现功能已经逐渐演变为价格制造。其二,从对冲性融资到庞氏融资的背离。信用融资功能是金融市场的基本职能,当代金融市场的创新发展让直接融资成为金融市场的主要融资方式,但是在金融活动中融资方式出现了异化。明斯基的《稳定不稳定的经济》①一书把融资模式分为对冲性融资、投机性融资和庞氏融资三种类型。其中,对冲性融资被定义为借贷者在未来经营中所获得的现金流,除了满足当下支付之外还有盈余;投机性融资是借贷者更看好长期收益,用短期融资弥补长期资金的不足;而庞氏融资则是借贷者的利息远超其当下和未来的收入。他认为,金融危机正是从最初的有安全边际的对冲性融资到短期与长期头寸能够切换的投机性融资,再到利息资本化的庞氏融资之脆弱融资结构演化所造成的:"经济中对冲性融资、投机性融资和庞氏融资的权重是经济稳定性的一个决定性因素。存在大量投机性融资和庞氏融资的头寸是金融不稳定性爆发的必要条件。"②其三,从风险转移到风险制造的背离。风险转移功能是金融市场存在的主要功能之一。风险转移是指通过外汇、债券、期货、保险、期权等市场将市场风险主体的自身风险转嫁为众多市场投机者来承担,但在当代金融市场,很多需要风险转嫁的主体成了金融风险的制造者。金融衍生品市场被操纵并造成金融风险的案例层出不穷:比如期货市场铜的"住友事件"与白银兄弟操纵事件,再比如2008年接近破产被美国政府接管的美国国际集团(AIG),就是无视信用违约互换的担保规模,过度为次贷产品担保所造成的金融风险。其四,从或有权的中介到"叙事幻象"主体之背离。投资银行与风险投资基金等新兴金融机构作为金融市场的金融或有权转让中介,为技术创新者与金融市场的风险偏好投资者建立了良好的融资纽带,推动了技术的创新和生产力的高速发展。投资银行作为现代证券金融市场和现代企业制度的产物,是发达金融市场的重要组成部分,更是金融创新的主要推动力量。投资银行不仅能够沟通资金供求、促成企业并购、达成产业集中和规模经济,也是发明创新金融衍生产品、提高市场杠杆效率、优化资源配置以及资产证券化的践行者,但在金融化时代追逐最大化利润的过程中,最终促使其成为用金融叙事来制造市场神话的"编导者"。2008年金融危机的爆发,正是在对新型金融衍生品的

---

① 〔美〕海曼・P.明斯基:《稳定不稳定的经济——一种金融不稳定的视角》,石宝峰等译,北京:清华大学出版社,2015年。
② 同上书,第183页。

低风险叙事渲染下,巨大的利润驱使美国混业经营的金融机构相互持有抵押贷款资产的次级债,使得他们逐步陷入自导自演的金融灾难中。尽管这些投行的"金融巨头们深信他们创造的不仅仅是利润,更是一种放之四海而皆准的新金融模式"①,但最终其自身也纷纷落入自我营造的"叙事陷阱"之中。

三、金融自由与金融监管之动态平衡

金融自由与金融监管处于金融市场的两端,前者追求自由意志的极致化,后者注重的是金融市场的稳定性,金融发展史正是对两者孰重孰轻的实践历史化过程。经济社会在市场失灵和政府失灵的轮换中,在强调金融自由或者强调金融监管的摇摆中摸索前行,至少经历了四个阶段:第一个阶段是古典自由放任时期。斯密的《国富论》开启了自由主义经济学思想在实践中的蓬勃发展期,其理念是掌握了完备市场信息的理性人,用追求自身利益最大化的"利己",在充分的市场竞争中,完成了整个金融市场乃至经济社会的价格平衡,市场用"看不见的手"达到了市场均衡,所以这种经济思想的指导原则就是:政府干预和金融市场监管是没有必要的,理性人参与的市场将让市场回归平衡。第二个阶段是金融管制时期。20世纪30年代的大萧条让自由放任经济的弊端彻底暴露,由信息不对称、外部性和寡头垄断等因素引起的市场失灵成为大萧条的主要原因。凯恩斯的政府干预经济政策成为"二战"之后西方资本主义国家的政策模式,金融监管也成为金融市场的重要措施,除了布雷顿森林体系的建立,西方发达国家相继出台监管制度,如美国政府就出台了《格拉斯-斯蒂格尔法》等一系列限制垄断、干预市场的法律制度,引领全球经济进入了近30年的高速发展期。第三个阶段是金融自由化时期。1971年布雷顿森林体系解体所引起的一系列全球金融市场的动荡,加上欧美国家的经济滞胀困境与发展中国家的经济混乱局面,共同触发了新自由主义思想对凯恩斯主义经济政策的猛烈攻击,英美发达国家率先开始完全放松金融管制,金融自由政策的推行极大地促进了金融创新,新的金融机构、新的金融产品与金融衍生品层出不穷,带来了近40年的全球经济金融、技术创新、互联网经济等各方面的大发展。第四个阶段是"审慎金融监管"的后危机时期。随着放松金融管制在全球推行,金融经济繁荣发展的同时,大大小小的金融危机层出不穷,拉美和亚洲等发展中国家都曾出现多次金融危机,但并没有阻止推行金融自由政策的美国金融模式的推行,直到2008年美国

---

① 〔美〕安德鲁·罗斯·索尔金:《大而不倒》,巴曙松等译,北京:中国人民大学出版社,2010年,第4页。

次贷危机波及全球经济,社会相关各方才开始彻底反思传统经济学理念与金融监管模式的问题,行为金融学、跨学科经济学等新兴经济学思想开始萌芽并发展。

金融自由与金融监管是金融市场对立统一的两个方面,既不能只强调前者放任投机过度最终导致金融"市场失灵",也不能只强调后者导致市场僵化、失去活力、失去效率导致"政府失灵";必须认识到,金融市场既不是充分理性的参与者所构成的市场,政府也不是全知全能的超人政府;市场既需要金融自由、金融创新、金融投机的推动力,也需要金融制度、金融政策、金融监管的制度理性约束。如何解决两者的平衡协调关系将是金融功能能否实现并推动经济繁荣发展的关键,投机性泡沫与市场通缩、萧条都不是金融本质的真实诉求,实现金融自由与金融市场的稳定发展需要创新金融监管制度,实现对金融自由的约束张力。

第三节 建构资本金融市场"反脆弱性"机制的可能性①

实现资本金融市场高效率的稳定发展是发挥市场配置资源功能的必要条件。发源于美国20世纪70年代以来的当代金融衍生品市场,正是有效率的实现资源配置功能,发现价格和规避风险的金融创新,已被公认为是回避金融市场风险最为有效的风险对冲工具。市场经济的道路需要大力发展金融衍生品市场,而具有高效率、高杠杆效应的当代金融市场天生是脆弱性的。金融衍生品在对冲金融市场风险的同时,也内生了自身的脆弱性,金融技术创新本身也是市场风险的重要来源之一。人类在追求命运打击不到的领域,不确定性无法提前预知却能诉诸"防患于未然",而资本金融市场的风险防控正是当代政治经济的焦点问题。如何建构金融资本市场的"反脆弱性"是当代金融市场的风险控制难题。可以从追溯金融市场在资本逻辑下的脆弱性根源,分析金融市场整体性风险的经济哲学内涵入手,针对历史上风险频发的金融市场,在技术上寻求"去杠杆"方式的"度的守中"与弱化市场的"反身性",以及建立冗余以增强"自身免疫力"等方法;在资本逻辑的根源上,从参与者主体到国家金融市场的整体性着手,充分发挥公有制为核心的"反脆弱性"优势,逐步建立起从经济理性走向政治理性的整体性风险防控机制。在中国共产党十八届三中全会上,市场在资源配置中起决定作用的改革方向已

---

① 参见申唯正:《建构金融资本市场的"反脆弱性"机制》,《现代经济探讨》2016年第10期。

被确立。处于现代性建设中的中国正在步入金融全球化,资本金融市场在国民经济中也具有非常重要的作用,而作为市场经济中商品交易、衍生品交易高级表现形式的金融期货市场正是金融市场中最重要的组成部分,它具有最有效的价格发现和风险对冲功能。那么,如何从技术上建构金融衍生品自身的"反脆弱性"？我们认为,从根源上逐步消除隐含在金融资本逻辑背景下的金融任性,用金融制度化来保障当代金融市场的稳定发展是其关键所在。

一、金融市场的脆弱性与"反脆弱性"的经济哲学基因

（一）金融市场脆弱性的经济哲学内涵。发源于西方资本主义社会的当代金融市场是以边沁的功利主义和亚当·斯密的《国富论》开创的古典经济学为理论指导的,其核心思想是市场这只"看不见的手"在个人追求自身利益最大化的同时实现了社会利益最大化。这一完全市场有效假说理论影响着现代经济社会的发展,但是资本主义生产方式在现实中并不能完全实现总的供需平衡状态。凯恩斯就认为:"市场在自发作用下,社会总需求一定会小于总供给,即有效需求不足,由此必将造成部分产品过剩,工人失业,最终酿成经济危机。"[1]也就是说,自发作用下的市场必定出现"社会愈富裕,则其实际产量与可能产量差别愈大"[2]的矛盾,最终会导致周期性经济危机。马克思认为,资本扩张的无限性与可扩张空间的有限性是资本主义发展最为突出的矛盾。这一具有市场主要矛盾的经济形态内生了巨大的市场风险,影响了资本逻辑——利润最大化目标的实现。为应对这样的市场风险,人类创新了金融衍生品市场来对冲各种不确定性风险,但具有高效率、高杠杆效应的现代金融市场天生是脆弱的。具有现代意义上的金融市场杠杆效应的应用,可以追溯到1790年1月美国财政部长亚历山大·汉密尔顿(Alexander Hamilton)的"旋转门计划"——美国政府以国家信用为"支点"发行新债代替旧债,确保了国民经济的正常运转,从此奠定了美国金融市场全面发展的基础。随后逐步发展起来的公司法人企业制度,进一步大力推动企业债与股份制公司从金融市场直接融资,实现了金融市场高效率、高杠杆配置资源的功能,引领现代市场经济进入了快速发展阶段。1848年,芝加哥的82位谷物商发起组建了芝加哥期货交易所(CBOT),从一个集中进行现货交易和现货中远期合同转让的场所,发展到1865年逐步完善为具备标准化合约和交易

---

[1] 鲁品越:《鲜活的资本论——从深层本质到表层现象》,上海:上海人民出版社,2015年,第401页。

[2] 〔英〕约翰·梅纳德·凯恩斯:《就业、利息和货币通论》,高鸿业译,北京:商务印书馆,1999年,第36页。

保证金制度的国际期货市场,正是对农产品价格波动性风险的防范需求,促成了现代意义上的期货交易市场的诞生。芝加哥商业交易所(CME)在1972年6月15日推出了英镑、加元等六种货币期货合约,正是为了应对金融外汇市场的异常脆弱性,才诞生了外汇期货;1982年2月,世界首个股指期货指数合约在美国堪萨斯交易所(KCBT)正式推出,也正是为了应对股票市场的脆弱性才创建了股指期货。如何既利用金融资本市场资源配置的高效率,又避免这些金融产品所具有的巨大风险性,智慧的人类创新出来对冲风险的金融衍生品正是具备"反脆弱性"的产品。但金融衍生品在对冲金融市场风险的同时,也产生了它自身的脆弱性,发掘金融衍生品自身的"反脆弱性",防范金融风险成为保证当代金融市场稳定发展的关键。

(二)"反脆弱性(antifragile)"概念及其哲学内涵。"反脆弱性"是《黑天鹅》作者塔勒布在《反脆弱》一书中提出的概念:"或许我们通常并未意识到'反脆弱性'的存在,好在它天生就是我们祖先行为的一部分,是我们生物机制的一部分,也是所有迄今能生存下来的系统的普遍特征。"[①]塔勒布运用"反脆弱性"这个概念勾画出人类社会中脆弱与反脆弱的现实意义,尤其强调了当代金融市场所具有的高负债、高杠杆、高效率的内生脆弱性。从哲学内涵上讲,事物既然有脆弱性的一面,我们必然可以找到其对立面——防范其发展的反脆弱性基因。与金融市场的高效率、高杠杆率特性伴生的是脆弱性,对应的冗余、高储蓄、战略储备等缓冲手段就是反脆弱性的措施。类似于地震带地区的地震防护高标准要求,就可以防范百年一遇的地震一样,一个具备理性的国家政府必定用相应的战略冗余防范百年一遇的各种危机。我们必须看到,在金融资本市场中,一方面,债券、期货、期权等金融衍生品工具具备发现价格、套期保值等对冲市场风险的"反脆弱性"功能;另一方面,也兼备了高杠杆与高波动的期货衍生品自身的脆弱特性,隐藏着较大的市场风险。对高效率、高杠杆率的证券市场、期货市场的风险处理防范措施,直接关涉整个国家的金融秩序,所以如何既发挥银行、股票市场、期货市场的高效率作用,又能提高"反脆弱性"的技术内涵,对金融风险防患于未然,这对于国民经济的健康发展尤为重要。下面就着重从技术层面讨论如何建构金融市场的"反脆弱性"来防范金融资本市场的整体性风险。

二、金融市场的整体性风险与金融衍生品市场风险的关系

(一)金融全球化市场的整体性风险。在我们所处的现代社会中,没有

---

① 〔美〕纳西姆·尼古拉斯·塔勒布:《反脆弱》,雨珂译,北京:中信出版社,2014年,第4页。

比风险更确定的事情了。德国哲学家乌尔里希·贝克(Ulrich Beck)在《风险社会》一书中认为,当代社会是风险社会,社会的整体性风险无处不在。发源于工业社会的金融化,在资本逻辑下追求利润最大化,具备高效率功能的发达的金融市场,更是凝结并具备了当代经济社会的高度风险性。从层层叠叠、名目繁杂、设计繁复的金融市场系统,到近几十年逐步创新出来的具备高杠杆效应的金融衍生品工具,都是追求利润最大化的资本金融载体,同时也是全球金融化市场整体性风险的载体。

"全球化发生了,但并不是只带来了好处。它还导致全球在互相牵制状态下的脆弱性,同时降低了波动性,并制造稳定的假象。换句话说,它创造了毁灭性的黑天鹅事件。我们此前从未面临全球性崩溃的危险。"[1]美国是当代金融化的全球核心地区,其金融业从混业经营到专业经营再到混业经营的几次演变,正是资本逻辑追求金融全球化的外在表现:因为20世纪30年代的大萧条,为保障存款人的资产安全,美国1933年通过了《1933年银行法》,规定银行只能选择要么从事储蓄业务要么从事承销业务,用政治理性的制度分离了原来的处于绝对垄断地位的混合经营投资银行业务,从而为美国金融市场带来了30年繁荣稳定发展期。到20世纪70年代初期,随着布雷顿森林体系解体,商业银行与投资银行业务因为各种市场需求逐步接近合作,尽管没有实现合并发展,但是相互参股及并购业务层出不穷,逐步接近融合,这同时也是资本逻辑的最大诉求。发展到20世纪最后几年,在资本市场最具影响力的金融精英人士的游说下,终于实现了对美国国会的影响。1999年,克林顿政府通过了《现代金融服务法》,在更大的金融控股公司的平台上,各种金融业再次混合在一起经营。追求利润最大化的资本金融逻辑造就了"大而不倒"的大金融平台,就像塔勒布所说的那样,金融市场更大的金融机构带来的波动是更大的整体性的风险。到了2007年,美国第五大金融平台"贝尔斯登公司"与第四大金融平台"雷曼兄弟公司"的接连破产,导致2008年美国金融危机的爆发,从而带来全球整体性的金融危机连锁反应。可见,具备高度关联性的全球化金融市场所带来的脆弱性风险,已经不是单一主权国家的风险,也不是某个国家内部单一市场的风险。

中国为了现代化经济的发展需要,近年来在参照西方市场经济发展模式经验的基础上,组建了包括金融衍生品市场在内的整体性金融资本市场交易平台,在最大化完善市场资源配置的基础上,实现了最大效率的市场机制功能,但同时需要明了,它为我们带来的市场风险也是整体性的。首先要明确,

---

[1] 〔美〕纳西姆·尼古拉斯·塔勒布:《黑天鹅》,万丹译,北京:中信出版社,2011年,第229页。

建立这样的整体性资本金融平台,是为以公有制为主体的混合所有制经济对冲不确定性风险服务的,只有充分发挥金融市场的资源配置和对冲市场风险的功能,才能更好地为中国特色社会主义经济服务。我们对资本金融市场的管理,既需要拥有全球视野兼备多种金融市场应对预案,更需要能协调国内各行业参与主体协作的整体性混业监管体系。比如可以建议全国人大从国家金融安全出发,构建能够管理并指挥全国各个金融系统的"国家金融安全委员会",这样就可以在全球金融市场遭遇不确定性影响带来的系统性风险出现时,统一协调,统一管理,形成提升到整个国家金融安全级别的应对方案。"资产管理行业的不断创新使各金融机构之间的经营壁垒逐渐被打破,证券市场交易亦开始形成跨市场关联、跨行业联动的特征。这种联动关系主要体现在三个方面:一是证券业务的跨市场关联……二是产品的内生性全行业关联……三是金融机构经营的全行业关联……与金融机构跨市场关联、全行业联动现象形成鲜明对比的是混业监管改革的迟滞。"①

例如,由于中国证监会对场外配资的主要系统分仓模式②的查处涉及多个利益相关方,最后引发了国内股票市场 2015 年 7 月的"股灾"。这一事实已经证明银行、影子银行、上市公司、股票基金市场与期货市场联动的整体性风险的危害性。由银行、保险、信托、股票、基金、期货等各个市场组成的金融市场,对其整体性的风险控制,已经不是单单管理一个市场就能够解决的问题了。比如大量的上市公司股权质押的风险:股市带来的连锁反应引起的连续下跌导致千家股票停牌现象(当股价低于平仓线时,若无法追缴保证金,上市公司大股东也同样会被强制平仓,即银行将质押的股份以大宗交易、二级市场直接抛售等方式变现,以还本付息),如果没有国家层面的统一协调,持有大量上市公司质押品的券商、信托、银行等机构,一样具有和市场其他参与主体一样的脆弱性。未来具有全局性管理属性的"国家金融安全委员会",也必须面对如何避免强制平仓的不可实现等整体系统性风险。

(二)金融衍生品市场的整体性风险与内在脆弱性。现代市场经济在资本逻辑的利润最大化追求中,用扩大再生产的方式,促进了大量剩余产品的国际贸易发展需求,也需要更大的经济空间并逐步实现贸易全球化。发源于商品贸易、股票交易、外汇买卖等市场,人类创建了期货衍生品市场,应用衍生品工具的高效率与波动性吸收并规避市场风险的"反脆弱性",来对冲来自

---

① 巴曙松等:《证券交易与监管制度反思》,《中国金融》2015 年第 15 期。
② 包括 HOMS 系统、人工分仓模式、互联网平台模式、私募基金配资模式及员工持股计划带杠杆模式。

各个市场的整体性风险,并用杠杆效应的高效率承接金融市场的整体性风险,而金融衍生品市场的整体性风险与内在脆弱性也是显而易见的。对于来自各种市场的风险转嫁,需要有足够的风险承担者——众多投机者,市场的投机者不仅为市场提供了足够的市场流动性,承担了市场的各种不确定性风险,同时也带来了投机过度的可能风险。金融衍生品市场的整体性风险与金融市场乃至整个国民经济的整体性风险连接在一起,整个金融体系生成了环环相扣的信用担保体制与风险规避机制,这样高效率且紧凑的担保机制具有极高的脆弱性,如果不能总体统筹把握风险控制,防患于未然,最终就会导致"多米诺骨牌"效应的金融危机。

金融衍生品市场是金融资本市场的重要组成部分,也承载着金融市场所转嫁过来的整体性风险,其高杠杆、高效率的市场运行机制,需要监管层从金融市场整体上来把握和管控。在把控中,既要借鉴国际商品期货的风险防范措施,又要区别对待股指期货等衍生品的特殊性,这是因为国际惯例对于商品期货的一些风险防范管理措施不一定适合于股指期货的风险防范,尤其是对股指期货市场的风险控制,要能够把握和适应股票市场与股指期货之间密切联动的特点。例如,商品期货市场是多空双方博弈的结果,如果向某个方向连续涨停或者跌停,可以通过提高单方向保证金来控制市场风险的集聚和放大。但是对股指期货市场,如果仍然用这样的措施来控制,那么最需要规避风险的股票现货市场投资者则无法对冲,从而引发股票市场"踩踏事件"的发生。所以,对金融衍生品市场的风险控制,既要借鉴国际期货衍生品市场的风险控制经验,又要从国内 20 多年的商品期货市场的风险管理经验中,找寻到有别于商品期货市场的衍生产品交易主体的特殊性,从中国金融市场的整体性联动效应进行系统性地管理,整体性地建构金融衍生品风险的防控机制。

针对期货衍生品市场内生性的风险,包括保证金风险、会员信用风险、交易系统操作风险,基差、标的物等基础性风险,目前各类市场的相应监管已经走向逐步成熟阶段,可以利用各种管理制度,包括期货交易所保证金管理等相关制度以及期货公司的风险管理制度,加以调控和防范。但对于不确定性事件对金融市场整体性风险的冲击并没有万全之策,只能通过增强市场参与主体的自我"反脆弱性",立足于"未雨绸缪",才能具备最强的抗风险能力。

三、"反脆弱性":探寻防范金融市场风险的"良方"

(一)用"度的守中"作为追求高效率的最佳原则。中国传统的"防患于未然"思想,《易经》中的"知几"与"守中"思想,中医的"治未病"思想,都提倡防范风险于未发生前,并通过对"度"的把握来应对不确定性。当代金融市场及衍生品市场充斥着杠杆效应,金融杠杆变成为一种赋予"意志与想象"的工具:市场高涨时,杠杆效应是天使,意味着好收益;市场崩溃时,杠杆效应却是魔鬼,暴露了高风险。尽管用"度的守中"来调节杠杆效应的效率适中性违背了利润最大化的资本金融逻辑,但是为了能长期生存,最终风险的可控性才是经济理性的真正体现。在追求现代性建设的快节奏、享用高效率的同时,未雨绸缪,用冗余、备份来提高"反脆弱性"能力,抵御各类整体性的系统风险,从而建构整个市场的"反脆弱性",才是防范金融风险的有效技术性措施。

(二)关于金融衍生品市场的三项"反脆弱性"技术措施。第一,加强投资者教育,正确引导投资者风险观,明确没有国家托底的风险投资。加强法制教育,不仅要让参与的投资者熟悉市场的法律法规与交易规则,更要认识到股票、期货、股指期货等产品是高杠杆的金融产品,本来就是小概率的大成功高风险收益行业。"你不可能期望在不承担巨大风险的前提下会获得巨大的收益。"①因为多数投资者和即将加入的投资者,看到的仅仅是5%的最大成功投资者的财富效应之光环,而忽略了被遮蔽的大多数投机者最终亏损的真实一面。所以建议针对即将加入的投资者,设立风险投资者"反脆弱性"教育警示:"你们中的大多数人将遭受失败、挫折和贫困,但是我们非常感谢你们为了金融市场的繁荣发展所作的贡献和承担的风险。"第二,建议设立应对短期大波动性的浮动市场保证金规则,构建"反脆弱性"。除了随着市场的价格浮动增减保证金比例之外,对于衍生品期货市场给定时期(比如1个月)内,连续上涨幅度超过一定比例的(比如20%),就可以根据结算价,针对投机多头持仓单方向提高一定比例的保证金(比如2%~5%),起到"洒水降温"的作用。而针对连续暴跌的情况,也可以根据市场的波动幅度,针对投机空头实施单向的保证金增加措施。这样的措施一定要用市场规则、市场法规来提前设定,这可以减弱市场急速上涨或暴跌带来的市场脆弱性风险。第三,削弱市场内在的"反身性"。国际投资家乔治·索罗斯(George Soros)的《金融炼金术》一书提出了"反身性"(Reflexivity)概念,强调市场参与者偏向将影响标的物的估价与价值预期。他还指出繁荣期与萧条期的金融资产等抵押品的"反身性"表现出非对称性特点,即抵押品价值在繁荣期的逐步提高与萧条期的贬值后的快速兑现需求之间的矛盾。那么我们能否在股票市场、期货市场的交易标的可抵押信用额度上,随着标的上涨,不是同步同比例的增加,而是在一定时期内的增加比例上,相对减少质押标的的信用额度,以削

---

① 〔美〕彼得·L.伯恩斯坦:《与天为敌》,穆瑞年等译,北京:机械工业出版社,2015年,第263页。

弱参与者意志偏向所带来的市场价格的"反身性"对未来萧条期可能带来的极为消极的影响。这就是以"减杠杆"的"反脆弱性"应对市场内在"反身性"的自我弱化机制。

四、资本逻辑下建构金融市场"反脆弱性"的可能途径

（一）在资本逻辑下建构金融市场"反脆弱性"何以不可能？金融资本的趋向是永无止境的自身扩张,资本天生是逐利的,不仅需要最高效率的金融资本运转,更需要拓展资本的经济空间——脱域性:"资本一方面要力求摧毁交往即交换的一切地方限制,夺得整个地球作为它的市场,另一方面,它又力求用时间去消灭空间。"①所以建构技术上的"反脆弱性"至少存在四方面的不可能:其一,资本自身具有的内在扩张驱动——资本的"正反馈增殖机制"——导致的不可能。资本对获得的剩余价值转化为扩张资本具备天然的驱动力。"因为人的劳动不仅是为了满足物质生活需要,也是追求自身生命力量的对象化——通过被改造的物质世界来展示自身,只有在这种对象化过程中人类才能实现其生命的存在。"②这正是无限地追求剩余价值并将其投入下一步的资本扩张中的资本的"正反馈增殖机制"。其二,资本主体之间的竞争迫使单一资本最大限度地追逐高效率的扩张所导致的不可能。马克思认为:"自由竞争使资本主义生产的内在规律作为外在的强制规律对每个资本家起作用。"③激烈的市场竞争导致单一资本如不最高效率运转,就将遭到淘汰。其三,全球金融化市场竞争现状需要更大规模化、更加集中化导致的不可能。经济全球化、金融全球化带来的是全球范围内的竞争优势一决高下,谁能在更大的范围、更大的规模、更高的效率上调动起整个社会的资本力量,谁就将获得竞争优势,这就必然导致企业为了获得垄断竞争优势,走向追求规模的无限扩张。其四,资本创造并占有更大经济空间的必然需求导致的不可能。马克思认为,资本扩张的无限性与可扩张空间的有限性是资本主义发展最为突出的矛盾。竞争激烈的全球化市场需要越来越大的规模资本,这就必然需要进行更大的负债,更大的融资规模以及相关企业并购,那么更有效率地利用市场杠杆优势成为必备的竞争要素。资本发展更需要对未来经济空间的拓展,很多利用杠杆效应的金融创新,正是扩展经济空间的有效工具。

（二）在资本内在矛盾的避险诉求下建构"反脆弱性"何以不可能？在资

---

① 《马克思恩格斯文集》第8卷,北京:人民出版社,2009年,第169页。
② 鲁品越:《鲜活的资本论——从深层本质到表层现象》,第286页。
③ 《马克思恩格斯文集》第5卷,北京:人民出版社,2009年,第312页。

本无限制逐利的同时,未来需求空间不足与市场不确定性将让资本自身更需要通过金融市场转嫁不可控风险,也就是通过金融市场将贫困转嫁给大众,将风险转嫁给众多投机者。金融工具的参与者以为金融衍生品多了,金融杠杆效应足够了,风险就能够转嫁给别人了。问题是大家都在转嫁风险,谁来承担?常规理论是冒风险的投机者,但是人们忽视了金融杠杆效应建立的基础是一层层的信用杠杆担保机制,最低层的信用等级也是最差的"支点"在承担着整体性的风险。因此,资本逻辑下的经济理性并不能带来整体性的解决之道,最终必然从经济理性走向政治理性,这样的回归正是资本内在否定性的自身诉求,也正是以公有制为主体的中国特色社会主义经济制度的优势所在。

(三)资本逻辑下建构金融市场"反脆弱性"的可能途径。首先,国家中央银行用国家信用的担保作为主权金融机构的最后提款人。金融全球化与信息全球化使任何一个市场的不确定性都会快速传递到别的市场,而由于金融创新和证券市场的快速发展,金融资本预期效应与实体经济脱节,也呈现出独自的运行规律,并冲击着整个经济体系。对金融市场的整体性风险防范,西方发达国家一般都是采用中央银行作为最后提款人的方式。通过增加货币投放量,中央银行大量提供流动性给危机中的金融机构,以尽量延缓金融市场的危机。2008年之后,西方发达国家正是通过各中央银行QE的增杠杆过程,避免了再次步入20世纪30年代的大萧条,但是这也隐藏了未来整个金融体更大的脆弱性,所以并不是绝对最优的解决方案。其次,严格执行相关法律制度,加强银行、基金、证券公司、期货公司各金融主体之间的合作监管机制,增强金融体系的"反脆弱性"。除了增强各行业自身的"反脆弱性"(如适度减杠杆)之外,要加强具体合作措施,例如银行体系可以监管场外涉及配资的互联网平台、各类金融机构、配资公司和个人投资者等多个主体的资金来源;又比如银行与股票市场可以规定比例,从杠杆资金质押物的自我价值提升的"反身性"入手,减少上市公司、基金公司、投资者的股权质押比例,随着股权的提高而不等比例提高股权的信用额度,等等。各个行业在繁荣期的适度去杠杆与协调一致的监管体系才能形成强大的"反脆弱性"力量,才能防范整体性的系统风险。最后,要从国家的政治理性上区别不同文化背景下的投资主体风险观的不同,并加以合理引导。作为东方文化背景的投资者,一方面,以高储蓄和不动产为主要资产,具备较强的抗风险与反脆弱性能力——冗余;另一方面,对任何风险投资具有较为大胆乐观的投资观念——"强赌性",大都不认为自己是运气最差的一员,这却正是其脆弱性的一面。而西方文化背景的投资者,因为发达社会的高福利(仍是在国家信用背书下的相对脆弱性),储蓄率较低——缺乏冗余,以高就业为信用来支付未来经济成本——高举债,但个体对风险投资少,具备量入为出的较强"反脆弱性"。尽管消费的谨慎态度与生活水平存在一定的相互关联性,也就是说储蓄率与经济发展存在一定的关联性,但针对中国居民的高储蓄率问题,并不能简单地套用西方经济学所提倡的"将储蓄赶出来投资或者消费"理念,只能给予合理适度地引导。足够额度并稳定的储蓄正是资本金融市场赖以生存的根本,适度的"高储蓄"——冗余,恰恰是东方文化背景的投资者所具有的的抗风险能力——"反脆弱性"。

第四节 中国共产党人的"忧患意识"[①]与国家金融安全观

忧患意识是中华民族历经沧桑后所形成的一个重要精神特质。自党的十八大以来,习近平总书记关于保持、增强、强化"忧患意识"的一系列重要论述,立意深远,思想深刻。这表明新时代中国共产党人在面对百年未有之大变局时呈现出见微知著、未雨绸缪,敢于担当、敢于斗争的精神。正如习近平指出的:"我们共产党人的忧患意识,就是忧党、忧国、忧民意识,这是一种责任,更是一种担当。"[②]面对21世纪金融全球化日益激化的四个主要矛盾,中国共产党人已经开始从"忧患意识"出发,进行战略布局,以防范各种风险尤其是金融风险,全方位保障国家总体安全尤其是金融安全。从哲学视角分析,它主要呈现出五大特征。

一、融合马克思主义与优秀传统文化的中国意志

百年来,中国共产党人带领中国各族人民历经无数次艰难险阻和风险考验,在革命实践和建设实践中百折不挠,面对纷繁复杂的社会状况,一直心存忧患、直面现实问题,在实践中运用马克思主义科学方法论,紧密结合中国现状,特别是能够在诸多社会矛盾中解决最突出的主要矛盾,逐步形成了能够认识社会矛盾、处理主要矛盾、敢于担当的马克思主义指导下的中国意志。

(一)马克思主义指导下的中国意志

辩证唯物主义和历史唯物主义揭示了事物发展的一般规律,它既是中国

---

① 参见申唯正:《习近平总书记关于"忧患意识"重要论述的哲学探析》,《马克思主义哲学》2021年第2期。
② 中共中央宣传部:《习近平新时代中国特色社会主义思想学习纲要》,北京:学习出版社、人民出版社,2019年,第183页。

共产党人的世界观和方法论,也是指导中国人民认识社会发展一般规律进行社会主义建设实践的世界观和方法论。在这样的世界观和方法论的引领下进行中国革命实践、建设实践和改革实践,前提是必须能够把握事物的辩证发展一般规律。恩格斯将唯物辩证法归结为三大规律:"量转化为质和质转化为量的规律;对立的相互渗透的规律;否定的否定的规律。"①这些规律揭示了事物发展的一般规律,既有量变逐步积累的规律普遍性,又有量变到质变之突变的偶然性和特殊性。在对这个规律的考察过程中,离不开对历史的诠释、对当下的反思和对未来的预判,这正是马克思主义社会发展观的历史逻辑。因此,在马克思主义唯物史观和科学方法论指导下的中国实践,尤其是金融实践,必须能够正视 21 世纪金融全球化的主要矛盾,勇敢应战风险挑战,才能砥砺前行创出一番新天地。当下的中国正遭遇世界范围内的单边主义、逆全球化的浪潮,正面临国际金融市场的流动性泛滥挑战,正处在"躲不过、避不开、不得不应战"的历史关头,强化忧患意识并体现出处乱不惊的中国意志尤为关键。

(二) 中华民族文化基因中的一种精神特质

孔子的"作《易》者,其有忧患乎?"道出了忧患意识是《周易》之主体思想;孟子的"生于忧患,死于安乐"引领了中国人惕厉自强;范仲淹的"先天下之忧而忧,后天下之乐而乐"诉说了中国志士仁人的天下情怀。在《习近平关于防范风险挑战、应对突发事件论述摘编》②中呈现了习近平引用的多个关于风险防范的经典名句③,正说明了以习近平为核心的中国共产党人对中华民族优秀文化基因的传承和发展。张雄著述的《历史转折论》不仅提到了徐复观在《中国人性论史》中"把忧患意识界定为人类在新旧社会更替时期所具有的'一种坚强意志和奋发精神'"④,还概括出了忧患意识的五大特征:充满了主体意识的"内省状态"、内含着辩证的否定精神、持有理性的怀疑眼光、对衰亡的社会进行猛烈批判的精神、能孕育和产生一种发展建构的精神。这些相关研究和论述充分证明了忧患意识是中华民族优秀文化基因中的一种精神特质⑤。

---

① 《马克思恩格斯文集》第 9 卷,北京:人民出版社,2009 年,第 464 页。
② 中共中央党史和文献研究院编:《习近平关于防范风险挑战、应对突发事件论述摘编》,北京:中央文献出版社,2020 年。
③ 如"图之于未萌,虑之于未有""安而不忘危,存而不忘亡,治而不忘乱""明者防祸于未萌,智者图患于将来"等。
④ 张雄:《历史转折论:一种实践主体发展哲学的思考》,上海:上海社会科学院出版社,1994 年,第 73 页。
⑤ 同上书,第 75—78 页。

(三) 中国共产党人代表着中华民族的当代价值追求

历史已经并将继续证明,中国共产党人代表着中华民族的最高利益,代表着独立自主的中国人民对美好生活的向往。从毛泽东思想所提倡的"为人民服务"到邓小平理论中所定义的社会主义本质,从"三个代表"思想到科学发展观,再到"以人民为中心"的习近平新时代中国特色社会主义思想,每一个发展阶段都是具有忧患意识的中国共产党人,为中华民族独立、为中华民族富强、为中华民族伟大复兴而设定的以人民为中心的价值追求。习近平指出:"增强忧患意识,做到居安思危,是我们治党治国必须始终坚持的一个重大原则。"[1]中国改革开放已经到了"深水区",21世纪金融全球化的主要矛盾已经处于激化状态,"摸着石头过河"的试错法策略将很难实施,若等待被社会问题倒逼再去进行改革也将错失很多大好机会。同时,国际金融体系的"流动性悖论"已经非常明显。这就需要忧患意识在先的"谋定而动",进而需要"预则立"的顶层设计。我们可以看到,党的十八大以来,"五位一体"的总体布局和"四个全面"战略布局,正是代表了中国各族人民利益的建构性顶层设计,正是根据马克思唯物史观所给出的社会发展一般规律,用演绎法从整体上、系统上进行的中国当代价值追求的战略布局。

二、保持大定力防范风险挑战的底线思维

对未来不确定性的社会发展具有忧患意识,具有风险防范底线思维,具有解决难题的科学方法论,具有可以实现的伟大信仰,才会有处乱不惊的大定力。中国共产党人之所以能够在纷繁复杂的社会斗争中一直保持大定力,正是因为坚持马克思主义大智慧解决现实难题,坚定未来能够实现共产主义的伟大理想。

(一) 保持大定力的理论基础

习近平指出:"马克思主义是我们立党立国的根本指导思想。中国共产党从诞生之日起,就把马克思主义鲜明地写在自己的旗帜上。我们党一路走来,无论是处于顺境还是逆境,从未动摇对马克思主义的坚定信仰。"[2]马克思主义是辩证唯物主义和历史唯物主义世界观与科学方法论的辩证统一;是有人民立场、有历史担当,并用科学社会主义理论论证了人类社会的发展前景;是能够根据社会发展规律发挥人类主体性作用、能动性地解决人类现实问题,实践的、历史的、辩证的、发展的科学方法论。坚持马克思主义,树立共

---

[1] 《习近平谈治国理政》第1卷,第200页。
[2] 《习近平谈治国理政》第3卷,北京:外文出版社,2020年,第76页。

产主义大理想是共产党人的坚定信仰,是一代代中国共产党人前赴后继、浴血奋战的前进方向和精神动力。因此,在坚实的理论基础和科学方法论的指导下就拥有了战略大定力。面对纷繁复杂的国际经济形势,习近平指出"我们既要保持战略定力,推动我国经济发展沿着正确方向前进;又要增强忧患意识,未雨绸缪,精准研判、妥善应对经济领域可能出现的重大风险"①,其观点清晰明确。尤其是他还多次提到经济有波动是符合经济规律的,只要在合理的范围之内,不要大惊小怪,一定要保持大定力和平常心。同样的,国际国内的金融市场有波动也是正常的,但一定要对金融体系实施有效监管,保证其在相对合理的范围内波动。

(二)主动防范各种风险挑战

忧患意识下的风险防范,具有主体能动性,具有不回避风险、认识风险、应战风险、处理风险的科学精神。应该说,党的十九大报告中提出的"三大攻坚战"和新时代主要矛盾的变化都是主动性解决现实难题的战略性布局和政策性调整。因此,能够"预则立"地预判风险,是在科学方法论基础上的主动性风险防范和战略落实。这就对新时代党的各级干部提出了更高的要求,不仅能见微知著地透过现象看本质,又要能够发动群众、引导群众并组织群众及时把握风险走向,防范和化解可能发生的重大风险,从而达到"决不让小风险演化为大风险,不让个别风险演化为综合风险,不让局部风险演化为区域性或系统性风险,不让经济风险演化为社会政治风险,不让国际风险演化为国内风险"②。由此可以看出,这个主动性防范不是等重大风险来了再慌忙应对,而是防微杜渐、防患于未然地力争在源头上防止各种风险的进一步传导、演化和升级。概言之,中国共产党人在长期斗争中锻炼出了主动性的风险防范能力,那么针对未来可能出现的金融风险,必须要有提前预判的观念和从容应对的能力。

(三)底线思维的战略意义

底线思维是一种源自忧患意识,理性对待事物未来发展不确定性的客观辩证思维方法。习近平同志在2013年的中央经济工作会议上指出:"凡事要从坏处准备,努力争取最好结果,做到有备无患。"③在2018年的一次讲话中又给出了底线思维的核心要义:"各种风险我们都要防控,但重点要防控那些可能停滞或者中断中华民族伟大复兴进程的全局性风险。"④这就特别强调

---

① 《习近平谈治国理政》第3卷,北京:外文出版社,2020年,第217页。
② 中共中央宣传部:《习近平新时代中国特色社会主义思想学习纲要》,第185页。
③ 中共中央党史和文献研究院编:《习近平关于防范风险挑战、应对突发事件论述摘编》,第5页。
④ 同上书,第16页。

了什么是真正的风险,什么是全局性风险的底线。21世纪金融全球化的系统性风险肯定也在这个真正的风险之列,所有我们要对这个全球范围内的"流动性悖论"之风险防患于未然。因此,无论是事关国家主权的政治、军事领域、互联网大数据的科技领域,还是国际金融体系的系统性风险,必须要有底线思维和应对措施。

三、应战百年未有之大变局的国家安全观

当今世界和当代中国正在经历百年未有之大变局。一方面,中国非常接近于中华民族伟大复兴的"第二个百年目标";另一方面,中国正在经历着世界从单极化到多极化的转变时期,面临着更大阻力、更大风险性挑战的国际环境。特别是在21世纪金融全球化的今天,美元主导的国际信用货币体系面临着"流动性悖论"的根本性矛盾,也存在着较大的系统性风险。因此,国家安全是头等大事,必须具有忧患意识,保证重点领域的国家安全,充分运用中国智慧走出一条中国特色的国家整体性安全道路。

(一) 国家安全是头等大事

习近平总书记强调:"我们党要巩固执政地位,要团结带领人民坚持和发展中国特色社会主义,保证国家安全是头等大事。"[①]这既是国家生存发展的重要前提,也是全国各族人民的绝对根本利益。对于核心利益和主权安全,习近平总书记在庆祝中国共产党成立95周年大会上指出:"任何外国不要指望我们会拿自己的核心利益做交易,不要指望我们会吞下损害我国主权、安全、发展利益的苦果。"[②]这段话至少给出两个关键点:其一,国家安全和国家主权是绝不可能用来做任何交易的,这是中国各族人民的核心利益;其二,中国不惹事但也不怕事,对于挑战这个底线的任何势力,决不会妥协。2020年以来,因为新冠疫情所带来的全球各国国内矛盾重重,有的国家急需要把内部矛盾向外部转化,极有可能继续挑起各种主权争端,我们一定要保持冷静的头脑,既不随便跟随他们的挑衅,也要坚决守护国家主权和核心利益的安全。防范国际金融市场的全面开放风险和外汇储备的多样化选择等方面,就属于对国家核心利益的守护。

(二) 总体国家安全观与重点领域的国家安全

重点领域的国家安全是真正的核心安全。习近平总书记在党的十九大报告中指出:"坚持总体国家安全观。统筹发展和安全,增强忧患意识,做到

---

① 中共中央宣传部:《习近平新时代中国特色社会主义思想学习纲要》,第177页。
② 《习近平谈治国理政》第2卷,北京:外文出版社,2017年,第42页。

居安思危,是我们党治国理政的一个重大原则。"①从这段论述可以看出:其一,总体国家安全观。从总体国家安全的大局观出发,坚持国家利益至上,以人民安全为宗旨。其二,保证政治安全是根本。其核心是意识形态不变色、制度不被西化、政权不被和平演变,并且在21世纪中国能够真正实现"四个自信"的"强起来"。其三,要统筹防控重点领域的安全。无论外部安全和内部安全(如国际外部政治、经济环境和国内自然环境、社会环境),还是国土安全和国民安全;无论传统安全和非传统安全(如粮食安全、公共卫生安全和网络信息安全、金融安全),还是自身安全和共同安全,这些方面都需要突出其主战场和主阵地的重点地位,进行科学研判、整体协调和统筹防控,这样才能从整体安全上做到有预判性的防患于未然。

(三) 中国特色国家安全道路新境界

1949年以来,中国坚持独立自主、和平共处五项原则的外交政策,走出了一条团结世界各国人民共建国际秩序的国家安全道路。改革开放后,中国坚持和平发展的理念,努力发展大国间的友好合作关系,参与并推动经济全球化朝着纵深发展,促进了全球经济的共同繁荣。党的十八大以来,以习近平同志为核心的党中央面对复杂多变的国际形势,在坚持独立自主外交政策的基础上,努力发展大国间合作关系,提出"一带一路""亚投行"等共赢发展战略和共建人类命运共同体的中国方案,呈现出中国特色国家安全道路新境界。这个新境界除了以中国共产党对国家安全的绝对领导为保障,至少呈现出三个主要特征:其一,战略前瞻性。这是从忧患意识出发,立足于科学的前瞻性分析进行风险防范并有效处理矛盾的方法。习近平指出:"谋划和推进党和国家各项工作,必须深入分析和准确判断当前世情国情党情。"②其二,战略主动性。有了前瞻性的预判,就能够对类似"黑天鹅"事件做到有"冗余"的防患于未然,对"灰犀牛"事件能够提早疏导分流并逐步化解主要症结,从而"保持战略定力、战略自信、战略耐心,把战略主动权牢牢掌握在自己手中"③,达到化险为夷、化危为机的战略主动性。其三,国际秩序引领性。发挥中国智慧,提出中国方案,充分发挥一个21世纪负责任大国的重要作用,发起并从具体实践上引领国际社会共同建构人类命运共同体。习近平指出:"中国倡导人类命运共同体意识,反对冷战思维和零和博弈。"④由此可以看出,中国特色的国家安全道路所倡导的是一种"共在""共建""共赢"的和合文

---

① 《习近平谈治国理政》第2卷,北京:外文出版社,2017年,第12页。
② 《习近平谈治国理政》第2卷,第60页。
③ 中共中央宣传部:《习近平新时代中国特色社会主义思想学习纲要》,第180页。
④ 《习近平谈治国理政》第2卷,第42页。

化,尊重各国的自主选择,反对各种形式的霸权包括金融霸权的以强凌弱及零和博弈的霸权主义。

四、承继中国共产党人的自我革命精神

百年以来,中国共产党既经历了外在客观社会环境的严峻考验,也经历了党内自我革命的艰苦历程。前者锻炼出一支坚强的革命队伍,后者磨练出中国共产党人所特有的自我革命精神。习近平指出:"我们党在内忧外患中诞生,在磨难挫折中成长,在战胜风险挑战中壮大,始终有着强烈的忧患意识、风险意识。"①这是一种有着忧患意识、有着风险担当的自我革命精神,必将有足够的斗争能力来应战21世纪的金融全球化风险挑战。

(一) 严格自律的自我革命精神

老一代革命家毛泽东提出的"批评与自我批评"是中国共产党的光荣传统。习近平在纪念周恩来同志诞辰120周年座谈会上就提到了"周恩来同志是自我革命、永远奋斗的杰出楷模"②。21世纪的今天,中国共产党带领中国人民经过百年奋斗,终于赶上新时代发展的"快速列车",更需要"不忘初心、牢记使命"和"居安思危"的自我革命精神。习近平指出:"党面临的长期执政考验、改革开放考验、市场经济考验、外部环境考验具有长期性和复杂性,党面临的精神懈怠危险、能力不足危险、脱离群众危险、消极腐败危险具有尖锐性和严峻性,这是根据实际情况作出的大判断。"③由此可以看出,在从严治党清除了严重隐患之后,中国共产党人仍不可掉以轻心,面对纷繁复杂的各种外部考验,必须同时具有忧患意识和自我革命精神,多听取人民群众的意见,接受人民的监督,才能够提高综合能力应战更多的风险挑战。尤其是关涉大型国有企业和金融行业的信息安全、国有资产安全,必须开展自查自纠,严格接受纪检和监察部门的监督和监察,敢于发现问题纠正错误,从而一以贯之地从忧患意识出发,从严治党、发现风险、解决矛盾、改革创新,进而永葆活力,引领时代发展。

(二) 敢为人先、坚定必胜的革命精神

从忧患意识出发,直面风云多变的国际环境,坚持和平发展、坚持改革开放,正是新时代中国共产党人唤醒中华民族的自我意识,在马克思主义指导下进行科学的风险预判后的战略方向,由此才能够继续弘扬和发挥敢于首

---

① 《习近平谈治国理政》第3卷,第91页。
② 同上书,第113页。
③ 同上书,第218页。

创、敢为人先的革命精神。百年来,中国共产党人带领全国各族人民历经艰险、克难攻坚、独立自主取得了民族独立和改革开放以来的伟大成就,正是这一革命精神的充分写照。这是一种心存忧患、敢为人先、百折不挠、积极进取的革命精神,既呈现出中华民族积极进取的集体意识,也发扬出中国共产党人从忧患意识出发的科学筹划、坚定必胜的革命斗争精神。同时,在历史上,每一次工业革命、技术革命都离不开金融创新追求经济效率的支持。伴随着21世纪金融化、数字化、信息化时代到来,伴随着新技术的出现和新的应用,必然涌现出新的经济秩序。因此,中国共产党人既要心存忧患,又要发扬敢为人先、积极进取的革命精神,在有足够的能力和冗余控制系统性风险的同时,敢于支持、鼓励并引领更多的金融创新,从而能够在新时代创建出中国式的经济金融新秩序。

(三)化危为机,勇于担当时代赋予的历史使命

中国共产党人心存忧患进行自我诊断正是为了发现问题、解决问题,发现矛盾、解决矛盾,防范风险挑战,提防突发事件,正是用科学的辩证思维处乱不惊地应对挑战、化危为机,勇于担当时代赋予的历史使命。面对前进道路上必然会出现的困难、风险和挑战,2014年11月,习近平给出了外交战略上的判断:"当今世界是一个变革的世界,是一个新机遇新挑战层出不穷的世界,是一个国际体系和国际秩序深度调整的世界,是一个国际力量对比深刻变化并朝着有利于和平与发展方向变化的世界。"①这就要求中国共产党人要有真正的紧迫感和使命感,从而加强学习、练好真本领,提高管理水平,才能摆脱"本领恐慌",才能打好有准备的主动战。因此,习近平在党的十九大一中全会上进一步指出:"大家要有知识不足、本领不足、能力不足的紧迫感,自觉加强学习、加强实践,永不自满,永不懈怠。"②21世纪的金融化世界,国内外矛盾重重,要利用好信息化时代的大数据,对高风险的金融市场进行"预则立"的科学分析和综合判断,掌握主动权,预判风险、防范风险、化解风险、化险为夷,争取化危为机,赢取未来,实现中华民族伟大复兴的历史使命。

五、构建新时代中国特色社会主义创新发展理念

忧患是一种对现状的反思,是对当下状况的一种否定思维,而否定是为了发挥人的主观能动性,在保持稳定发展的基础上、寻求改革创新的可能性,

---

① 《习近平谈治国理政》第2卷,第442页。
② 中共中央党史和文献研究院编:《习近平关于防范风险挑战、应对突发事件论述摘编》,第212页。

寻求立足于改革创新后的制度建构的可能性。

（一）在忧患中保持稳定发展

2018年7月,中央经济工作会议首次提出"六稳"①方针,基本上涵盖了我国目前经济生活的各主要方面。2020年4月,中央又提出"六保"②的新任务。这些措施都表明中共中央在面对风险挑战日益加剧的国内外政治经济形势时的忧患意识。这一时期,分别提出"六稳"和"六保"具有新时期的重要意义,"六稳"是保证稳定发展的大格局要稳,"六保"是保证稳定发展的大前提,两者是彼此紧密联系相辅相成的。习近平指出:"围绕人民群众生产生活问题,围绕改革稳定发展问题,开展深入细致的调查研究,抓住老百姓最急最忧最怨的问题,解决好群众最关心最直接最现实的利益问题,真正把功夫下到察实情、出实招、办实事、求实效上。"③因此,"六稳"和"六保"正是维持经济发展的基本盘,也是维护人民群众的切身利益所在。

（二）在忧患中改革创新

有忧患意识才能及时发现潜在问题并解决难题,弘扬改革创新为核心的时代精神。党的十八大以来,正是源于忧患意识,涌现出诸多方面的改革创新措施:其一,针对党内当时存在的严重腐败现象敢于亮剑。中共中央在全国范围内展开了最大力度的反腐倡廉斗争,逐步取得了从严治党的阶段性成果。习近平指出:"我们要坚持用时代发展要求审视自己,以强烈忧患意识警醒自己,以改革创新精神加强和完善自己。"④其二,针对未来经济增长的潜在忧患积极应战。在科学分析的基础上,给出了经济发展新常态的准确定位,提出了"五位一体"的总体战略布局和新发展理念,提出了必须解决"不平衡、不协调、不可持续"的主要矛盾等有效措施。其三,针对新冠疫情所带来的诸多挑战进行战略调整。一方面,中共中央在2020年"两会"后提出了"构建国内循环为主体、国内国际双循环"的新发展战略,用更加全面的、更加长远的战略性和辩证性分析方法对国内外经济形势进行了综合分析和判断,化危为机,充分发挥出作为世界最大消费市场的潜力和作用;另一方面,寻求国内重要经济区域的高质量一体化发展。2020年8月,习近平在合肥召开的"扎实推进长三角一体化发展座谈会"上强调了长三角区域一体化的重要作用,提出了"一体化和高质量"两个关键词和面对新形势必须具有新的发展

---

① "六稳"指的是稳就业、稳金融、稳外贸、稳外资、稳投资、稳预期。
② "六保"指的是保居民就业、保基本民生、保市场主体、保粮食能源安全、保产业链供应链稳定、保基层运转。
③ 《习近平谈治国理政》第3卷,第63页。
④ 同上书,第196页。

战略。

(三)在忧患中制度建构

原有制度框架若有内在忧患就必须进行改革并进行制度建构。在21世纪金融全球化时代,必然关涉对国际国内金融秩序的制度建构。1980年,邓小平同志针对党内没有形成良好的组织制度和工作制度,提出必须改变那些妨碍社会主义优越性发挥的组织制度和工作制度。面对21世纪以来复杂多变的国际形势,国家治理面临方方面面的风险挑战,尤其是金融风险的挑战,正是基于忧患意识,2019年召开的党的十九届四中全会,专门讨论、研究并通过了一个决议①。进一步构建和完善中国特色社会主义制度和治理体系正是为了应对风险挑战、赢得主动,有力保证"两个一百年"目标的实现。同时,必须要用一系列制度建构保证经济稳定发展的有序性,特别是有关金融体系的法律法规制度的建构也一直在进行中。其中,对于百年大变局下的全球治理体系制度建构,习近平指出:"以规则为基础加强全球治理是实现稳定发展的必要前提……我们应该秉持共商共建共享理念,推动全球经济治理体系变革。"②只有共同认可的"以规则为基础",才能经过秉承"平等、开放、透明、包容"精神的协商后,最终达到"共商共建共享"的人类命运共同体发展道路。这正是面对全球政治经济秩序的不确定性,中国共产党人以"和合文化"精神为理论基础,所提出的具有建设性意义的中国方案。

总之,人与人、人与组织、组织与组织、国家与国家之间各种互动关系所引发的社会运动是极具复杂性的"变在",具有非均衡、非线性、不可逆、涌现、涨落等主要特征。可以说,"变在"才是社会事物发展的基本规律。对于人类而言,只有那些难以忘却的历史沉重记忆才能穿透深层的意识之门,历久弥新;而未来又充满了不可预见的迷雾瞬间,"对于一个有意识的生命来说,存在在于变化,变化在于成熟,成熟在于不断的自我创造"③。代表人类社会进步的先进组织更是如此。因此,"忧患意识"是人类生生不息的优秀文化基因,是人类在长期实践中逐步生成的能够把理性思维外化出具有一定反思性的精神气质,可以认知现实、洞悉现实、改造现实,并在一定程度上超越现实,用一种认识自然辩证规律的自我创造力,用一种忧患预判先于历史大变局而采取积极的态度去应战不确定性。只有最优秀的创生组织才能动员、协调社会各方力量,用忧患意识应战不确定性,用非凡性的预判能力、组织能力,实

---

① 即《中共中央关于坚持和完善中国特色社会主义制度、推进国家治理体系和治理能力现代化若干重大问题的决定》。
② 《习近平谈治国理政》第3卷,第370页。
③ 〔法〕亨利·柏格森:《创造进化论》,姜志辉译,北京:商务印书馆,2012年,第13页。

现惊天逆转,创造奇迹。百年来,中国共产党正是凭借这样的非凡能力,一次次化危为机,力挽狂澜,实现了中华民族的独立与辉煌。总之,作为中华民族的优秀文化基因,忧患意识已经成为中国共产党人的特有品质之一,既具备居安思危、风险防范的大战略,又具备"活序"自组织生命体的主观能动性、抓住历史机遇发扬自我革命精神的大格局;既构建敢为人先、科技攻关、改革创新的制度保障,又弘扬积极向上、化危为机、坚定必胜的新时代中国精神。

小　　结

我们揭示金融理性极致化的危害与风险,并不是完全舍弃金融理性,像希勒指出的:"金融的龌龊之处使得一些人想放弃金融体系,但这么做无异于削足适履,只会使我们丧失实现珍贵理想的能力。"①我们既不能受一些保守思想影响,武断地用行政干预手段关闭金融市场的功能;也不能完全照搬西方金融自由化的监管思路,让"大而不能倒"制约政治理性的长远规划。而是要经过形而上的反思,用"爱智"之辩证,挖掘人类精神潜能,辨明金融创新之"空灵"源动力,揭示抽象理性之局限,在实践上用制度创新来导向、规范金融投机,既要用适度投机驱动经济发展的活力,又要防止投机过度的泡沫化;既要充分发挥金融创新的自由精神,又要用监管创新和制度规范约束张力。重构国际金融新秩序,引导金融化背景下的逐利群体从金融理性回归到服务于好的社会的目标中来。在重构国际金融新秩序的历史机遇与应对众多挑战面前,时代呼唤着中国智慧对金融理性与政治理性的完美融合,呼唤着用政治理性的整体性思想、用市场化的创新手段,导引金融资本的洪流回归到实现金融功能、服务大众的金融本质上来。金融的本质的实现就是金融功能的良好发挥,金融发源于大众又服务于大众,进而推动经济社会的繁荣发展,用更为广泛的金融参与,打破目前金融精英权力结构的绝对垄断地位,实现金融的民主化,实现社会财富的分配公平化。要明确中国必须坚定不移地发展金融市场,必须树立全球经济金融中心地位。很难想象一个世界贸易中心建设在没有生产和消费市场的地方,也很难想象金融中心建立在没有大量国际贸易往来的国家,中国式现代化新道路正是在建立全球经济金融中心的过程中,实现从金融理性到金融本质的超越之路。正如英国历史学家汤因比晚年的理性期待:如若中国人能够从历史教训中激发出群体智慧,成功地从历史

---

① 〔美〕罗伯特·希勒:《金融与好的社会》,束宇译,"引言"第21页。

周期律中挣脱出来,就能够完成一项不仅仅是福泽中华民族,更是有利于全人类的伟大的事业①。也如大卫·哈维的构想:资本不能在强大和集权的全球政府管理下长久存活,除非这个政府能够达到像当代中国政府一样的整体性协调能力去保证各区域间的充分竞争②。可以看到,有着大历史观的历史学家汤因比对中国式现代化发展道路充满了期待,而当代政治经济学家大卫·哈维对中国政府整体性的协调能力给出了肯定的判断。因此,面对21世纪金融化时代的诸多矛盾,相信有着忧患意识并经历了百年实践的中国共产党人,一定能够带领中国人民心存忧患、敢于创新、敢于斗争,应战未来可能发生的各种风险,尤其是国际金融风险,保证国家总体安全,尤其是金融安全,从而,化危为机,顺利实现"第二个百年目标"。

---

① 参见〔英〕阿诺德·约瑟夫·汤因比:《人类与大地母亲:一部叙事体世界历史》(下卷),徐波等译,上海:上海人民出版社,2012年,第640页。
② 参见〔美〕大卫·哈维:《资本社会的17个矛盾》(定制版),许瑞宋译,第146页。

第七章　中国式现代化新道路与金融新秩序

马克思、恩格斯对资产阶级政治经济学和空想社会主义进行了深刻批判,创立了科学社会主义理论。中国特色社会主义政治经济学以马克思主义理论作为指导思想,承载着中国优秀传统文化基因,是在中国式现代化的实践历程中,研究社会发展规律,逐步解决各个发展阶段的主要矛盾,从而逐步生成的。党的十四大确立了中国特色社会主义市场经济制度,正式开启了中国金融资本市场的实践探索之路。尤其是党的十八大以来,习近平总书记关于金融的重要论述为中国的金融实践指明了方向,经过市场对资源配置的"决定性作用"诠释、"亚投行"的创立、"金融供给侧"等战略措施,到完善全球金融治理的秩序建构,呈现出中国式现代化金融新秩序。习近平总书记在建党100周年时指出:"我们坚持和发展中国特色社会主义,推动物质文明、政治文明、精神文明、社会文明、生态文明协调发展,创造了中国式现代化新道路,创造了人类文明新形态。"[①]因此,在21世纪世界政治经济发展的新征程上,如何构建中国特色社会主义政治经济学理论体系,如何诠释中国特色社会主义金融资本市场实践经验,如何提出全球金融治理的中国方案,关涉"第二个百年目标"、世界社会主义发展的前景和国际金融新秩序的建构。

第一节　中国特色社会主义政治经济学的历史生成与新境界[②]

深入研究中国特色社会主义政治经济学,需要辩证看待其历史生成的三个主要阶段:改革开放前的萌芽和探索阶段;改革开放后的产生和发展阶段;新时代的生成和逐步完善阶段。哲学解读主要历史阶段的重要特征,旨在明

---

① 习近平:《在庆祝中国共产党成立100周年大会上的讲话》,《人民日报》2021年7月2日。
② 参见申唯正:《中国特色社会主义政治经济学的历史生成与新境界》,《天津社会科学》2021年第1期。

示中国特色社会主义政治经济学的三重新境界:从逻辑起点的"初级阶段"到合目的性的"美好生活"之中国实践新境界;经济规律的"天择"与顶层设计的"人择"辩证统一之科学研究范式新境界;融合了中西方优秀文化基因的经济新秩序之中国"市场精神"新境界。中国特色社会主义政治经济学是中国在社会主义实践中适应社会客观规律历史生成的科学理论。

一、中国特色社会主义政治经济学的历史生成

中国特色社会主义政治经济学是中国在进行社会主义经济建设实践的过程中逐步生成的,"是运用马克思主义政治经济学的立场、观点和方法考察认识当代中国经济的理论成果"[①]。易言之,一方面,是以最具普遍性的马克思主义理论作为哲学基础,"以人民为中心"作为价值导向;另一方面,是对中国70年社会主义现代化建设,尤其是对40多年改革开放成功经验的系统性总结。

(一) 萌芽和探索阶段

十月革命的胜利为中国送来了马克思主义,世界上第一个社会主义国家苏联在短期内所实现的现代工业化成就激励着中国人民建设社会主义的积极性。尤其是马克思的《资本论》、恩格斯的《反杜林论》、列宁的《帝国主义是资本主义的最高阶段》等著作都深深影响了新中国的创立者,为中国探索具有中国特色的社会主义建设道路提供了理论基础。中华人民共和国成立前后毛泽东经济思想的形成,主要包括三个方面:其一,《新民主主义论》《论联合政府》理论著作;其二,"一化三改"(即工业化和改造民族资本主义工商业、小农经济、手工业经济)等有关的社会主义改造理论;其三,《论十大关系》中关涉经济方面的探索社会主义建设道路的经济理论[②]。尽管这一时期存在着对苏联社会主义计划经济发展模式的效仿,且在实践中逐步陷入僵化的计划经济发展困境,但也为改革开放后进行中国特色社会主义经济建设实践提供了社会主义经济学方法论的反思素材。我们需要辩证地看待这一阶段的经济实践探索。习近平指出:"我们党领导人民进行社会主义建设,有改革开放前和改革开放后两个历史时期,这是两个相互联系又有重大区别的时期,但本质上都是我们党领导人民进行社会主义建设的实践探索……虽然这两个历史时期在进行社会主义建设的思想指导、方针政策、实际工作上有很大

---

① 张宇:《中国特色社会主义政治经济学的科学内涵》,《经济研究》2017年第5期。
② 杨承训:《中国特色社会主义政治经济学新飞跃》,济南:济南出版社,2019年,第73—74页。

差别,但两者决不是彼此割裂的,更不是根本对立的。"① 由此,我们可以得出三点判断:其一,需要辩证看待中华人民共和国成立初期20多年的社会主义经济实践;其二,中国共产党人在社会主义经济实践中具有敢于自我革命的求真精神;其三,这一阶段的实践是中国特色社会主义政治经济学理论探索的起点。

(二) 产生和发展阶段

计划经济体制下的"全知全能"的"大政府"尽管有后发国家"集中力量办大事"的竞争优势,但缺乏全方位调动群众积极性、发展生产力、激活经济活力和鼓励技术创新力的能动性作用,计划经济体制导致这一时期的中国社会主义建设陷入困境。"实践是检验真理的唯一标准"大讨论和党的十一届三中全会的召开,开启了中国改革开放新纪元。1982年,在党的十二大上,邓小平同志提出"建设有中国特色的社会主义"这一科学命题,在发展战略上强调要从中国国情出发建设有中国特色的社会主义,他指出:"从1958年到1978年这二十年的经验告诉我们:贫穷不是社会主义,社会主义要消灭贫穷。不发展生产力,不提高人民的生活水平,不能说是符合社会主义要求的。"② 20世纪80年代,农村的联产承包责任制极大地激活了农民的积极性,不仅带来了第一产业劳动生产率的提高、农副产品的增加,同时释放了大量的农村剩余劳动力,带来了乡镇企业的蓬勃发展,从而推动了中国现代工业的国际化,奠定了成为工业化大国的基础。但随着改革的推进,我们又面临要素市场双轨制、价格双轨制以及汇率双轨制等方面的深层次矛盾,导致社会上对改革开放的各种质疑。1992年初,邓小平的"南方谈话"提出了社会主义的"三个有利于"标准,同时他指出:"计划经济不等于社会主义,资本主义也有计划;市场经济不等于资本主义,社会主义也有市场。计划和市场都是经济手段。"③ 这一时期,邓小平为中国特色社会主义政治经济学的产生奠定了重要的基础:其一,提出了社会主义初级阶段的定位。认识到中国处于社会主义初级阶段,其现实状况是生产力非常落后,那么这个特殊阶段就可以从生产力发达的资本主义市场经济,汲取基于"三个有利于"标准的有效率的市场经济手段和文明成果。其二,确认了社会主义本质的内容。易言之,首先要解放生产力和发展生产力,进而在这个基础上消灭剥削,探索超越资本主义社会两极分化的路径,从而实现共同富裕的社会主义生产目的。其

---

① 《习近平谈治国理政》第1卷,北京:外文出版社,2014年,第22—23页。
② 《邓小平文选》第3卷,北京:人民出版社,1993年,第116页。
③ 同上书,第373页。

三,确定了社会主义市场经济的导向。我们开始认识到苏联所推行的社会主义计划经济模式不等于社会主义,而能有效发挥市场功能的市场经济也不专属于资本主义,只是社会生产力发展目的和手段的侧重点不同,中国特色社会主义追求的是两者的辩证统一。当然,改革开放理论和社会主义分配制度也是中国特色社会主义理论范畴的重要组成部分。1992年,党的十四大把邓小平的相关论述作为建设有中国特色社会主义的重要内容和理论基础写入中国共产党党章;1997年,党的十五大把"邓小平建设有中国特色社会主义理论"直接简称为"邓小平理论"写进党章;2002年,党的十六大把"三个代表"重要思想写入党章;2007年,党的十七大把"科学发展观"写入党章。这一系列中国特色社会主义实践理论的逐步推出和丰富,推动了中国改革开放事业的长足发展。尤其是在这个重要发展时期遭遇并经受住了1997年亚洲金融危机、2008年全球性金融危机的冲击。因此,这个阶段是中国特色社会主义政治经济学理论逐步产生和坚实发展的时期。

(三)生成和完善阶段

党的十八大以来,面对异常严峻的国内外经济形势,国际国内金融市场、要素市场风险集聚,以习近平总书记为核心的党中央审时度势,做出了中国宏观经济已经进入新常态的重大战略判断,并根据这个宏观形势判断进行了重大发展战略调整。从"经济供给侧"改革的调整经济结构,到"金融供给侧"改革的要素配置优化,从人民不断增长的物质文化需要,到全面实现小康、人民群众幸福美好生活等[①],习近平的一系列重要讲话和论述,极大丰富、拓展和完善了中国特色社会主义理论,是马克思主义中国化理论创新的最新成果。党的十八届三中全会提出"市场在资源配置中起决定性作用"与更好发挥政府作用的辩证统一思想。党的十九大报告明确指出中国现阶段的主要矛盾已经转变,这是关涉到中国发展全局的历史性重大判断,其中关于"贯彻新发展理念,建设现代化经济体系"部分,更是全方位阐述经济建设的系统性理论,推动了中国特色社会主义政治经济学从实践上升到理论体系的建构。这正是立足中国问题研究,解决当代中国主要矛盾的研究思路,同时,将70年的中国社会主义建设实践经验上升为体系化的中国政治经济学说,呈现出中国特色社会主义政治经济学新境界。

二、中国特色社会主义政治经济学的三重新境界

恩格斯曾指出:"政治经济学,从最广的意义上说,是研究人类社会中支

---

① 中共中央文献研究室编:《习近平关于社会主义经济建设论述摘编》,北京:中央文献出版社,2017年。

配物质生活资料的生产和交换的规律的科学……人们在生产和交换时所处的条件,各个国家各不相同,而在每一个国家里,各个世代又各不相同。因此,政治经济学不可能对一切国家和一切历史时代都是一样的……政治经济学本质上是一门历史的科学。"①回溯中国特色社会主义政治经济学历史生成的几个阶段,我们可以看到,正是一代代中国共产党人在马克思主义政治经济学和方法论指导下,领导中国人民适应社会客观发展规律,发挥人民群众主体能动性,实现了社会主义现代化中国的"和平崛起"。概言之,中国特色社会主义政治经济学呈现出三重新境界。

第一,中国实践新境界:从逻辑新起点的"初级阶段"到合目的性的"美好生活"。马克思以"政治经济学批判"为副标题的《资本论》,对资本主义的运行规律和主要矛盾进行了"全科诊断",指出"最终目的就是揭示现代社会的经济运动规律"②,得出了资本主义必将被社会主义和共产主义所替代的结论。从马克思主义理论中国化的视角来看,中国实践新境界至少有四个主要特点:其一,历史逻辑新起点。科学社会主义既不是"普遍的禁欲主义"和"粗陋的平均主义"等"形而上学"的空想社会主义,也不是斯大林模式的计划经济社会主义,而是马克思发现了生产力发达的资本主义存在着不可调和的根本矛盾之后提出的科学理论。然而,拥有了先进社会制度的新中国仍处于生产力不发达的社会主义初级阶段,必须首先解决中国生产力欠发达的现实问题,这恰恰也是中国特色社会主义实践的历史逻辑起点。正如鲁品越教授指出的:"社会主义并非为了实现某种'平等、正义'的普遍价值,而是为了克服资本主义的根本矛盾而来到世间的,这是空想社会主义与科学社会主义的根本区别。"③换言之,社会主义制度并不是从天上掉下来的,而是在吸收了资本主义创造的一切积极成果的前提下,在对其根本矛盾的克服和超越中实现的;"平等、正义"的普遍价值只是社会主义克服资本主义根本矛盾后的现实呈现,而不是预设的固有特征。其二,研究对象的新定位。尽管国内学界对研究对象有一定分歧,分别以中国特色社会主义的"生产力和生产关系的矛盾运动""经济形态""经济关系"等为研究对象,其实都"离不开中国特色社会主义经济建设的伟大实践"④。因此,参照《资本论》的研究对象——"资本主

---

① 《马克思恩格斯文集》第 9 卷,北京:人民出版社,2009 年,第 153 页。
② 《马克思恩格斯文集》第 5 卷,北京:人民出版社,2009 年,第 10 页。
③ 鲁品越:《社会主义市场经济与资本主义市场经济的本质区别》,《上海财经大学学报》2014 年第 4 期。
④ 张新宁:《中国特色社会主义政治经济学研究述评》,《政治经济学评论》2017 年第 2 期。

义生产方式以及和它相适应的生产关系和交换关系"①,中国特色社会主义政治经济学的研究对象应定位于"中国社会主义初级阶段的生产方式及与之相适应的生产关系、交换关系"②,旨在探索发现社会主义市场经济规律和解决社会主义初级阶段经济发展中的主要矛盾。从改革开放初期的主要矛盾定位,到党的十九大报告提出的主要矛盾变化,充分说明了中国特色社会主义政治经济学的研究对象聚焦于社会主义初级阶段的经济规律和主要矛盾,它既不是简单的苏联社会主义的生产力与生产关系的计划经济研究模式和研究对象,也不是西方新自由主义经济学所崇尚的自然发生论的自由资本主义市场模式及其研究对象,而是具有鲜明的中国特色。其三,研究任务的新导向。邓小平用"解放生产力,发展生产力"和"三个有利于"等经济发展基本原则,给出了社会主义初级阶段的研究方向:研究如何解除生产力发展的障碍;研究如何改革生产关系、改善生产效率促进生产力发展;研究如何利用市场经济方式促进经济繁荣发展。其主要任务聚焦于三个向度的实践研究:一是工业化。主要研究如何发挥人口红利等后发优势,如何利用境外资本、技术,从工业落后的发展中国家追赶上工业发达国家等。二是市场化。主要关涉如何从微观经济领域提倡、传播和发展竞争观念,如何在宏观经济领域重新定位现代政府的职能与现代市场主体的辩证统一关系。三是货币化。主要研究如何从计划配置资源转化为货币配置资源,如何从传统的货币观念、间接融资观念过渡到现代金融资本观念、直接融资观念等,把这些新导向呈现于中国实践的现实路径中。其四,社会主义生产的合目的性。幸福美好生活是人类社会最重要的向往和追求,也是马克思社会发展"三形态理论"之人的全面自由发展阶段的合目的性。从党的十一届三中全会提出的"满足人民群众日益增长的物质文化需要"的社会主义生产之目的性,到党的十九大报告提出的"为中国人民谋幸福,为中华民族谋复兴……永远把人民对美好生活的向往作为奋斗目标"③。可以看到,坚持社会主义制度的中国,必须以更高的生产力水平、更强的"中国式现代化"服务于"人民对美好生活的向往"这个根本目的。正如中国社科院王立胜研究员提出的:"是否坚持这个目的,决定了生产关系是否坚持了社会主义的基本方向,是判断经济发展根本道路和根本方向的关键落脚点。"④概言之,中国特色社会主义政治经济学是为人民

---

① 《马克思恩格斯文集》第5卷,第8页。
② 逄锦聚:《中国特色社会主义政治经济学论纲》,《政治经济学评论》2016年第5期。
③ 《习近平谈治国理政》第3卷,北京:外文出版社,2020年,第5页。
④ 王立胜:《重视社会主义生产目的:新中国70年的理论探索》,《马克思主义研究》2019年第8期。

谋幸福的学说,中国特色社会主义的生产目的是为了追求合目的性的美好生活。

第二,科学研究范式的新境界:经济规律的"天择"与顶层设计的"人择"的辩证统一。自古以来,人类崇尚自然秩序和自发秩序,也习惯于经验主义的方法论。归纳法就是根据经验主义的一条最可靠的"天择"路径,但"枚举式归纳推理"需要耗费人类很长的时间去摸索总结,而且还很容易被"证伪法"一次性否定;而"预则立"的前瞻性预设演绎法属于发挥人类能动性的"人择",是在"运用已知的事实和规律提出解决问题的假设,根据假设进行演绎推理,再通过实验来验证演绎推理的结论"[1]。中国特色社会主义政治经济学的研究范式正是立足于"天择"与"人择"辩证统一的科学方法论范式,它可以很好地解决政治经济学界最具争议的三大对立关系难题:其一,世界观与方法论的关系。西方传统哲学将世界观和方法论进行了二分,由此导致了两者的对立,社会科学的主要任务就是追求两者如何能够达到一致。比如马克斯·韦伯和涂尔干等社会学家所主张的方法论就是"价值中立",由此界分了事实判断与价值判断。而马克思"解释世界"的世界观和"改造世界"的方法论从来就是一体的,因为"马克思主义哲学的创立,使哲学的理论主题从'世界何以可能'转向'人类解放何以可能',使哲学的聚焦点从宇宙本体转向人的生存本体,从解释世界转向改变世界"[2]。所以,辩证唯物主义历史观既是中国特色社会主义政治经济学的世界观,也是方法论。其二,政府与市场的关系。亚当·斯密"无形之手"的市场自然秩序论是"小政府"作为"守夜人"角色,预设了政府与市场的对立关系。事实上,两个极端状态,即完全计划经济和完全市场经济在人类经济史上根本就不存在。中国从改革开放初期"摸着石头过河"的探索式发展,到党的十八大之后"顶层设计"以及提出的"创新、协调、绿色、开放、共享"发展理念,用实践证明了归纳法与演绎法的辩证统一、经济规律的"天择"与顶层设计的"人择"的辩证统一。习近平指出:"理念是行动的先导,一定的发展实践都是由一定的发展理念来引领的。发展理念是否对头,从根本上决定着发展成效乃至成败。"[3]从毛泽东"实事求是、群众路线和独立自主"的方法论萌芽,到邓小平提出的社会主义初级阶段的几个重要理论,再到习近平新时代中国特色社会主义理论与"五大发展理念"的顶层设计、共建"一带一路"国际发展战略等,都是一代代中国共产党人领导

---

[1] 张彦:《活序:本真的世界观——兼论社会发展的第三种秩序》,上海:上海人民出版社,2019年,第365页。
[2] 杨耕:《哲学的位置在哪里?》,《齐鲁学刊》2019年第1期。
[3] 中共中央文献研究室编:《习近平关于社会主义经济建设论述摘编》,第20页。

中国人民在社会主义经济建设实践中,在发现社会主义市场规律,发挥人民群众的创新能动性,主动扬弃资本主义市场经济的根本矛盾,透析和解决所处时代主要矛盾的过程中生成的。这其中既有顺应发展规律的"天择",又有能动性的"人择",是在合目的性的从"四个现代化"到"两个一百年"目标的实践历程中生成的。中国共产党的绝对领导保证了用集体智慧认识世界和改造世界之理论与实践的辩证统一,既证明了社会主义市场经济导向的正确,也证明了中国共产党的领导是中国特色社会主义的最大特色。正如陈平教授指出的:"中国能把资源和资本的比较劣势转化为有组织的劳力优势,在国际竞争中实现规模经济,靠的不只是市场竞争这只'看不见的手',更是政府规划和区域协调这只'看得见的手',因为分工加市场不等于协作。"①其三,实体经济与金融的关系。社会主义初级阶段发展生产力必须有效发挥资本金融市场等各要素的功能,因此,中国特色社会主义很有必要大力发展金融市场,推动金融创新,用金融功能的有效性来保证市场在资源配置中的决定性作用。但是理论界仍有不少人完全将实体经济与金融对立起来,认为金融的繁荣发展完全背离了发展实体经济的初心。从邓小平"金融是现代经济的核心"的论述到习近平"金融是国家重要的核心竞争力"的讲话,都说明了中国共产党人充分认识到金融资本市场对中国经济发展的重要性。希勒指出,"中国可以借助金融目标构建这个手段实现许多国家层面的目标"②,恰恰说明中国特色社会主义市场经济更需要发挥金融功能对实体经济的辅助和服务作用,而不能用行政手段抑制金融市场的发展。这些金融与实体关系的重要论述,都从整体性战略高度论证了实体经济与金融的辩证统一关系。

第三,中国"市场精神"新境界:融合了中西方优秀文化基因的经济新秩序。"人无精神则不立,国无精神则不强。"③中国特色社会主义市场经济建设一样需要重塑"市场精神"。马克思在批判古典政治经济学理论的基础上揭示了资本主义经济运行的客观规律和根本矛盾,开创了科学社会主义等相关理论,这是马克思对人类的伟大贡献;而"中国优秀传统文化蕴含丰富的哲学思想、人文精神、教化思想、道德理念等,为治国理政哲学思想提供了丰富的资源"④。跟随经济全球化浪潮融入现代化的中国,必然是中国优秀传统文化遭遇了现代性发育后的再生成过程。中国特色社会主义政治经济学也

---

① 陈平:《代谢增长论:技术小波和文明兴衰》,北京:北京大学出版社,2019年,第12页。
② 〔美〕罗伯特·希勒:《金融与好的社会》,束宇译,北京:中信出版社,2012年,中文版序言。
③ 《习近平谈治国理政》第2卷,北京:外文出版社,2017年,第47页。
④ 韩庆祥、杨建坡:《习近平新时代中国特色社会主义思想的哲学基础》,《山东社会科学》2019年第7期。

必然是中华优秀传统文化"普遍精神不朽性"融合了市场经济实践后的当代显现。王立胜研究员认为："中国特色社会主义政治经济学既是马克思主义政治经济学的时代化，也是马克思主义政治经济学的中国化、本土化，其文化底蕴和文化根基一定包含中国文化基因。"①张雄教授等认为："如何融入现代性、扬弃现代性，需要三对范畴的生态整合：'零和—和合''同情—良知''理性利己—义以生利'，全面而又充分体现融中华文化之精粹与西方文化之优长为一体的哲学境界。"②改革开放以来，承载着优秀传统文化基因的中国人民在经历了现代市场经济实践的冲击、体验和转换之后，充分呈现出其独特的中国市场精神新境界，概言之：其一，"和合"共赢的中国精神。数百年世界经济发展史表明，近代西方发达国家走过的经济发展模式，一直崇尚"零和"博弈规则，一百多年前世界帝国主义列强争夺殖民地的存量博弈现象呈现出明显的"强则霸"的目的性导向；而具有"己所不欲勿施于人""和而不同"等优秀传统文化基因的中国，崇尚"和合"思想，融入、融合到全球化现代市场之后，经受了市场经济的诸多挑战、冲击和洗礼，和平崛起，同时也发展出不一样的市场经济秩序，即从无序自由竞争博弈到合作共赢、共生发展，生成了兼具中华文化之精粹与西方现代市场经济之优点的"中国方案"——构建人类命运共同体。其二，市场忧患精神。既然社会主义市场经济必须充分发挥金融市场的功能和作用，那么必然隐含着发生金融风险乃至金融市场失灵的可能，因此，对不确定性的金融风险必须有"防患于未然"的忧患意识。中国经典著作中"知几""中庸""守中"和"治未病"等思想，侧重点都在于把握危险未发生前的"度"来防范不确定性风险。"尽管用'度的守中'来调节杠杆效应的效率适中性违背了金融资本利润最大化逻辑，但是最终风险可控性才是真正的经济理性体现。"③拥有社会主义制度的中国需要未雨绸缪地防范资本金融市场的失灵。在中国特色社会主义市场经济发展过程中，中国领导层特别重视对金融风险的防范。2015年，习近平指出："我们必须把防风险摆在突出位置，'图之于未萌，虑之于未有'，力争不出现重大风险或在出现重大风险时扛得住、过得去。"④党的十九大报告也把"防范化解重大风险"尤其是金融风险放在了"三大攻坚战"首位，充分呈现出中国对重大风险的市场忧患精神。其三，全面自由发展的整体主义精神。西方人本主义形而上学的目标是

---

① 王立胜：《中国特色社会主义政治经济学的历史生成》，《临沂大学学报》2017年第1期。
② 张雄、朱璐、徐德忠：《历史的积极性质："中国方案"出场的文化基因探析》，《中国社会科学》2019年第1期。
③ 申唯正：《建构金融资本市场的"反脆弱性"机制》，《现代经济探讨》2016年第10期。
④ 中共中央文献研究室编：《习近平关于社会主义经济建设论述摘编》，第324页。

脱离社会现实去追求所谓形式上的"原子化"个人之"自由、平等、人权",实际上走入了"祛魅"的形而上学机械唯物主义或粗俗的平均主义迷雾中。张雄等学者在反思马克斯·韦伯的研究后指出,看似相互矛盾的"儒家精神与现代市场经济精神其实是相贯通的,更为重要的是,只有经历现代性遭遇,才能有比较地发现儒家思想的哲学观有着诊断并扬弃现代性的积极性质"[①]。发展中的中国特色社会主义政治经济学,正是以人民群众利益为中心,以现实的人和社会现实问题为出发点,发扬"认同差异,承认差异",求同存异的市场精神,以解决社会主要矛盾为主要任务,实现个体发展与整体进化,达到人类生命力的同一性,最终实现全面自由发展为最终目标的科学理论。

综上所述,马克思的《资本论》对资产阶级政治经济学进行了深刻的批判,并创立了科学社会主义理论;而在此理论基础上发展起来的中国特色社会主义,是一代代中国共产党人将共产主义的最高理想与社会主义中国的现实有机结合起来,实事求是地从中国现状出发,解放生产力、发展生产力,从而实现社会主义本质,实现"两个一百年"目标,最终实现人的全面自由发展的理论与实践。中国特色社会主义政治经济学正是以马克思主义理论作为指导思想,承载着中国优秀传统文化基因,在中国现代化的实践历程中,研究社会发展规律,逐步解决各个发展阶段的主要矛盾,从而逐步生成的,它"涵盖了中国特色社会主义经济的生产、分配、交换等主要环节以及基本经济制度、基本分配制度、经济体制、经济运行、经济发展和对外开放等主要方面,提出了一系列新的理论观点,初步形成了比较完整的理论体系"[②]。这是"改变世界"的世界观运用于实践历程中的方法论总结,是用"'社会人'超越'经济人'范式,强调辩证法分析超越个体边际分析,强调'逻辑—历史分析',超越'均衡—静态'分析"[③],是用动态研究取代静态研究、用非线性替代线性的科学范式,是实践的、历史的、辩证的唯物主义世界观和方法论的统一。在新时代,构建中国特色社会主义政治经济学理论体系,既是对"鲜活"的70多年社会主义中国实践的总结,又是对中国特色社会主义发展历史的抽象概括;既不是所谓的经验主义、还原主义和历史主义,也不是简简单单的人本主义之低维度伦理情怀,而是旨在进一步启迪和指导中国人民应战百年未有之大变局,为世界社会主义发展、为人类社会实现美好生活贡献中国智慧。

---

① 张雄、朱璐、徐德忠:《历史的积极性质:"中国方案"出场的文化基因探析》,《中国社会科学》2019年第1期。
② 张宇:《中国特色社会主义政治经济学的科学内涵》,《经济研究》2017年第5期。
③ 马涛:《经济学范式的演变》,北京:高等教育出版社,2017年,第12页。

第二节　中国特色社会主义资本市场的生成与新时代金融秩序

资本市场是现代金融体系的重要组成部分,广义上包括货币市场、证券市场、外汇市场和衍生品市场等,狭义上主要指可以用股票和债券进行直接融资的证券市场[①],它可以增大社会融资规模,融入经济金融全球化,促进国民经济的快速发展。改革开放以来,中国特色社会主义资本市场以服务实体产业为初心,从无到有、从小到大、从无序到规范、从试点到成熟再到全面开放。在促进经济体制改革、促进股份制改造、促进经济转型、促进新发展格局、促进科技创新的各个阶段,都实现了突破性的发展。根据中证指数有限公司的数据:"截至2020年底,全球上市中国股票合计6 081只(其中A股4 140家),较2019年增加486只。这6 081只股票对应5 857家公司主体,即130家公司A+H双重上市,82家公司A+B上市,11家公司香港和美国双重上市。全球中国股票总市值约118万亿人民币(约18.1万亿美元)。"[②]通过对改革开放以来中国证券市场各个发展阶段的相关历史事件和数据进行回溯、梳理,可以最大可能地呈现出中国资本市场的历史生成过程,最大可能地展现出具有中国特色的金融制度创新成果,最大可能地考察和反思其发展过程中所存在的问题和难题,从而进一步阐释、理解和把握新时代金融新秩序的顶层设计和目标导向,为建构更加科学规范、系统完备、运行有效的新时代中国特色社会主义市场经济制度体系做出贡献。

一、中国资本市场的四个发展阶段

改革开放后,在解放生产力的经济体制改革和市场内在需求的催生下,中国资本市场经过近40年的发展,从股份制改造到证券市场的建立,从国企改革到股权分置改革的完成,从多层次资本市场的建立到金融市场的全面开放,主要经历了四个发展阶段。

(一)1984~1991年:从股份制改造到证券市场的建立

随着改革开放政策的进一步推进,经济体制改革面临着两个迫切问题:一方面,需要解放思想,对国企产权和经营权进行分离;另一方面,大量国有企业也需要更多的融资渠道。这就关涉股份制、产权政策的资本市场经济观

---

① 参见刘红忠、卢华编著:《金融市场与机构》,上海:复旦大学出版社,2019年,第2页。
② 新浪财经:《全球上市中国股票概览》,https://finance.sina.com.cn/money/fund/fundzmt/2021-02-03/doc-ikftpnny3713209.shtml。

念的进一步解放。这一时期的制度性建构主要有五个标志性事件:其一,关于经济体制改革的重要决议。1984年10月的十二届三中全会上,党中央通过了《关于经济体制改革的决定》,首次明确指出我国实行公有制基础上有计划的商品经济。其二,允许股份公司的设立和上市交易。1984年7月北京天桥百货股份有限公司成为中国大陆第一家股份公司;1984年11月发行、1986年9月上市可以在银行柜台交易的飞乐音响股票成为中国改革开放第一股。其三,证券公司和证券交易所的设立。1987年9月,深圳特区证券公司成为中国大陆首家证券公司。上海证券交易所和深圳证券交易所分别于1990年11月和1991年7月成立,同一时期全国还有17个区域性的证券交易中心成立。其中在上交所首批上市的8家股份制企业的股票,被证券市场称为"老八股"。其四,批准国债和企业债券的发行和交易。1987年国家发布了《企业债券管理暂行条例》,1988年国家批准了几个城市开展个人所持有国债进行银行柜台的转让业务试点,并在当年年底推行至全国范围,债券交易开始起步。其五,批准成立期货市场并试点期货交易。1990年6月,郑州粮食批发市场经批准后设立,同年10月正式开业,该批发市场已具备一定的期货市场机制;1991年5月和6月,上海金属交易所和深圳有色金属期货交易所分别宣告成立等。以上标志性事件宣告中国资本市场正式开启。这一时期具有三大特点:其一,思想解放。其二,制度创新。其三,国家制度建构与市场自由竞争相统一。

(二)1992~1999年:从探索、试点到有序化、规范化

1992年,邓小平的"南方谈话"用"但要坚决地试"为证券市场定了调,为中国资本市场指明了发展方向。后续的新股试点发行方案确定为面向全国发行,但因数量有限,投资者必须通过购买新股认购抽签表参与认购,而人工发放抽签表就容易引发舞弊,1992年8月深圳因此爆发了"810"事件。所以,伴随着证券市场的各种试点,如何监督监管被提上资本市场发展议程。这一时期的制度性建构主要有四个标志性事件:其一,监管机构的设立。1992年10月,国务院证券委员会(简称国务院证券委)和中国证券监督管理委员会(简称中国证监会)正式成立,标志着资本市场的统一监督管理机构体制形成。其二,一系列决议、法律法规出台。例如:1993年4月出台《股票发行与交易管理暂行条例》,1993年12月发布《关于金融体制改革的决定》,1994年7月实施的《中华人民共和国公司法》,1997年出台的《证券投资基金管理暂行办法》,1999年7月颁布的《中华人民共和国证券法》等,都是有关中国资本市场法制化建构的。其三,批准成立证券公司和基金公司。专业的证券公司从1992年的三家发展到1998年底的近百家,营业部数千家。其中,作为机构投资者的"老十家"基金公司也依据相关法规试点发展起来。其四,期货市场的治理整顿和规范化。中国期货市场在最初几年曾经历了一个无序生长期:各类交易所盲目建设,投机气氛异常浓厚,外盘期货经纪业务极不规范等。因此,一系列规范化措施逐步出台:1993年11月,国务院发布《关于制止期货市场盲目发展的通知》。由于"327"事件,1995年起国债期货被暂停交易;1997年更是被中国证监会定为"证券期货市场防范风险年";1998年8月,国务院发布《关于进一步整顿和规范期货市场的通知》,对期货市场进行了整体结构性的整顿和调整:将原有的14家期货交易所撤并为三家,即郑州商品交易所、大连商品交易所、上海期货交易所[①]。1999年6月2日,国务院颁布了《期货交易管理暂行条例》。这一时期的主要特点有三:其一,多方位探索和试点;其二,寻求有序化和规范化发展;其三,开始法制化建设。

(三) 2000~2007年:从中小板试点到全面完成股权分置改革

进入21世纪,中国资本市场步入新的发展阶段,主要标志性事件有:其一,2000年5月,一级市场初步建立了券商主承销制度;其二,2001年3月,股票发行的核准制取代了原来的审批制;其三,2004年5月,中小企业板块获准上市;其四,2005年4月,中国证监会发布《关于上市公司股权分置改革试点有关问题的通知》,正式开启股权分置改革试点。截至2006年年底,绝大部分上市公司完成了股权分置改革,中国证券市场正式进入了全流通时代。这是一个独具中国特色的资本市场实践,记录了中国资本市场探索的重要历程,以至于有这样一个共识:"没有改革开放初期股权分置的制度设计,中国就不可能有资本市场的建立;没有股权分置改革的实施,中国的资本市场就不可能取得后来的蓬勃发展。"[②]另外,金融市场双向开放的主要事件有:2002年开始实施QFII(合格境外机构投资者)制度,2007年开始推行QDII(合格境内机构投资者)制度。资本市场的体系建构有:2006年的5月和9月,中国期货保证金监控中心和中国金融期货交易所分别在北京和上海成立。这一时期的主要特点有三方面:其一,大胆探索并实现了中国证券市场的全流通;其二,资本市场双向开放试点;其三,进一步完善了资本市场的监管体系。

(四) 2008~今:逐步完善多层次的国际化资本市场体系

股权分置改革的完成让中国主板市场成为全流通的市场,在此基础上,

---

① 1999年5月4日,由上海金属交易所、上海商品交易所、上海粮油商品交易所合并组成的上海期货交易所试营运,它是我国第三家期货交易所。
② 曾康霖等主编:《百年中国金融思想学史》第三卷,北京:中国金融出版社,2015年,第980页。

逐步建构资本市场体系,分别推出了不同层次的证券板块。主要的标志性事件有:其一,建构证券市场的做空机制:开通融资融券和股指期货。做空机制是完善证券市场的重要制度,既可以形成避险机制又可以抑制投机过度所带来的暴涨暴跌。其中,融资融券一般在实务上被称为"证券信用交易"或保证金交易,指投资者向具有融资融券业务资格的证券公司提供担保物,借入资金买入证券(融资交易)或借入证券并卖出(融券交易)的行为。从2008年10月开始试点,2010年3月融资融券业务正式启动。而股指期货是对应股票指数设置的期货品种,起到了对股票市场的价格发现、资产管理、对冲市场风险的作用。2010年4月,中国金融期货交易所推出了沪深300股指期货。其二,从深圳创业板到上海"科创板"。2009年10月深圳创业板开市,2019年7月上海证券交易所科创板开市,从而进一步满足了差异化市场需求的细分化。其三,注册制。注册制是区别于核准制的证券发行制度,目的是降低上市门槛,加快上市流程,从而通过资本市场的优胜劣汰,达到更好更有效率的市场资源配置。2020年4月,中央全面深化改革委员会第十三次会议审议通过了《创业板改革并试点注册制总体实施方案》①。2020年6月12日,证监会发布了《创业板首次公开发行股票注册管理办法(试行)》《创业板上市公司证券发行注册管理办法(试行)》《创业板上市公司持续监管办法(试行)》和《证券发行上市保荐业务管理办法》,自公布之日起施行;与此同时,证监会、深交所、中国结算、证券业协会等发布了相关配套规则,宣告证监会创业板改革和注册制试点开始。其四,国际化:资本市场双向开放。2014年沪港通开启;2016年,深港通开通;2017年,"债券通"正式开通;2018年,原油、铁矿石等期货产品对外开放;2019年,取消QFII/RQFII投资额度限制,"沪伦通"开通。其五,中国A股被纳入MSCI成份股。自2013年6月启动到2018年6月,历经五年,中国A股正式被纳入MSCI新兴市场指数成份股,这是中国股票市场走向国际化的重要标志。

二、数据呈现中国资本市场30年变化

经过30多年的建设,中国构建了基本完善的资本市场体系:其一,股票市场从1982年股份制改造起步,到1990年正式启航,再到2006年的股权分置改革完成,又到2014年的证券市场国际化,同时建构起包括场外市场与场内市场(主板、中小板、创业板、科创板)的中国证券市场体系(如图7-1所

---

① 中国证监会:《中国证监会就创业板改革并试点注册制主要制度规则向社会公开征求意见》,http://www.csrc.gov.cn/,2020年4月27日。

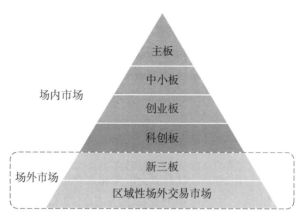

图 7-1 中国证券市场体系

示)。其二,债券市场。从最初的国库券、企业债发行,到后期的国债回购,再到1995年的国债期货暂停交易,又到银行间债券市场建立。债券市场的对外开放从2010年开始试点到2013年RQFII(人民币合格境外机构投资者)的正式入市,形成了开放的人民币债券体系。

(一) 股票、债券、基金融资规模的变化

作为直接融资典型的股权融资,在1992年之前基本可以忽略不计。尽管1990年12月9日上海证券交易所首日交易的总金额仅为49万元,甚至比不上今天证券市场瞬间的交易量,却标志着中国证券市场的正式开启。1991年开业的深圳证券交易所进一步为证券市场的发展增添了动力。自此,中国股票市场、债券市场、证券基金的融资规模发生了许多重要变化:其一,上市公司数量的变化。中国证券市场上市公司的数量从最初的老八股到2000年超过1千家、2010年超过2千家、2016年超过3千家、2020年超过4千家(如图7-2所示)。其二,筹资金额变化。1991年中国股市仅筹资5亿元,2019年筹资额已超过12 000亿元(如图7-3所示)。其三,股票总市值变化。从1992年的1 048亿元增加到2020年的79.72万亿元(如图7-4所示)。其四,股票市值与当年GDP占比变化。1991年股票市值只有GDP的0.5%,2020年已接近80%(如图7-5所示)。其五,证券基金规模变化。起步较晚的基金业发展更为迅猛,1998年仅为120亿元,2019年则已经增加到13.7万亿元(如图7-6所示)。其六,发债总额变化。1992年各类债券发行额仅为5亿元,2020年发行债券总额已达57万亿元(如图7-7所示)。"2020年前11个月,上海证券交易所新增IPO公司数量203家,IPO融资额3 200亿元,均居世界首位,股票总市值仅次于纽约和纳斯达克,成为全球第三大交易所,上交所

债券市场则是全球最大的交易所债券市场"①。从以上数据可以看出,中国证券市场仅仅用了30年的时间,就成长为世界金融市场具有最重要影响力的证券市场之一(图7-2至7-7显示了中国证券市场规模的变化②)。

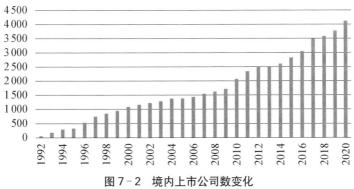

图7-2 境内上市公司数变化

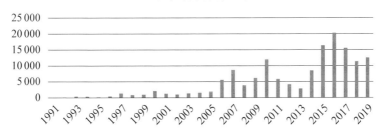

图7-3 股票市场每年筹资额变化

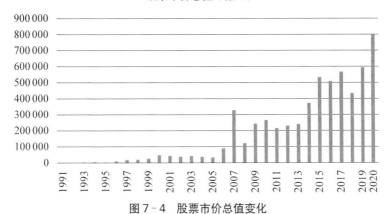

图7-4 股票市价总值变化

---

① 参见2020上海金融论坛上交所副总经理刘逖主题演讲,http://www.cs.com.cn/xwzx/hg/202012/t20201213_6120161.html。
② 数据来源:Wind终端、Choice终端。

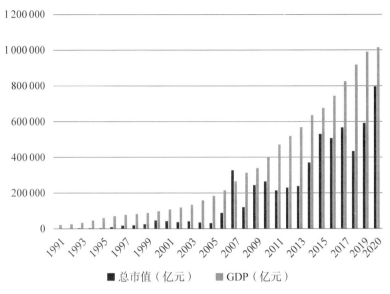

图7-5 股票市值与当年GDP占比

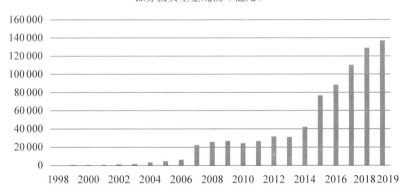

图7-6 基金规模变化

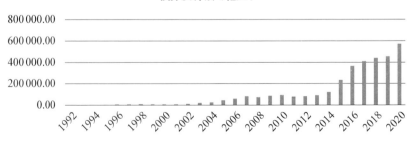

图7-7 债券每年发行额变化

（二）直接融资和间接融资在社会融资中的占比变化

社会融资主要分为直接融资与间接融资。直接融资一般是指没有金融中介机构介入的资金融通方式，资本市场就是为现代企业尤其是创新企业提供直接融资方式的场所。间接融资则是相对于直接融资的，需要金融中介机构参与的资金融通方式，银行贷款是主要方式。中国人民银行网站提供的数据(图7-8、图7-9)显示，中国社会融资增长很快，2002年社会融资额仅为2万亿元，2020年已增加到34.86万亿元，大量资金通过融资进入市场经营过程，作为间接融资的典型代表——贷款，占比从2002年超过90％下降到2020年低于60％，既说明银行贷款始终是主要的融资方式，也说明了直接融资规模的增长更快。当然，作为企业发行股票及债券的直接融资方式，尽管绝对总金额上升速度很快，但在社会总融资的占比中仍有提高空间。

图7-8 社会融资来源对比

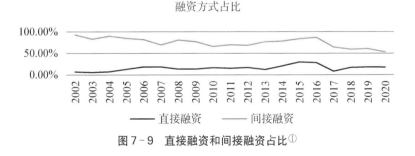

图7-9 直接融资和间接融资占比①

---

① 2017年起，人民银行调整贷款、信托、债券等融资统计口径，因此数据调整值较大。本处间接融资包括银行贷款、信托贷款和委托贷款，直接融资包括企业债券和非金融企业股票融资。

图 7-8、图 7-9 所显示的社会融资情况①,其中直接融资包括股市融资和企业债券社会融资,间接融资包括人民币贷款、委托贷款、信托贷款。

(三) 上市银行在上市公司总利润中的占比变化及特征

随着上市公司数量和市值相对于 GDP 的正增长,上市公司总利润的快速增加也正向呈现了中国经济迅速增长的事实,同时上市银行利润在上市公司总利润中的占比也反映了中国金融行业间接融资所带来的资本收益率变化。2002 年之后,随着五大国有银行先后改制上市(2004 年中国建设银行上市,2005 年中国银行上市,2006 年中国工商银行上市,2007 年交通银行上市,2010 中国农业银行上市,2020 年底,上市银行已有 53 家),其利润在全体上市公司利润中的占比也从不到 10% 急剧上升到接近 50% 的比例(图 7-10)。

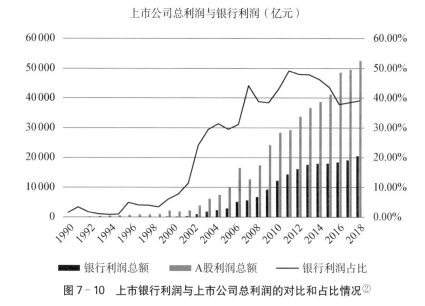

图 7-10　上市银行利润与上市公司总利润的对比和占比情况②

对 30 年来上市银行的利润占比变化进行综合分析,可以看到,上市银行利润占比的变化幅度至少呈现出四个特点:(1)银行部门获得了大部分利润。以间接融资为主导的中国金融业,其中上市的银行业拿走了上市公司的大部分利润。(2)社会收益再分配的可能。以公有制为主体的上市银行收入占比的结构反映了中国金融业的发展具备促进收入再分配的物质基础,通过政府对银行业利润进行二次分配和转移支付就存在必要性,在一定程度上,公有

---

① 数据源自中国人民银行调查统计司 http://www.pbc.gov.cn/diaochatongjisi/116219/index.html,国家统计局年度数据 https://data.stats.gov.cn/easyquery.htm?cn=C01。

② 数据来源:Wind 终端、Choice 终端。

制银行比私有制银行更易于采取政策调节和行政指导方式起到缩小贫富差距的作用,例如2020年为应对疫情对国内企业的冲击,国务院要求金融机构让利实体经济特别是民营、中小微企业,预计全年可实现让利1.5万亿元的目标①,其中大多数由国有金融机构尤其是国有银行承担。(3)有利于国家宏观调控。由于来自国有银行的融资占据主要份额,根据国家宏观调控政策,对所掌控的金融资本进行经济层面的结构性改革、行业投资导向等都具有能动性作用。(4)金融业对实体产业产生挤出效应。金融化社会背景下,金融资本的运作对实体经济存在负面影响,资金投入金融行业的收益更高,会将原本投入实体行业的资金吸引过来,出现脱实向虚的倾向。因为银行业拿走了过多的利润,在一定程度上不利于推动实体行业的技术创新。同时,直接融资如典型的风险投资更有利于科技创新。以上四个方面的深层次问题关涉社会经济所有制和当代社会主要矛盾——"不平衡、不充分发展"的有效解决,值得深入思考和研究。银行业利润占比过高是需要解决的问题,但不可以过于简单化、理想化的方式解决,需要根据实际情况选择合理方式。

三、聚焦中国资本市场的主要问题

尽管30年来中国资本市场发展迅速,但是对比发达经济体金融市场,在服务实体、融资效率和市场参与者等方面存在发展不平衡、不充分的问题,主要表现在以下四个方面:

第一,间接融资比重远高于直接融资。美国学者J. G. 古利(J. G. Gurley)和E. S. 肖(E. S. Shaw)1955年在《美国经济评论》发表的论文,首次对间接融资和直接融资进行定义:间接融资即是"资金盈余者通过存款等形式将闲置的资金提供给银行,再由银行贷款给短缺者的资金融通活动";"直接融资"即是"资金盈余者与短缺者相互之间直接进行协商,或者在金融市场上由前者购买后者发行的有价证券的资金融通活动"②。国际研究机构往往以"银行主导型金融体系"来指代间接融资。1996年,中国人民银行提出扩大直接融资规模,由此引入了直接融资和间接融资的概念。中国的金融体系历来由银行(尤其是占有绝对优势的国有银行)主导。改革开放初期,中国企业的融资渠道几乎全是来自间接融资,1992年股市发展之后直接融资逐步增加,但占比只相当于间接融资的零头,一直到2006年,间接融资才降低到

---

① 参见国务院新闻办公室11月政策例行吹风会 http://www.gov.cn/zhengce/2020-11/07/content_5558533.htm。

② J. G. Gurley and E. S. Shaw, "Financial Aspects of Economic Development", *The American Economic Review*, 1955.

80%左右。目前,企业的融资方式仍以间接融资为主,主要形式为银行贷款。间接融资为主的融资方式会带来杠杆率一直居高不下的问题,可以在一定程度上认为,银行融资或者说间接融资主导的金融体系是导致中国杠杆率居高不下的主要原因。目前中国产业结构在全面深化经济改革的导向下,由追赶型转向创新型的发展,融资方式发生转变,原本占据绝对比例的间接融资逐渐下降,直接融资比例提高,这是未来的必然趋势。相比间接融资,直接融资的市场参与程度更高,更有利于提高资金的配置效率。当然,必须辩证看待直接融资和间接融资的均衡发展,直接融资并非越多越好。比如说,中国的储蓄率和美国相比差异巨大,因此间接融资比例先天上无法降低到美国的同等程度,如果将美国的比例奉为圭臬,将因为偏离国情,导致无法实现,或者实现的代价过高以致弊大于利。

第二,资本市场服务实体经济存在不平衡、不充分的情况。实体经济是相对虚拟经济而言的,实体经济是人类社会赖以生存和发展的基础,其中也包括各类服务业。金融作用于实体经济,表现在金融参与实体经济的真实运行、交易/交割过程。金融服务实体经济,应着力推进经济结构战略性调整。其中主要问题集中在:(1)证券市场的企业上市门槛过高,存在中小微企业融资难、融资贵问题。(2)债券市场存在发展不平衡问题。解决中小微企业融资困难的问题,需要均衡考虑直接融资和间接融资。中小微企业大多数属于民营经济,"民营经济具有'五六七八九'的特征,即贡献了50%以上的税收,60%以上的国内生产总值,70%以上的技术创新成果,80%以上的城镇劳动就业,90%以上的企业数量"[①],然而小微企业贷款余额仅占金融机构各项贷款余额的25%左右[②]。中国资本市场的发展应当鼓励直接融资的发展,这不仅有助于资本的市场化运行,提高资金配置效率,同时也可以缓解中小微创新企业的融资压力。未来高新科技企业尤其是新兴创业企业将成为我国经济发展的重要推动力,如何为这类企业提供更好的融资服务是不可忽视的问题。从中小板、创业板到科创板再到注册制,可以说对于直接融资的发展起到了持续促进的作用。资本市场的这些规则和内容变革,对于支持我国战略性新兴产业、先进制造业、传统产业转型升级,以及小微企业特别是科技型小微企业的发展,将起到越来越明显的促进作用。这些企业由于没有发行股票和债券的资格,很难在资本市场上获得直接融资,而商业银行又特别倾向于向资信好、规模大的企业放贷,因此大企业能够比较轻松地获得贷款,这就变相压缩了小企业获得

---

① 《习近平谈治国理政》第3卷,第250页。
② 参见中国银行业协会:《中国银行业社会责任报告(2019)》。

间接融资的空间。20世纪70年代后兴起的风险投资,就是针对创业企业进行直接融资,并由此诞生了诸多知名企业,成为新经济助推器。这些经验可以作为中国资本市场在为实体企业升级转型发展提供服务时的重要借鉴。

第三,证券一级市场效应与二级市场效应不对称现象。中国证券市场因为上市公司的审核制度所积累的"壳资源"稀缺,导致一级市场(IPO)高抑价率长期存在,造成一级市场存在超额收益率效应,从而进一步扭曲了资本市场资源配置的效率,严重影响了资本市场的健康发展。根据wind数据显示:A股上市首日涨停及以上的占比超过60%。关于IPO抑价问题,国内青年学者贾捷(2017)的论文《询价制度下中国A股市场的IPO抑价研究》,以2005~2016年发行上市的1532只A股新股作为样本对此进行了实证研究,其结论认为:"二级市场效应对IPO抑价的影响要远远大于一级市场效应,二级市场效应是造成A股市场IPO高抑价的主要原因。"①另外,对比30年来上证综合指数与上海证券总市值的变化(如图7-11所示),可以看出,上海证券市场的市值上涨速度在2015年后开始明显领先于上海综合指数的增长,这一方面说明了证券市场融资规模的大幅增长,另一方面说明了证券市场的大部分"蛋糕"都通过IPO分配给了一级市场的参与者,从而弱化了二级市场的吸引力和财富效应。一级市场的高溢价与二级市场的长期低迷形成了鲜明的对比,而二级市场的长期低迷不利于资本市场的高效率资源配置和经济的高质量发展。资本具有逐利性的基本特征,如果没有有效的保值增值的投资渠道,中国资本市场是不可能吸引大量的中国居民的储蓄资金和全球范围的金融资本来投资的。

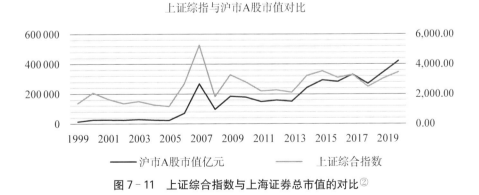

图7-11 上证综合指数与上海证券总市值的对比②

---

① 参见贾捷:《询价制度下中国A股市场的IPO抑价研究》,合肥工业大学硕士论文,2017年。
② 上海证券交易所网站http://www.sse.com.cn/market/stockdata/overview/yearly/。

第四，投资者结构有待优化。30年来中国证券二级市场的参与者以中小个人投资者为主。2018—2020年的《上海证券交易所统计年鉴》(2018卷、2019卷、2020卷)①的数据显示：在中国股市的开户数量中，散户占比一直维持在99.7%以上。其中，散户贡献了相当于机构投资者5倍的交易额，而机构投资者用比散户更少的交易额，获得了更多的盈利。这样的盈利差异或许源于两个群体的交易风格。中小散户因为资金规模较小，投机心理强，换手率较高，更容易呈现追涨杀跌的羊群效应，从而不能客观理性地把握证券市场的中长期机会。比如2020年的数据显示：机构投资者的持股市值为182 968亿元，占比60.89%；自然人投资者的持股市值为61 856亿元，占比仅仅20.59%。

四、建构新时代金融新秩序的四个向度

马克思主义政治经济学认为，资本不仅仅是生产要素的物质属性，同时体现了一定社会生产关系的经济属性。在21世纪金融化社会的背景下，中国特色社会主义金融资本发展的根本宗旨是：国强、民富、公平、公正、共享。党的十八大以来，尤其是在2017年中央第五次金融工作会议之后，对金融发展的引导和监管成为我国金融工作的中心，针对资本市场面临的主要矛盾，对近些年金融业出现的"脱实向虚"苗头和互联网金融平台的垄断现象进行了一定程度的纠正，中国金融业聚焦于服务实体经济、防控金融风险、深化金融改革和防止资本无序扩张四个向度，呈现出建构新时代金融秩序的新境界。

（一）加大金融服务实体经济的力度

现代化经济强国的建设需要有高效且强大的市场资源配置能力的资本市场。习近平总书记在2017年7月召开的第五次全国金融工作会议上强调："金融是实体经济的血脉，为实体经济服务是金融的天职，是金融的宗旨，也是防范金融风险的根本举措。"②而在提高金融支持实体经济的质量方面，一是要提升实体经济的融资便利性。通过创新和完善金融服务，使目标经济主体享受便利的金融服务，同时疏通金融政策传导机制，使资金有效进入实体领域，防止自我循环，仅仅在金融系统内空转，综合运用各类金融市场和杠杆，促进资金有效配置。二是要促进实体经济的融资规模，保持信用规模的适度增长。三是降低实体经济的融资成本，改进实体经济和虚拟经济的利益

---

① 上海证券交易所网站：《上海证券交易所统计年鉴》2018、2019、2020卷。
② 《习近平谈治国理政》第2卷，第279页。

分配,降低经济发展的成本。四是优化实体经济的融资结构,协调发展直接融资和间接融资,尤其是加快推动直接融资,不断提高市场主体的资本形成能力和融资能力。十八大以后,政策导向引导贷款资金重点投向基础设施制造业等重点领域和民营小微企业等薄弱环节,以及证券市场的改革,先后设立中小板、创业板、科创板,包括推行注册制等,进一步推动金融业服务于实体经济。

2017年以来,国内金融机构支持实体经济的力度明显提升。截至2019年12月,金融机构人民币各项贷款同比增长12.3%,新增贷款持续走高。公司贷款规模稳步增长,信贷结构持续优化,普惠小微企业贷款增速加快,截至2019年年末,仅银行业就发放小微企业贷款11.67万亿元,普惠小微贷款同比增长23.1%,比上年末提高7.9%,当年小微企业贷款余额36.9万亿元,同比增速10.1%。非信贷资产业务规模稳步增长,但占比逐季走低,各类银行和各项业务发展也存在一定分化。同时,证券市场的"科创板"为科技创新企业开拓了新的直接融资渠道。截至2020年12月初,科创板已上市公司达到203家,总市值规模超3.18万亿元,其中81家公司市值超百亿元,4家公司市值超过1000亿元,有力地促进了科技类企业的创业和发展①。

(二)金融开放与金融安全

从世界经济金融史的视角看,全球性金融强国都是开放的,这样才能够成为国际金融中心、资产价格定价中心。中国必须扩大金融开放,必须成为以人民币计价的资产配置中心。习近平指出:"要扩大金融对外开放。要深化人民币汇率形成机制改革,稳步推进人民币国际化,稳步实现资本项目可兑换。要积极稳妥推动金融业对外开放,合理安排开放顺序,加快建立完善有利于保护金融消费者权益、有利于增强金融有序竞争、有利于防范金融风险的机制。"②中国资本市场从2002年就开始实施QFII(合格境外机构投资者)制度,随后逐步提高外资参与额度,于2007年在国内开始推行QDII(合格境内机构投资者)制度,允许合格的机构在额度限制下,有序参与境外市场。截至2021年第一季度,批准的QFII机构合计295家,额度合计1162.60亿美元;批准的QDII机构合计177家,额度合计1257.19亿美元;批准的RQFII合计265家,额度合计人民币7229.92亿元③。

党的十八大之后,有序加快金融开放,不断推进民族资本、国际资本各种

---

① 参见《中国人民银行金融机构贷款投向统计报告(2019)》,中国人民银行网站。
② 《习近平谈治国理政》第2卷,第280页。
③ 数据来源:Choice数据。

资本的交互运动发展。尤其是在2014年之后,沪港通、深港通等跨境交易逐步开通,投资者有了双向选择。"截至2020年底,外资持有境内债券和股票市值10542亿美元,是2015年末外资持有规模的4.7倍。境内投资者持有境外证券市值4039亿美元,是2015年的5.4倍。其中:'港股通'渠道持有境外证券市值3213亿美元,是2015年的25.2倍;QDII渠道持有境外证券市值826亿美元,是2015年的1.3倍。"①在双向开放金融资本市场的同时,加强金融监管,确保国家金融安全。2017年11月,经中共中央、国务院批准,国务院金融稳定与发展委员会正式成立,旨在加强金融监管协调、补齐监管短板。

习近平指出:"要以强化金融监管为重点,以防范系统性金融风险为底线,加快相关法律法规建设,完善金融机构法人治理结构,加强宏观审慎管理制度建设,加强功能监管,更加重视行为监管。"②除了房地产的信贷问题,防控证券、债券、期货市场的风险也是重点,因为金融天生具有杠杆率的问题,降低金融杠杆就成为防范风险的主要手段。融资的去中间化或者"脱媒"现象必然会提高监管的难度,新时代的金融监管有必要也能够利用新技术手段如大数据降低杠杆率,而"一个能够对不确定性风险实现金融对冲、保险制度完备的社会是一个公正、理性、和谐的理想社会"③。

(三) 深化金融改革

21世纪是金融化的世界,深化经济体制改革离不开金融体制的全面改革。金融监管不能成为金融管制,顶层设计与自由竞争应当做到辩证统一。2015年,习近平就证券市场的发展指出:"要尽快形成融资功能完备、基础制度扎实、市场监管有效、投资者合法权益得到充分保护的股票市场。"④并在2016年指出了政府职能与市场作用的辩证关系:"深化经济体制改革,核心是处理好政府和市场关系,使市场在资源配置中起决定性作用和更好发挥政府作用。这就要讲辩证法、两点论,'看不见的手'和'看得见的手'都要用好。关键是加快转变政府职能,该放给市场和社会的权一定要放足、放到位,该政府管的事一定要管好、管到位,坚决扭转政府职能错位、越位、缺位现象。"⑤这段话至少可以引申出深化金融改革的双重导向:其一,充分发挥好金融市场在资源配置中的决定性作用;其二,加快转变政府职能。该放给金融市场

---

① 国家外汇管理局:《2020年中国国际收支报告》,2021年3月26日,第33页。
② 《习近平谈治国理政》第2卷,第279页。
③ 申唯正:《中国价格:从期货功能到期货本质的实现》,《中国证券期货》2018年第1期。
④ 中共中央文献研究室编:《习近平关于社会主义经济建设论述摘编》,第65页。
⑤ 同上书,第68页。

的权一定要放足、放到位,坚决发挥政府职能,该管的金融秩序一定要管到位,并坚决扭转"错位、越位、缺位"现象。同时,健康的资本市场离不开高质量的上市公司。2020年10月,国务院发布的《关于进一步提高上市公司质量的意见》明确指出:"提高上市公司质量是推动资本市场健康发展的内在要求,是新时代加快完善社会主义市场经济体制的重要内容。"①这充分表明了中国为构建具备可持续稳健发展的资本市场进行市场化改革的坚定决心。另外,金融全面开放与国际化是中国资本市场的发展方向,也是中国构建新时代金融新秩序的战略性方向。

(四)防止资本无序扩张

2020年年底召开的中央经济工作会议公告的第六条,第一次提出了"强化反垄断和防止资本无序扩张"。涉及金融平台垄断的内容有:"反垄断、反不正当竞争,是完善社会主义市场经济体制、推动高质量发展的内在要求。国家支持平台企业创新发展、增强国际竞争力,支持公有制经济和非公有制经济共同发展,同时要依法规范发展,健全数字规则。要完善平台企业垄断认定、数据收集使用管理、消费者权益保护等方面的法律规范。要加强规制,提升监管能力,坚决反对垄断和不正当竞争行为。金融创新必须在审慎监管的前提下进行。"②这个决议至少给出了三个导向:其一,反垄断、反不正当竞争是社会主义的内在要求。其二,金融创新不是无序发展,必须反不正当竞争,必须在审慎监管的条件下进行创新。其三,金融科技领域尤其是金融平台的反垄断是重点。这就为金融创新进一步规范化发展,设立反垄断法律制度指引了方向。

2021年年初,党中央采取了一系列措施对防止资本无序扩张作出了部署。如何既发挥资本促进生产力发展的积极作用,又防止资本无序扩张,限制其消极作用,如何为资本设置"红绿灯"将是坚持中国式现代化新道路的关键所在。那么,什么是资本无序扩张,又如何为资本设置"红绿灯"? 国内学者江宇指出:"判断是否出现了资本无序扩张,根本的标准就是资本发挥作用的范围有没有越过中国特色社会主义制度的底线……设置好"红绿灯",引导督促企业服从党的领导,服从和服务于经济社会发展大局,鼓励支持企业在促进科技进步、繁荣市场经济、便利人民生活、参与国际竞争中发挥积极

---

① 参见《国务院关于进一步提高上市公司质量的意见》,《中华人民共和国国务院公报》2020年第29期。
② 《中央经济工作会议在北京举行》,《人民日报》2020年12月19日。

作用。"①

综上所述,改革开放后,经过30多年发展的中国资本市场面对国内外政治、经济、金融环境的诸多不确定性,稳步推进,砥砺前行。正如前中国证监会主席尚福林在《伟大的博弈:华尔街金融帝国的崛起》一书中译本"序言"中指出的:"在现代经济生活中,资本市场不仅提供了企业筹集资本的场所,也是实现社会资源配置的工具,并且还起到完善公司治理结构的重要作用。"②资本市场既为大量国内企业筹集资金提供了融资平台,又推动了国内上市企业完善现代化企业管理和治理,更成为汇集智慧、推动创新技术涌现的风险投资前沿。自党的十八大以来,专门针对金融业的会议、决议和措施有很多,如2017年7月召开的第五次全国金融工作会议,2017年10月党的十九大报告,2019年2月召开"金融供给侧"会议决议,2020年12月召开的中央政治局会议所提出的反垄断和防止资本无序扩张等,这些都说明党中央跟随新时代发展步伐,加强集体学习来应对新时代金融资本市场的主要难题和风险,既有战略部署,也有防范措施。概言之,目前主要聚焦于服务实体经济、防控金融风险、深化金融改革和防止资本无序扩张四个向度,既有面对市场不确定性的忧患意识,为资本设置好"红绿灯",保证金融安全,又未雨绸缪、防患于未然,以保障中国经济的稳定和高质量发展,呈现出新时代中国金融秩序的新境界。

第三节　全球金融治理中国方案③

1978年12月召开的党的十一届三中全会确立了"以经济建设为中心"的发展道路,而金融是现代经济的核心。党的十四大确立了中国特色社会主义市场经济制度,正式开启了中国金融市场的实践探索之路。中国金融资本市场经历了30年的实践探索,积累了丰富的理论和实践经验,尤其是自党的十八大以来,从2013年十八届三中全会的"使市场在资源配置中起决定性作用"到2015年供给侧结构性改革,从2017年第五次全国金融工作会议到党

---

① 江宇:《为资本设置红绿灯,防止资本无序扩张,引导资本健康发展》,《中国党政干部论坛》2021年第11期。
② 〔美〕约翰·S.戈登:《伟大的博弈:华尔街金融帝国的崛起》,祁斌译,北京:中信出版社,2005年,"序言"第XI页。
③ 参见申唯正、孙洪钧:《习近平总书记关于金融重要论述的哲学探析》,《毛泽东邓小平研究》2019年第4期。

的十九大报告中的金融指导思想,从 2018 年宣布设立上海科创板到 2019 年"金融供给侧"改革战略,从"一带一路"倡议、"亚投行"的创立再到完善全球金融治理,均是习近平新时代中国特色社会主义经济思想的重要组成部分。这是 21 世纪的马克思主义、当代马克思主义,也是关于全球金融治理的中国方案。从经济哲学的视角看,主要关涉以下五大方面。

一、金融的重要性:"金融是国家重要的核心竞争力"

自布雷顿森林体系解体以来,伴随着浮动汇率制度下的全球信用货币体系的逐步生成和数十年发展,金融奠定了在现代经济体系中的核心地位。这是人类社会发展的一个全新阶段,是人类经济体系内在规律决定的必然结果,是在货币化、资本化的基础上演化而来的一个经济发展大趋势,不以人的意志为转移。中国改革开放 40 多年来所取得的伟大成就,离不开中国共产党人对金融重要性的深刻认识。

(一) 从"金融是现代经济的核心"到"金融是国家重要的核心竞争力"

改革开放以来,党中央一直非常重视金融在经济发展中的重要作用。邓小平在改革开放初期就提出:"金融很重要,是现代经济的核心,金融搞好了,一着棋活,全盘皆活。"[①]包括要敢于把银行办成能帮助技术革新的真正银行等思想[②]。从而,中国在这样高屋建瓴的金融思想引领下,创办了商业银行、开启了证券市场的试验,同时,也开始了包括信托、基金等一系列金融产品在内的金融市场体系建设。自 1997 年以来,全国金融工作会议平均每五年召开一次,每次都给出了金融体制改革的大方向和指导方针:从 1997 年的加强金融监管、改革国有银行、金融分业经营,到 2002 年的促进国有银行和保险公司股份制改造,使其成为现代市场法人主体;从 2007 年的强调要分业经营和分业监管,同时将国有银行股份制推广到其他非银行金融机构,到 2012 年的扩大金融开放、深化金融机构改革、防范系统性金融风险等;尤其是在 2017 年第五次全国金融工作会议上,习近平进一步提出了一个重要论断:"金融是国家重要的核心竞争力,金融安全是国家安全的重要组成部分,金融制度是经济社会发展中重要的基础性制度。"[③]这个论断有五大含义:其一,21 世纪全球金融化发展趋势决定了中国必须更加强调金融的重要性;其二,现代化经济强国必须要有强大竞争力的金融作为必要条件;其三,金融安全

---

① 《邓小平文选》第 3 卷,第 366 页。
② 纪崴:《新中国金融大事记》,《中国金融》2014 年第 19 期。
③ 《习近平谈治国理政》第 2 卷,第 278 页。

不仅仅关涉人民财产安全,更关涉国家的主权安全;其四,防范系统性金融风险和提防外部金融冲击是关涉国家安全的大事;其五,金融制度是中国特色社会主义市场经济的基础性制度。第五次全国金融会议还强调了加强党对金融工作的领导,提出了"服务实体经济、防控金融风险、深化金融改革"三项任务和"回归本源、优化结构、强化监管、市场导向的四项原则,并决定设立国务院金融稳定发展委员会,统筹协调跨境金融监管和国内金融监管"①。这充分体现了以习近平为核心的党中央对当代金融发展规律和发展趋势的洞察力,也进一步发展了中国特色社会主义金融理论。

(二) 从党的十八大报告到十九大报告看金融的重要性

中国共产党是中国特色社会主义事业的领导核心。习近平指出:"中国特色社会主义有很多特点和特征,但最本质的特征是坚持中国共产党领导。加强党对经济工作的领导,全面提高党领导经济工作水平,是坚持民主集中制的必然要求,也是我们政治制度的优势。"②因此,在党的十八大报告和十九大报告中都特别强调了经济尤其金融工作的重要性。党的十八大报告提出:"深化金融体制改革,健全促进宏观经济稳定、支持实体经济发展的现代金融体系,加快发展多层次资本市场,稳步推进利率和汇率市场化改革,逐步实现人民币资本项目可兑换。加快发展民营金融机构。完善金融监管,推进金融创新,提高银行、证券、保险等行业竞争力,维护金融稳定。"③党的十九大报告提出:"深化金融体制改革,增强金融服务实体经济能力,提高直接融资比重,促进多层次资本市场健康发展。健全货币政策和宏观审慎政策双支柱调控框架,深化利率和汇率市场化改革。健全金融监管体系,守住不发生系统性金融风险的底线。"④对比两份报告有关金融工作的指导思想,我们至少可以看到对金融重要性的五点强调:其一,金融体制改革在经济改革工作中的重要性;其二,多层次发展金融资本市场的重要性;其三,深化利率和汇率市场改革的重要性;其四,金融安全与金融监管的重要性;其五,防范系统性金融风险的重要性。

(三) 从经济供给侧到金融供给侧看金融的重要作用

自党的十八大以来,党中央深刻认识到世界经济周期和我国经济发展进入了新常态,并做出了经济供给侧结构性改革的战略性指导意见。在2015年11月10日中央财经领导小组第十一次会议上,习近平首次提出经济供给

---

① 《习近平谈治国理政》第2卷,第280页。
② 中共中央文献研究室编:《习近平关于社会主义经济建设论述摘编》,第318页。
③ 胡锦涛:《坚定不移沿着中国特色社会主义道路前进为全面建成小康社会而奋斗——在中国共产党第十八次全国代表大会上的报告》,北京:人民出版社,2012年。
④ 《习近平谈治国理政》第3卷,第15页。

侧结构性改革:"在适度扩大总需求的同时,着力加强供给侧结构性改革,着力提高供给体系质量和效率,增强经济持续增长动力,推动我国社会生产力水平实现整体跃升。"① 而在2016年1月18日的省部级主要领导干部学习贯彻党的十八届五中全会精神专题研讨班上,论证了供给侧和需求侧的关系:"供给侧和需求侧是管理和调控宏观经济的两个基本手段。需求侧管理,重在解决总量性问题,注重短期调控,主要是通过调节税收、财政支出、货币信贷等来刺激或抑制需求,进而推动经济增长。供给侧管理,重在解决结构性问题,注重激发经济增长动力,主要通过优化要素配置和调整生产结构来提高供给体系质量和效率,进而推动经济增长。纵观世界经济发展史,经济政策是以供给侧为重点还是以需求侧为重点,要依据一国宏观经济形势作出抉择。放弃需求侧谈供给侧或者放弃供给侧谈需求侧都是片面的,两者不是非此即彼、一去一存的替代关系,而是要相互配合协调推进。"② 由这两段讲话我们至少可以看到三大要点:其一,供给侧结构性改革是经济新常态下提高供给体系质量和效率的关键;其二,供给侧管理和需求侧管理是相互配合协调推进的辩证统一体;其三,用不用财政税收、货币信贷等金融政策要根据国家宏观经济形势作出抉择和调整。这也为金融供给侧改革埋下了伏笔。2019年2月22日,习近平在中共中央政治局第十三次集体学习(以下简称"金融供给侧会议")时提出金融供给侧改革:"要深化对国际国内金融形势的认识,正确把握金融本质,深化金融供给侧结构性改革,平衡好稳增长和防风险的关系,精准有效处置重点领域风险,深化金融改革开放,增强金融服务实体经济能力,坚决打好防范化解包括金融风险在内的重大风险攻坚战,推动我国金融业健康发展。"③ 这段话至少进一步明确了金融供给侧改革与经济供给侧结构性改革关系的三大要点:其一,金融供给侧改革是经济供给侧改革成功的关键,即"金融活,经济活;经济强,金融强",这是一个从金融出发的正反馈机制;其二,稳增长和防风险是并行不悖的辩证关系,既不能为了增长而不顾风险继续全面放大债务杠杆,也不能一刀切地去杠杆而影响经济发展;其三,金融供给侧改革恰恰是为了调整不合理的融资模式,优化金融结构和产品结构,促进经济发展,比如间接融资比例太高、差异化的中小金融机构太少、个性化的金融产品不足等。因此,金融和经济"两者共生共荣",金融供

---

① 中共中央文献研究室编:《习近平关于社会主义经济建设论述摘编》,第87页。
② 习近平:《在省部级主要领导干部学习贯彻党的十八届五中全会精神专题研讨班上的讲话》,北京:人民出版社,2016年,第30—31页。
③ 习近平:《深化金融供给侧结构性改革 增强金融服务实体经济能力》,《人民日报》2019年2月24日。

给侧改革与经济供给侧改革更是深化经济体制改革的辩证统一体。

二、金融本质的哲学要义

在金融供给侧会议上,习近平总书记指出:"要深化对国际国内金融形势的认识,正确把握金融本质"①。正确把握金融本质是新时代金融思想的关键所在。那么,金融本质究竟是什么? 从金融投资者到经济学家、从普通民众到政治家等,社会各界对此有着不同的理解。自20世纪70年代以来的全球金融自由化造成了有着强大金融市场的美国"产业空心化",导致了"'赌场资本主义'一词的流行和传播,让大多数普通民众都认为金融市场多数情况下具有赌博的性质,金融本质就是为社会特权阶层、社会精英及富人服务的,即为金融化的'私人俱乐部'服务的,加上一部分人利用信息不对称和欺诈作为金融市场赚钱的主要途径,以及嫌贫爱富也是信用货币时代资本金融的主要特征之一,更加重了大众对金融'性本恶'的道德批判认知"②。2008年的金融危机表明"用金融挽救金融"的金融自循环逻辑范式不可持续,人们必然追问,在金融资本主义制度下,金融本质到底是金融资本的贪婪性还是对人民大众的普惠性? 科学社会主义是马克思针对资本主义不可解决的根本矛盾而提出的,那么,在以公有制为基础的中国特色社会主义制度下,必然存在不同的金融本质的哲学要义,必然涉及如何处理好政府与市场的关系、金融与实体经济的关系问题,必然关涉如何解决普惠金融包括绿色金融的世界性难题。

(一) 市场起决定性作用与更好发挥政府作用的辩证统一

自2013年党的十八届三中全会以来,习近平在多个场合从多个层次谈到如何处理好政府与市场的关系问题:第一,提出了对市场起决定性作用的深刻认识。"理论和实践都证明市场配置资源是最有效的形式。市场决定资源配置是市场经济的一般规律,市场经济本质上就是市场决定资源配置的经济。"③"我们全面深化改革就要激发市场蕴藏的活力。市场活力来自于人,特别是来自于企业家,来自于企业家精神。"④第二,市场"起决定性作用"的历史意义。"提出使市场在资源配置中起决定性作用,是我们党对中国特色社会主义建设规律认识的一个新突破,是马克思主义中国化的一个新的成

---

① 《在中共中央政治局第十三次集体学习上的讲话》,《人民日报》2019年2月24日。
② 申唯正:《中国价格:从期货功能到期货本质的实现》,《中国证券期货》2018年第1期。
③ 中共中央文献研究室编:《习近平关于社会主义经济建设论述摘编》,第52页。
④ 习近平:《谋求持久发展,共筑亚太梦想》,《人民日报》2014年11月10日。

果,标志着社会主义市场经济发展进入了一个新阶段。"①第三,强调了如何更好地发挥政府的作用。"市场在资源配置中起决定作用,并不是起全部作用。强调政府的职责和作用主要是保持宏观经济稳定,加强和优化公共服务,保障公平竞争,加强市场监管,维护市场秩序,推动可持续发展,促进共同富裕,弥补市场失灵。"②"发挥政府作用,不是简单下达行政命令,要在尊重市场规律的基础上,用改革激发市场活力,用政策引导市场预期,用规划明确投资方向,用法治规范市场行为。"③第四,论证政府与市场的辩证关系。"使市场在资源配置中起决定性作用和更好发挥政府作用,两者是有机统一的,不是相互否定的,不能把二者割裂开来、对立起来,既不能用市场在资源配置中的决定性作用取代甚至否定政府作用,也不能用更好发挥政府作用取代甚至否定市场在资源配置中起决定性作用。"④"之所以说是社会主义市场经济,就是要坚持我们的制度优越性,有效防范资本主义市场经济的弊端。……既要'有效的市场',也要'有为的政府',努力在实践中破解这道经济学上的世界性难题。"⑤由以上几段论述我们至少可以得到三个重要思想:一是尊重市场规律。我们必须充分认识到市场决定资源配置是经济发展的一般规律,要激发市场活力才能推动经济发展。二是更好发挥政府作用。政府作用必须体现在经济实践中,如何引导市场预期、如何明确投资方向、如何激活市场活力、如何制定公开透明的市场规则、如何监督和规范市场行为等。三是市场无形之手和政府有形之手是有机统一体,不能割裂和对立。科学社会主义从理论到实践能够防范资本主义体制下的"市场失灵",恰恰在于社会主义市场经济的制度优势。

(二) 金融与实体经济的关系

习近平在多个重要场合强调金融和实体经济的关系。在 2017 年第五次全国金融工作会议上指出:"金融是实体经济的血脉,为实体经济服务是金融的天职,是金融的宗旨。"⑥在党的十九大报告中特别提出:"深化金融体制改革,增强金融服务实体经济能力。"⑦在 2019 年金融供给侧会议上强调:"深化金融供给侧结构性改革必须贯彻落实新发展理念,强化金融服务功能,找准

---

① 中共中央文献研究室编:《习近平关于社会主义经济建设论述摘编》,第 59 页。
② 同上书,第 53 页。
③ 习近平:《在十八届中央政治局第 38 次集体学习时讲话》,《人民日报》2017 年 1 月 23 日。
④ 中共中央文献研究室编:《习近平关于社会主义经济建设论述摘编》,第 59 页。
⑤ 同上书,第 64 页。
⑥ 《习近平谈治国理政》第 2 卷,第 279 页。
⑦ 《习近平谈治国理政》第 3 卷,第 15 页。

金融服务重点,以服务实体经济、服务人民生活为本。要以金融体系结构调整优化为重点,优化融资结构和金融机构体系、市场体系、产品体系,为实体经济发展提供更高质量、更有效率的金融服务。金融要为实体经济服务,满足经济社会发展和人民群众需要。金融活,经济活;金融稳,经济稳。经济兴,金融兴;经济强,金融强。经济是肌体,金融是血脉,两者共生共荣。我们要深化对金融本质和规律的认识,立足中国实际,走出中国特色金融发展之路。"①从中可以看出:一方面,只有充分发展和强大金融市场,才能更好地为国民经济持续健康发展提供更多更好的融资渠道,才能全方位地为实体企业"供血";另一方面,实体经济是价值创造的源泉,也是金融利润的主要来源,金融若想有更稳定的利润、更兴旺的发展前景、更强的竞争力,必须以服务实体产业为抓手。但是,当下中国的金融发展很不平衡和不充分,仍然存在着深层次、结构性供需矛盾,这正是制约着实体经济效率的关键所在。比如,间接融资与直接融资比例失调的结构性矛盾,不仅带来了过高的融资成本,也导致众多有前景的中小微企业失去了良好的融资渠道。另外,国际公认的当代金融市场的四大主要功能是信用创造、股权创造、流动性创造、风险转移,这四大功能如何良好发挥作用是经济健康运行的关键,而参与市场博弈的众多投资者充当了重要角色。应当说,有众多活跃的投资者参与市场博弈,才能保证有足够的流动性,实现信用创造、股权转移和风险分散,这是金融市场发挥其功能的重要手段,但自由放任而过度的金融投机则成为市场失灵的主因。用税收和手续费的差异化来鼓励长期投资抑制短期投机,让更多的短期投机者成为更长期的投资者,则是用市场化手段来解决这个顽疾的有效方法。因此,只有正确看待投机与金融功能的关系,才能充分实现金融功能,才能正确理解金融与实体经济的辩证统一关系,最终实现金融与经济之间的正反馈。

(三)解决普惠金融和绿色金融的世界性难题

一是普惠金融难题。在世界金融发展史上,政府干预管制或者完全放任金融市场来解决中小企业融资难的问题都不算成功。也就是说,由于逐利性的金融资本一直存在"嫌贫爱富"的资本逻辑,使得政府从政策导向上和金融实践上实现普惠金融成为世界性难题。2015年11月,习近平指出:"发展普惠金融,目的就是要提升金融服务的覆盖率、可得性、满意度,满足人民群众日益增长的金融需求,特别是要让农民、小微企业、城镇低收入人群、贫困人

---

① 习近平:《深化金融供给侧结构性改革 增强金融服务实体经济能力》,《人民日报》2019年2月24日。

群和残疾人、老年人等及时获取价格合理、便捷安全的金融服务。"①这一普惠金融的思想为《推进普惠金融发展规划(2016~2020年)》②的正式发布提供了重要导向。尽管目前仍面临很多挑战，但是现有的大数据和金融科技等网络化技术可以在一定程度上降低传统信贷所面临的信息不对称问题，普惠金融具有了可行性。正是对贫困地区和缺乏金融服务的偏远地区实施微盈利或有一定"公益性"的精准扶贫措施，展现出习近平以人民为中心、共享经济发展的金融思想。在金融供给侧会议上，习近平指出："要构建多层次、广覆盖、有差异的银行体系，端正发展理念，坚持以市场需求为导向，积极开发个性化、差异化、定制化金融产品，增加中小金融机构数量和业务比重，改进小微企业和'三农'金融服务。"③这正说明了普惠金融需要更多的中小金融机构，更多的差异化金融产品来拓宽服务范围，增强金融的普惠性。二是绿色金融难题。绿色金融是政府从政策上引导金融行业把环境保护作为一项结合未来社会风险和投资成本进行综合考量的金融经营活动，但因为这样的投资周期长、见效慢，一直并不受金融资本的重点关注，而这也是一个世界性难题。2015年召开的党的十八届五中全会确定了包括绿色发展的五大发展理念，实施绿色发展成为国家战略工程，如果用政策加以引导并推行绿色金融，则可能会提供解决这一世界性难题的途径。2016年8月，习近平强调："发展绿色金融，是实现绿色发展的重要措施，也是供给侧结构性改革的重要内容。要通过创新性金融制度安排，引导和激励更多社会资本投入绿色产业，同时有效抑制污染性投资。要利用绿色信贷、绿色债券、绿色股票指数和相关产品、绿色发展基金、绿色保险、碳金融等金融工具和相关政策为绿色发展服务。要加强对绿色金融业务和产品的监管协调，完善有关监管规则和标准。"④另外，在金融供给侧会议上，习近平也强调了金融要为"绿色发展体系"等提供精准服务。由此我们至少可以看到三大重点：其一，从金融供给侧改革出发，从抑制或禁止污染性投资项目入手，让绿色金融真正成为供给侧结构性改革的重要保障；其二，要用市场化手段引导和激励更多的社会资本

---

① 《全面贯彻党的十八届五中全会精神　依靠改革为科学发展提供持续动力》，《人民日报》2015年11月10日。
② 该规划于2015年12月31日由国务院印发，分总体思路、健全多元化广覆盖的机构体系、创新金融产品和服务手段、加快推进金融基础设施建设、完善普惠金融法律法规体系、发挥政策引导和激励作用、加强普惠金融教育与金融消费者权益保护、组织保障和推进实施八部分。
③ 习近平：《深化金融供给侧结构性改革　增强金融服务实体经济能力》，《人民日报》2019年2月24日。
④ 《中央全面深化改革领导小组第二十七次会议召开》，《人民日报》2016年8月31日。

加入绿色产业;其三,用创新发展出更多的绿色金融产品,全方位保障绿色发展理念的落实。概言之,普惠金融和绿色金融同党的十九大所提出的打好"三大攻坚战"中的两个重点问题密切相关,落实普惠金融就是解决"精准扶贫"的关键,而大力发展绿色金融则是解决"污染防治"的关键。

三、自信、开放、创新的金融观念

经过40多年的改革开放,中国特色社会主义市场经济制度和金融体系逐步建构和完善,党和国家的领导人也一直在思考经济金融的下一步发展:面对复杂多变的国际经济形势,如何逐步实现国内金融市场的对外开放、如何引导资本金融的"脱虚向实"、如何使金融领域更加有效地发挥其职能等,这些问题都亟需研究和解决。总体而言,既要加大金融的开放性,又要重视金融的安全性;既要从经济上发挥好市场配置资源的决定性作用,又要处理好市场与投机的关系;既要充分扩展经济空间,发挥市场配置资源的作用,又要通过金融供给侧结构性改革推动实体经济质的飞跃。

(一) 走向自信的中国金融观念

全球金融化的时代,决定各国汇率、利率、股市、大宗商品四大价格信号变化的,主要是来自这些金融市场参与者的主观预期,而影响这个预期的,恰恰是根据经济状况变化所引发的舆论对市场的导向。习近平在2013年就指出:"历史经验表明,经济市场化、国际化程度越高,市场预期、市场信心等对经济运行的影响就越大,舆论引导就越重要。用好舆论引导,舆论就可以成为经济发展的巨大助推器,用不好就达不到这个效果,甚至可能起反作用。关键在于如何把握和掌控。"[1]由此可以看出,我们不仅要发展经济和金融,而且更要利用好舆论对市场的引导。而这个舆论的引导离不开我们"四个自信"的坚定理念。在中国共产党建党95周年大会上,习近平论述了中国共产党人的自信理念:"全党要坚定道路自信、理论自信、制度自信、文化自信。当今世界,要说哪个政党、哪个国家、哪个民族能够自信的话,那中国共产党、中华人民共和国、中华民族是最有理由自信的。有了'自信人生二百年,会当水击三千里'的勇气,我们就能毫无畏惧面对一切困难和挑战,就能坚定不移开辟新天地、创造新奇迹。"[2]由此可见,首先,坚持"四个自信"是我们党和国家、我们民族的坚定理念;其次,历史证明了我们这个理念不是凭空而来的;再次,只有坚持"四个自信",我们才能应战一切挑战,继续开创新的奇迹;最

---

[1] 中共中央文献研究室编:《习近平关于社会主义经济建设论述摘编》,第317页。
[2] 《习近平在庆祝中国共产党成立95周年大会上的讲话》,《人民日报》2016年7月2日。

后,综合运用好"四个自信",才可能克服和解决 21 世纪全球金融化所遇到的世界性金融难题。

(二) 走向开放的中国金融观念

当下,全球经济已经在无疆界金融一体化的发展道路上阔步前行。中国自 2001 年加入世界贸易组织以来,已经成为全球经济体系的重要组成部分,而中国金融市场经过 30 多年的迅速发展,已经迎来了从逐步开放到全面开放的良好机遇期。在确保国家金融安全的情况下,有序推进金融业的全面开放已成为中国经济发展的客观需求。2016 年 7 月,习近平提出:"扩大金融业对外开放是我国对外开放的重要方面。"[1]党的十九大报告提出:"中国开放的大门不会关闭,只会越开越大。"[2]2018 年 4 月,习近平在博鳌论坛上提出:"确保放宽银行、证券、保险行业外资股比限制的重大措施落地,同时加大开放力度,加快保险行业开放进程,放宽外资金融机构设立限制,扩大外资金融机构在华业务范围,拓宽中外金融市场合作领域。"[3]党的十八大以来的金融开放措施,一方面是人民币的国际化,包括"一带一路"、"金砖国家"、"大宗资源类(石油、铁矿石、PTA 等)"[4]人民币(结算)、2018 年在上海举行了首届中国国际进口博览会等人民币国际化措施;另一方面是金融市场的全面开放,包括银行、证券和保险业等行业都在全面对外资开放。中国若想成为现代化经济强国,必须经历从金融大国到金融强国的转型发展,金融的全面开放不仅能够提升国有金融机构的竞争力和反脆弱性能力,发挥更大的国际影响力,更能进一步提高政府全方位的金融监管能力。

(三) 走向创新的中国金融观念

自 20 世纪 70 年代世界范围内投资银行业务兴起以来,更多的金融创新带来了更多的金融衍生品,包括风险投资基金在内的资本市场,驱动了随后数十年互联网经济的迅速发展。尽管过多的金融衍生品也曾被认为是 2008 年金融危机的主要原因之一,但是多样化的金融创新产品还是为经济发展带来了更大的活力。2008 年金融危机已经过去了 10 多年,全球金融业发展态势更加丰富和多元,当代科技已经更加深入地对金融业产生了颠覆性的影响,移动互联、移动支付、大数据、云计算、人工智能、区块链、虚拟数字货币、

---

[1] 习近平:《共建创新包容的开放型世界经济——在首届中国国际进口博览会开幕式上的主旨演讲》,《人民日报》2018 年 11 月 6 日。
[2] 《习近平谈治国理政》第 3 卷,第 15 页。
[3] 《开放共创繁荣 创新引领未来——在博鳌亚洲论坛 2018 年年会开幕式上的主旨演讲》,《人民日报》2018 年 4 月 11 日。
[4] 2018 年 3 月 26 日,人民币计价的中国原油期货正式在上海国际能源交易中心上市交易;2018 年 5 月 4 日,人民币计价的铁矿石期货对国际投资者正式开放。

元宇宙等层出不穷。2013年,习近平提出:"要引导金融机构加强和改善对企业技术创新的金融服务,加大资本市场对科技型企业的支持力度。"①金融是推动高科技创新的主要驱动力。金融科技(FINTECH)的兴起表明科技创新必然与金融创新相互促进。中国已经出现世界领先的新金融平台,包括蚂蚁金服、腾讯的金融平台等。2018年11月,习近平在参加首届中国国际进口博览会时提出:"在上海证券交易所设立科创板并试点注册制,支持上海国际金融中心和科技创新中心建设,不断完善资本市场基础制度。"②扁平化的互联网金融经济带来的规模效应意味着大数据覆盖的行业越广、交易量越大,其提供的信息越有价值,也越能涌现出新的创新力。中国在上海金融中心设立科创板正是国家寻求创新驱动、高质量发展和科技强国的长远战略,用更多的金融创新、更多的金融产品激活更多的科技创新在国内生根发芽并迅速成长。

四、防范重大金融风险的忧患意识

全球金融化的发展趋势呈现出的金融风险是系统性风险。党的十八大以来,以习近平为核心的党中央一直具有忧患意识,强调问题意识和底线思维,高度重视整体性、系统性的金融风险防范。

(一)"图之于未萌,虑之于未有"的风险防范思想

在2013年的中央经济工作会议上,习近平指出:"既高度关注产能过剩、地方债务、房地产市场、影子银行、群体性事件等风险点,又采取有效措施化解区域性和系统性金融风险,防范局部性问题演变为全局性风险。"③在2014年党的十八届四中全会第一次会议上,习近平提出了"坚决守住不发生系统性、区域性金融风险的底线"④。2015年,在我国可能面对各方面风险不断集中显露的时期,习近平指出:"我们必须把防风险摆在突出位置,'图之于未萌,虑之于未有',力争不出现重大风险或再出现重大风险时扛得住、过的去。"⑤在2017年第五次全国金融工作会议上,他强调指出:"防止发生系统性金融风险是金融工作的永恒主题。要把主动防范化解系统性金融风险放在更加重要的位置。"⑥在党的十九大报告中,防范化解重大风险

---

① 中共中央文献研究室编:《习近平关于社会主义经济建设论述摘编》,第130页。
② 习近平:《共建创新包容的开放型世界经济——在首届中国国际进口博览会开幕式上的主旨演讲》,《人民日报》2018年11月6日。
③ 中共中央文献研究室编:《习近平关于社会主义经济建设论述摘编》,第319页。
④ 同上书,第321页。
⑤ 同上书,第324页。
⑥ 《习近平谈治国理政》第2卷,第280页。

居其首,重点就是防范化解金融风险,并强调指出:"健全金融监管体系,守住不发生系统性金融风险的底线。"①从以上一系列论述中,至少可以得到风险防范的三大重点:一是对可能出现的风险点要有忧患意识,善于发现问题点,提前防控,防患于未然;二是防范系统性金融风险是永恒主题,金融周期性特征决定了防范系统性金融风险是一个长期性系统工程;三是要有底线思维,即使出现了风险问题,也要能够及时化解,不能让其扩大和蔓延。

(二) 风险防范与金融监管

若想有效防范系统性金融风险,必然要求建立健全制度性的监管体制,对金融体系进行有效监管。2018年3月,习近平主持召开中央全面深化改革委员会第一次会议,指出:"深化党和国家机构改革全面启动,标志着全面深化改革进入了一个新阶段,改革将进一步触及深层次利益格局的调整和制度体系的变革,改革的复杂性、敏感性、艰巨性更加突出,要加强和改善党对全面深化改革统筹领导,紧密结合深化机构改革推动改革工作。"②这次会议上,党中央把中央全面深化改革领导小组改为了委员会,这是有关重大工作领导机制的一项重要举措。这次会议通过了一系列重要文件,与经济金融紧密相关的内容有《关于设立上海金融法院的方案》《关于规范金融机构资产管理业务的指导意见》《关于加强非金融企业投资金融机构监管的指导意见》等。上海金融法院的设立,说明了金融行业法制建设的重要性。会议特别强调:"设立上海金融法院,目的是完善金融审判体系,营造良好金融法治环境。要围绕金融工作服务实体经济、防控金融风险、深化金融改革的任务,发挥人民法院的职能作用,对金融案件实行集中管辖,推进金融审判体制机制改革,提高金融审判专业化水平,建立公正、高效、权威的金融审判体系。"③《关于规范金融机构资产管理业务的指导意见》为金融机构的"资管业务"规范提出了指导原则,为进一步落实公平的市场准入和监管给出了指导意见,能够最大程度上消除监管套利空间,从而促进资产管理业务规范发展;《关于加强非金融企业投资金融机构监管的指导意见》的提出,说明了要从国家整体上加强对非金融企业投资金融机构的监管,"要坚持问题导向、补齐监管短板,明确企业投资金融机构服务实体经济的目标,强化股东资质、股权结构、投资资金、公司治理和关联交易监管,加强实业与金融业的风险隔离,防范风险跨机

---

① 《习近平谈治国理政》第3卷,第15页。
② 《习近平主持召开中央全面深化改革委员会第一次会议》,www.xinhuanet.com/politics/leaders/2018-03/28/c_1122605718.htm。
③ 同上。

构跨业态传递"①。由上述内容可知,这是一次重要的中央全面深化改革工作会议,金融行业已经上升到国家全面深化改革的整体性战略部署中,金融整体性建构事关新时代国家经济改革措施的进一步落实。

(三) 防金融风险和稳经济增长的辩证关系

在金融供给侧会议上,习近平特别强调了稳增长和防风险的辩证关系:"深化金融供给侧结构性改革,平衡好稳增长和防风险的关系,精准有效处置重点领域风险,深化金融改革开放,增强金融服务实体经济能力,坚决打好防范化解包括金融风险在内的重大风险攻坚战,推动我国金融业健康发展。"②防金融风险和稳经济增长是辩证统一的关系,既不能因害怕风险而停滞不前,也不能只求发展而忘了风险防范。金融市场本就是用波动性来消化各种信息带来的各种不确定性的市场,只有充分掌握金融市场规律,才能充分利用和发挥金融产品的多样化为实体经济服务。

五、从"零和"到"和合"的全球金融治理中国方案

2008年国际金融危机充分暴露了具有"零和博弈"文化基因的西方现代化发展模式的局限性,如何走出金融自由化的发展悖论成为焦点。2013年10月习近平提出的人类命运共同体的构想,正是体现了中华优秀传统文化基因"和合"精神、体现了中国共产党人的创新精神、体现了历史进步性的"中国方案"。

(一) 建构人类命运共同体

从经济金融出发的政治与哲学的实现是马克思主义政治经济学的核心要义。构建人类命运共同体是对人类合作共赢模式的重大探索,实践上必须从有着共同利益的金融合作出发。2008年的国际金融危机已经表明,在全球市场一体化的状况下,没有哪个国家可以特立独行。因此,习近平代表中国多次提出对全球金融治理的倡议和建议:2013年4月,在博鳌亚洲论坛开幕大会上指出:"要稳步推进国际经济金融体系改革,完善全球治理机制"③;2016年9月,在二十国集团工商峰上指出:"全球经济治理要抓住以下重点:共同构建公正高效的全球金融治理格局,维护世界经济稳定大局"④。2017

---

① 《习近平主持召开中央全面深化改革委员会第一次会议》,www.xinhuanet.com/politics/leaders/2018-03/28/c_1122605718.htm。
② 习近平:《深化金融供给侧结构性改革 增强金融服务实体经济能力》,《人民日报》2019年2月24日。
③ 习近平:《共同创造亚洲和世界的美好未来》,《人民日报》2013年4月8日。
④ 《习近平出席2016年二十国集团工商峰会开幕式并发表主旨演讲》,《人民日报》2016年9月4日。

年10月,在党的十九大报告中完善了人类命运共同体的五方面核心思想,其中,在经济上"要同舟共济,促进贸易和投资自由化便利化,推动经济全球化朝着更加开放、包容、普惠、平衡、共赢的方向发展。"①从以上论述中可以看到以下三大要点:其一,全球金融治理必须是多方参与的平等协商机制;其二,这是扬弃金融治理之"零和"丛林法则,倡导"和合"共赢,构建人类命运共同体的"中国方案";其三,"21世纪的世界交往与竞争对传统的现代性交往与竞争法的超越正在于不求独霸,但求共融、共生;不求丛林生态,但求和谐共处的生态圈;不求财富两极化的悲喜体验,但求人类命运共同体的境界实现"②。

(二)从"一带一路"到"亚投行"的共建共赢方案

"搁置争议,经贸先行"曾是历史上不同的意识形态国家之间的发展合作原则。"一带一路"发展战略旨在借用古代丝绸之路的历史符号,积极打造从沿线国家经贸关系出发,进而开启"一带一路"国家全面合作的经济发展,而真正实惠的正是金融合作的互惠互利。本着互利共赢的原则,2013年2月,习近平提议设立亚洲基础设施投资银行(简称"亚投行",AIIB),得到亚洲及其他地区诸多国家的积极参与,于2015年12月25日正式成立。截至2023年4月,亚投行共有106个成员。亚投行正在用金融的合作共建达到共赢的合作目的。正如2013年10月习近平在印度尼西亚指出的:"中国倡议筹建亚洲基础设施投资银行,愿支持本地区发展中国家包括东盟国家开展基础设施互联互通建设。"③另外,2017年5月习近平在"一带一路"国际峰会上强调指出:"融资瓶颈是实现互联互通的突出挑战。中国同'一带一路'建设参与国和组织开展了多种形式的金融合作。亚洲基础设施投资银行已经为'一带一路'建设参与国的9个项目提供17亿美元贷款,'丝路基金'投资达40亿美元,中国同中东欧'16+1'金融控股公司正式成立。这些新型金融机制同世界银行等传统多边金融机构各有侧重、互为补充,形成层次清晰、初具规模的'一带一路'金融合作网络。"④习近平2015年10月在伦敦金融城市长晚宴上的演讲中进一步指出:"中国的发展得益于国际社会,也必将回馈国际大家庭。中国一直是国际合作的倡导者和国际多边主义的积极参与者,将坚定不

---

① 《习近平谈治国理政》第3卷,第22页。
② 张雄、朱璐、徐德忠:《历史的积极性质:"中国方案"出场的文化基因探析》,《中国社会科学》2019年第1期。
③ 《国家主席习近平在印度尼西亚国会发表题为"携手建设中国—东盟命运共同体"的重要演讲》,《人民日报》2013年10月4日。
④ 参见习近平:《习近平"一带一路"国际合作高峰论坛重要讲话》,北京:外文出版社,2017年。

移奉行互利共赢的开放战略。随着中国实力上升,我们将逐步承担更多力所能及的责任,努力为促进世界经济增长和完善全球治理贡献中国智慧、中国力量。"①一方面,"一带一路"倡议是以基础建设为合作模式,又以基础建设合作融资的亚投行作为合作共赢的主要驱动力,最终达到共建共赢的合作模式;另一方面,中国的发展得益于国际社会,中国将坚定不移地奉行互利共赢的协商原则,不断贡献中国智慧和中国力量。

(三) 从精诚合作到协同监管的金融共享方案

金融合作是利益共享机制,而协同监管则是风险共担机制。罗伯特·阿克塞尔罗德著述的《合作的进化》一书,用大量调查数据证明了群体博弈的最佳模式是"一报还一报"的合作博弈。因此,互惠互利、风险共担机制才是长久合作的共赢模式。习近平自十八大以来多次论述从合作到全球性金融体系建构的问题。2014年11月,在二十国集团会议上,习近平指出:"面对世界经济面临的各种风险和挑战,二十国集团成员要树立利益共同体和命运共同体意识,坚持做好朋友、好伙伴,积极协调宏观经济政策,努力形成各国增长相互促进、相得益彰的合作共赢格局。我们要通过这样的努力,让二十国集团走得更好更远,真正成为世界经济的稳定器、全球增长的催化器、全球经济治理的推进器,更好造福各国人民。"②在2014年金砖国家领导人第六次会晤上指出:"我们应该坚持合作精神,继续加强团结,照顾彼此关切,深化务实合作,携手为各国经济谋求增长,为完善全球治理提供动力。"③2015年7月,在金砖国家领导人第七次会晤上指出:"构建加强全球经济治理的伙伴关系。国际经济规则需要不断革故鼎新,以适应全球增长格局新变化,让责任和能力相匹配。我们要共同致力于提高金砖国家在全球治理体系中的地位和作用,推动国际经济秩序顺应新兴市场国家和发展中国家力量上升的历史趋势。"④由以上论述至少可以看出金融共享方案的三大内容:其一,原有的现代性"零和博弈"竞争模式已经不是当下多方参与共建的恰当模式;其二,"异中求同和同中存异"的多方合作与共同金融监管模式是中国"和合"文化基因决定的;其三,只有共商共建共享的金融合作模式才能久远,才能实现从财富的"绝对有限论"到财富的"相对无限增长论"。这才是有着"和合精神"之中

---

① 习近平:《共倡开放包容 共促和平发展——在伦敦金融城市长晚宴上的演讲》,《人民日报》2015年10月22日。
② 习近平:《推动创新发展,实现联动增长》,《人民日报》2014年11月16日。
③ 《新起点 新愿景 新动力——在金砖国家领导人第六次会晤上的讲话》,《人民日报》(海外版)2014年7月17日。
④ 《共建伙伴关系 共创美好未来——在金砖国家领导人第七次会晤上的讲话》《人民日报》2015年7月10日。

国优秀传统文化基因的中国方案。

小　结

21世纪金融化世界与精神世界的二律背反[①],呼唤着人类从金融化的未加反思状态进入反思状态,从金融理性极致化的冲突中寻求解决之道,从金融的自由放任转向从制度建构进行约束和规制,从而进行整体性的重构。只有通过反思才能把握比金融更抽象的社会存在论的思辨道理,只有通过辨明冲突的主要矛盾才能得到治疗非理性繁荣弊病的"药方",只有用整体性思想才能融合人类的自由精神。

20世纪80年代张立文教授提出了和合学思想[②],提出了对"爱智"精神思想的挖掘,对西方自柏拉图以来的形而上学的"爱"与"智"的二元分裂进行了批判,重新梳理了人类人文精神的丰富资源,他指出:"和合哲学体系首先需要为'爱智'正名,还形而上道体'不生不灭、不垢不净、不增不减'的超越身世,借鉴当代西方'不在场'(Absence)的形而上学思路,向世人提供和合人文精神及其生命智慧不在以理杀人犯罪现场的确凿证据和有力辩护,护理被伤害的和合世界根基,促使生命智慧'枯杨生稊',移植生根,嫁接开华,达成对'中西之争'的和合超越,了断民族精神的颠沛劫难和无根飘零。"[③]这段论述至少包含了三层含义:其一,"爱智"精神需要正名,即"爱"与"智"存在合一的协调一致性;其二,只有揭示了理性对真正生命智慧之偏离,才能护理和合世界人文精神的根基;其三,回归"爱智"的本源才能达成"中西之争"的和合超越和解决中国传统哲学"象与理"分离后的困惑。可以看出,和合精神所崇尚的逻辑本源正是对"象理浑然未分的激情之中"的强调,这样就可以用和合人文精神来解决"古典'象理之辨'的无根化飘零,在西方表现为'爱'与'智'的生死离别,在中国表现为象理合一的忘情灭欲"[④],从而达到和合生生之道体,进而"使'爱''智'团圆,为'象''理'补情,使人文精神通体和合,生机勃勃"[⑤]。

对于和合精神的深度解读,应该是还原真实世界的激情与理智的一体

---

① 张雄:《金融化世界与精神世界的二律背反》,《中国社会科学》2016年第1期。
② 张立文:《和合哲学论》,北京:人民出版社,2004年,第2页。
③ 同上书,第15页。
④ 同上书,第16页。
⑤ 同上。

性,明示出真实世界既不是毫无激情的冷冰冰的理智实在,亦不是无根的单纯虚无,用人类对现实性世界矛盾的深度反思和重新建构,解决当代人类所面临的冲突和危机。金融化世界带来了金融虚拟化与产业实体化的"孰主孰仆"之争、带来了投机与功能的偏离、带来了金融理性与金融本质的背离。这就需要和合哲学的深度解读和重构,走出传统形而上学所设置的三个陷阱:克服自然主义的偏颇、拒绝虚无的深渊、摆脱理性为自然立法的藩篱。和合精神恰恰揭示了:从技术创新到金融创新正是人类之智慧体的"特有的价值创造过程及其精神自由意境";金融衍生的虚拟化创造正是在"逻辑化的艺术虚拟世界"中对实体的"自由度极大的价值创新公设";从金融理性到金融本质的回归既不是"经验的对象",更不是先验的实体存在或超验的宗教信仰,而是随着服务于"好的社会"逐步完善的"一起到场的澄明境界"。金融化时代可以用和合人文精神融合金融理性与金融本质背离的矛盾,我们既不能用祛魅的孤立存在之"自然主义"去局限人的智慧能动性;也不能用实用主义的既成事实思想拒斥虚拟的心灵创新,虚拟的"空灵"才是精神自由创造的本真定在;更不能用有限理性的抽象可能性,摒弃那容纳了所有可能性的自由世界。简单地说,金融创新的衍生品与实体存在的有效互动融合才是金融本质的人类自由精神体现。

马克思的科学社会主义正是针对资本主义不可解决的根本矛盾而提出的,在经过近百年的社会主义道路实践探索后,具有和合文化基因的中国特色社会主义道路脱颖而出,愈来愈成为全球政治经济界所关注的实践模式。金融化时代的机运与挑战同在,中国式现代化新道路理所当然也肩负着扬弃金融理性极致化、回归金融本质的任务。只有大力发展金融市场,推进为大众服务的金融创新、落实金融监管创新,才能在解决市场矛盾的历史实践中实现金融职能的回归,从而建构从金融理性到金融本质的具备人民财富论的国际金融新秩序。

参考文献

一、马列著作及中央文献

《马克思恩格斯全集》第 3 卷、第 30 卷、第 46 卷,北京:人民出版社,1995 年。
《马克思恩格斯文集》第 1—10 卷,北京:人民出版社,2009 年。
《列宁选集》第 1—3 卷,北京:人民出版社,1972 年。
《邓小平文选》1—3 卷,北京:人民出版社,1994 年。
《三中全会以来重要文献选编》,北京:人民出版社,1982 年。
《习近平谈治国理政》第 1—3 卷,北京:外文出版社,2014 年、2017 年、2020 年。
《习近平新时代中国特色社会主义思想学习纲要》,北京:学习出版社、人民出版社,2019 年。
《习近平关于社会主义经济建设论述摘编》,北京:中央文献出版社,2017 年。
《习近平关于防范风险挑战、应对突发事件论述摘编》,北京:中央文献出版社,2020 年。

二、国内专著

张雄:《市场经济中的非理性世界》,上海:立信会计出版社,1995 年。
马涛:《理性崇拜与缺憾:经济认识论批判》,上海:上海社会科学院出版社,2000 年。
张立文:《和合哲学论》,北京:人民出版社,2004 年。
王沪宁主编:《政治的逻辑》,上海:上海人民出版社,2004 年。
陈学明:《永远的马克思》,北京:人民出版社,2006 年。
张一兵:《回到马克思:经济学语境中的哲学话语》,南京:江苏人民出版社,2009 年。
鲁品越:《鲜活资本论——从深层本质到表层现象》,上海:上海人民出版社,2015 年。
孙承叔:《真正的马克思——〈资本论〉三大手稿的当代意义》,北京:人民出版社,2009 年。
吴晓明:《哲学之思与现实社会:马克思主义哲学的当代意义》,武汉:武汉大学出版社,2010 年。
朱民等:《改变未来的金融危机》,北京:中国金融出版社,2009 年。
王宏淼:《全球失衡下的中国双顺差之谜》,北京:中国社会科学出版社,2012 年。
成思危:《人民币国际化之路》,北京:中信出版社,2014 年。
向松祚:《新资本论》,北京:中信出版社,2015 年。
卜祥记:《青年黑格尔派与马克思》,北京:商务印书馆,2015 年。
邱海平:《21 世纪再读〈资本论〉》,北京:人民邮电出版社,2016 年。

张彦:《活序:本真的世界观——兼论社会发展的第三种秩序》,上海:上海人民出版社,2019年。

三、外文译著

〔美〕爱德华·S. 肖:《经济发展中的金融深化》,邵伏军等译,北京:生活·读书·新知三联书店,1988年。

〔德〕鲁道夫·希法亭:《金融资本》,福民等译,北京:商务出版社,1994年。

〔美〕罗纳德·I. 麦金农:《经济发展中的货币与资本》,卢聪译,北京:生活·读书·新知三联书店,1996年。

〔英〕亚当·斯密:《道德情操论》,蒋自强等译,北京:商务印书馆,1997年。

〔英〕约翰·梅纳德·凯恩斯:《就业、利息和货币通论》,高鸿业译,北京:商务印书馆,1999年。

〔秘鲁〕赫尔南多·德·索托:《资本的秘密》,王晓冬译,南京:江苏人民出版社,2001年。

〔日本〕伊藤·诚、〔希〕考斯达斯·拉帕维查斯:《货币金融政治经济学》,孙刚等译,北京:经济科学出版社,2001年。

〔荷兰〕伯纳德·曼德维尔:《蜜蜂的寓言:私人的恶德,公众的利益》,肖聿译,北京:中国社会科学出版社,2002年。

〔比利时〕普里戈金、〔法〕斯唐热:《从混沌到有序——人与自然的新对话》,曾庆宏等译,上海:上海译文出版社,2005年。

〔英〕迈克尔·欧克肖特:《政治中的理性主义》,张汝伦译,上海:上海译文出版社,2007年。

〔美〕罗伯特·J. 希勒:《非理性繁荣》,李心丹等译,北京:中国人民大学出版社,2008年。

〔美〕辜朝明:《大衰退:宏观经济学的圣杯》,喻海翔译,北京:东方出版社,2008年。

〔英〕亚当·斯密:《国富论》,郭大力、王亚南译,上海:上海三联书店,2009年。

〔法〕让·鲍德里亚:《符号政治经济学批判》,夏莹译,南京:南京大学出版社,2009年。

〔英〕阿德诺·汤因比:《历史研究》,郭小凌等译,上海:上海人民出版社,2010年。

〔美〕威廉·N. 戈兹曼等编著:《价值起源》(第2版),王宇等译,沈阳:万卷出版公司,2010年。

〔美〕安德鲁·罗斯·索尔金:《大而不倒》,巴曙松等译,北京:中国人民大学出版社,2010年。

〔美〕弗兰克·H. 奈特:《风险、不确定性与利润》,安佳译,北京:商务印书馆,2010年。

〔法〕古斯塔夫·勒庞:《乌合之众》,戴光年译,北京:新世界出版社,2010年。

〔美〕阿尔伯特·爱因斯坦:《相对论》,易洪波译,南京:江苏人民出版社,2011年。

〔美〕纳西姆·尼古拉斯·塔勒布:《黑天鹅》,万丹译,北京:中信出版社,2011年。

〔美〕罗伯特·希勒:《金融与好的社会》,束宇译,北京:中信出版社,2012年。

〔美〕乔治·阿克洛夫、罗伯特·希勒:《动物精神》,黄志强等译,北京:中信出版社,2012年。

〔美〕罗伯特·希勒:《新金融秩序》,束宇译,北京:中信出版社,2012年。

〔美〕彼得·L.伯恩斯坦:《黄金简史》(第3版),黄磊等译,上海:上海财经大学出版社,2013年。

〔印度〕阿玛蒂亚·森:《以自由看待发展》,任赜等译,北京:中国人民大学出版社,2013年。

〔美〕爱德华·钱塞勒:《金融投机史》,姜文波译,北京:机械工业出版社,2013年。

〔美〕艾伦·格林斯潘:《动荡的世界》,余江译,北京:中信出版社,2014年。

〔美〕巴顿·比格斯:《对冲基金风云录》,张桦、王小青译,北京:中信出版社,2014年。

〔法〕托马斯·皮凯蒂:《21世纪资本论》,巴曙松等译,北京:中信出版社,2014年。

〔美〕纳西姆·尼古拉斯·塔勒布:《反脆弱》,雨珂译,北京:中信出版社,2014年。

〔奥地利〕路德维希·冯·米赛斯:《货币和信用理论》,樊林洲译,北京:商务印书馆,2015年。

〔美〕彼得·L.伯恩斯坦:《与天为敌》,穆瑞年等译,北京:机械工业出版社,2015年。

〔美〕雅various布·S.哈克、保罗·皮尔森:《赢者通吃的政治——华盛顿如何使富人更富,对中产阶级却置之不理》,陈方仁译,上海:格致出版社、上海人民出版社,2015年。

〔德〕康德:《历史理性批判文集》,何兆武译,北京:商务印书馆,2015年。

〔美〕阿尔伯特·赫希曼:《欲望与利益:资本主义胜利之前的政治争论》,冯克利译,杭州:浙江大学出版社,2015年。

〔美〕大卫·哈维:《资本社会的17个矛盾》(定制版),许瑞宋译,北京:中信出版社,2016年。

〔南非〕詹姆斯:《财产与德性——费希特的社会与政治哲学》,张东辉等译,北京:知识产权出版社,2016年。

四、外文文献

Paul Diesing, *Reason in Society: Five Types Decisions and Their Social Conditions*, Champaign: University of Illinois Press, 1962.

Paul Diesing, *Science and Ideology in the Policy Sciences*, Aldine Transaction, New Edition Press, 2005.

S. Kuznets, "Economic growth and income inequality", *American Economic Review*, 1955, 45(1).

M. Heinrich, "Crisis theory, the law of the tendency of the profit rate to fall, and Marx's studies in the 1870s", *Monthly Review*, 2013, 4.

Hegel, *The Philosophy of History*, translated by J. Sibree, New York: Dover Publications, 1956.

Adam Smith, *Wealth of Nation*, NY: Modern Library, 1937.

Vito Tanzi, *Government versus Markets: The Changing Economic Role of the State*, The University Cambridge Press, 2011.

Thomas Piketty, *Capital of Twenty-First Century*, The Belknap Press, 2014.

Paul A. Samuelson, *Foundations of Economic Analysis*, Harvard University Press, 1947.

Georg Wilhelm Friedrich Hegel, *Grundlinien Der Philosophie Des Rechs*, Berlin University Press, 1818.

Paul R. Krugman and Maurice Obstfeld, *International Economics: Theory and Policy*, 8th edition, Pearson Education, 2009.

图书在版编目(CIP)数据

金融化困境:二十一世纪金融全球化的主要矛盾研究/申唯正著.—上海:复旦大学出版社,2023.12
ISBN 978-7-309-16929-4

Ⅰ.①金… Ⅱ.①申… Ⅲ.①金融-国际化-研究 Ⅳ.①F831

中国国家版本馆 CIP 数据核字(2023)第 132259 号

金融化困境:二十一世纪金融全球化的主要矛盾研究
申唯正　著
责任编辑/陈　军

复旦大学出版社有限公司出版发行
上海市国权路 579 号　邮编:200433
网址:fupnet@fudanpress.com　http://www.fudanpress.com
门市零售:86-21-65102580　　团体订购:86-21-65104505
出版部电话:86-21-65642845
上海崇明裕安印刷厂

开本 787 毫米×1092 毫米　1/16　印张 15.75　字数 274 千字
2023 年 12 月第 1 版
2023 年 12 月第 1 版第 1 次印刷

ISBN 978-7-309-16929-4/F·2990
定价:78.00 元

如有印装质量问题,请向复旦大学出版社有限公司出版部调换。
版权所有　　侵权必究